teach yourself

lithuanian
meilutė ramonienė and
virginija stumbrienė

For over 60 years, more than 50 million people have learnt over 750 subjects the **teach yourself** way, with impressive results.

be where you want to be
with **teach yourself**

The publisher has used its best endeavours to ensure that the URLs for external websites referred to in this book are correct and active at the time of going to press. However, the publisher and the author have no responsibility for the websites and can make no guarantee that a site will remain live or that the content will remain relevant, decent or appropriate.

For UK order enquiries: please contact Bookpoint Ltd, 130 Milton Park, Abingdon, Oxon, OX14 4SB. Telephone: +44 (0) 1235 827720. Fax: +44 (0) 1235 400454. Lines are open 09.00–17.00, Monday to Saturday, with a 24-hour message answering service. Details about our titles and how to order are available at www.teachyourself.co.uk

For USA order enquiries: please contact McGraw-Hill Customer Services, PO Box 545, Blacklick, OH 43004-0545, USA. Telephone: 1-800-722-4726. Fax: 1-614-755-5645.

For Canada order enquiries: please contact McGraw-Hill Ryerson Ltd, 300 Water St, Whitby, Ontario, L1N 9B6, Canada. Telephone: 905 430 5000. Fax: 905 430 5020.

Long renowned as the authoritative source for self-guided learning – with more than 50 million copies sold worldwide – the teach yourself series includes over 500 titles in the fields of languages, crafts, hobbies, business, computing and education.

British Library Cataloguing in Publication Data: a catalogue record for this title is available from the British Library.

Library of Congress Catalog Card Number: on file.

First published in UK 2006 by Hodder Education, 338 Euston Road, London, NW1 3BH

First published in US 2006 by McGraw-Hill Companies, Inc.

This edition published 2006.

The teach yourself name is a registered trade mark of Hodder Headline.

Copyright © 2006 Meilutė Ramonienė and Virginija Stumbrienė

In UK: All rights reserved. Apart from any permitted use under UK copyright law, no part of this publication may be reproduced or transmitted in any form or by any means, electronic or mechanical, including photocopy, recording, or any information, storage and retrieval system, without permission in writing from the publisher or under licence from the Copyright Licensing Agency Limited. Further details of such licences (for reprographic reproduction) may be obtained from the Copyright Licensing Agency Limited, of 90 Tottenham Court Road, London, W1T 4LP.

In US: All rights reserved. Except as permitted under the United States Copyright Act of 1976, no part of this publication may be reproduced or distributed in any form or by any means, or stored in a database or retrieval system, without the prior written permission of the publisher.

Typeset by Transet Limited, Coventry, England.
Printed in Great Britain for Hodder Education, a division of Hodder Headline, 338 Euston Road, London, NW1 3BH, by Cox & Wyman Ltd, Reading, Berkshire.

Hodder Headline's policy is to use papers that are natural, renewable and recyclable products and made from wood grown in sustainable forests. The logging and manufacturing processes are expected to conform to the environmental regulations of the country of origin.

Impression number	10 9 8 7 6 5 4 3 2 1
Year	2010 2009 2008 2007 2006

contents

	introduction	vii
01	**koks jūsų vardas?** *what's your name?*	1
	greeting people • meeting people • saying thank you and responding when someone thanks you • saying your name and asking someone theirs • asking where someone is from and saying where you are from • asking what languages someone speaks and saying what languages you speak • apologizing and responding when someone apologizes to you	
02	**kur susitinkame?** *where shall we meet?*	16
	saying where you are going • asking someone their telephone number and telling them yours • calling a taxi • saying *goodbye* • starting a conversation • asking for and giving directions • asking the time and saying what time it is	
03	**čia mano šeima** *here is my family*	31
	family members and introductions	
04	**ačiū, labai skanu!** *thank you, it's very tasty!*	49
	asking for various items of food and drink • ordering a meal/a drink • offering a meal/a drink • refusing a meal/a drink • likes and dislikes • proposing a toast	

	05	**šiandien tu puikiai atrodai!** *you look really fine today!*	72
		buying clothes, shoes and jewellery • compliments • comparisons	
	06	**jauskis kaip namie!** *make yourself at home!*	93
		describing where you live and what the rooms look like • how to get a room • polite requests • conditions • inviting someone round to your place	
	07	**laimingos kelionės!** *have a safe journey!*	115
		ordering and buying a ticket • asking for and giving information about travelling • more about time • naming the days and months of the year	
	08	**ką veiksi savaitgalį?** *what are you doing at the weekend?*	134
		making suggestions as to what to do and where to go • hobbies and leisure pursuits • inviting someone to do something with you • accepting and refusing invitations and offers	
	09	**„tėviške mano, esi mėlyno Nemuno vingis"** *my country, you are the turn of the blue river Nemunas*	153
		describing your country • opinions • expressing existence • describing something using active participles • expressing circumstances that arise from an action	
	10	**paprastai keliuosi anksti** *I usually get up early*	170
		daily routines • asking for daily services	
	11	**kaip jautiesi?** *how are you feeling?*	190
		talking about health and illness • wishing someone good health • saying how old someone is	
	12	**aš dirbu ir mokausi** *I work and study*	202
		talking about your job • talking about your studies	
	13	**sveikinu!** *congratulations!*	218
		congratulating someone • expressing good wishes • *happy birthday* • wishing someone success • festivals and holidays	

key to the exercises	233
listening transcripts	241
appendix: stress	250
Lithuanian–English vocabulary	259
English–Lithuanian vocabulary	282
index	305

introduction

Welcome to *Teach Yourself Lithuanian*. This book is a complete course for beginners in spoken and written Lithuanian. It has been written for you to use on your own in order to learn how to communicate in Lithuanian independently in everyday life. We hope that the study of this book should enable you to:

- achieve the 'threshold' level in the Lithuanian language and be able to use it
- acquire essential grammar and vocabulary
- gain some insight into Lithuania and Lithuanian culture.

We wanted to write this book in such a way that it would not be difficult to study for a person who is not especially interested in grammar and linguistic matters or who does not necessarily know linguistic terminology. We have tried to use linguistic terms as little as possible. This, however, is no easy task, since Lithuanian is a very 'grammatical' language. In our language, endings and grammatical models are the main elements of the language in which we communicate. Therefore, there will be quite a lot of grammatical constructions in this book too, starting at the very first unit.

Our warmest thanks go to:

Rūta Buivydienė for putting the accent marks in the dictionaries; Jogile Ramonaitė for her help with the manuscript; our colleagues Lina Blauzdavičiūtė, Irena Raščiuvienė and Aurelija Kaškelevičienė for the consultations; Irmina Dūdėnienė for the cheerful drawings in the book; Ainė Ramonaitė, Eugenijus Stumbrys, Arūnas Šiurkus and Donatas Tarasevičius for the photos.

We also thank everyone who has contributed to the preparation and publication of this book.

The Lithuanian language

Lithuanian is one of the oldest living Indo-European languages and it has retained many archaic linguistic features that are also characteristic of Latin and Sanskrit. It has preserved its ancient system of sounds and most of its grammatical features and continues to use a significant number of old words. That is why linguists interested in Indo-European languages want to learn it. Lithuanian is one of two Baltic languages of the Indo-European family, the other being Latvian. But Lithuanians cannot communicate with Latvians when each talks his own language if they have not studied it, unlike, say, Swedes, Norwegians and Danes.

Standard Lithuanian is about 100 years old, which makes it relatively young, and it is the only state language of the Lithuanian Republic. It is used in all spheres of public life, education, and the media. In informal and semi-formal contexts, regional and urban dialects are used, two major ones of which are Aukštaičių and Žemaičių. These two dialects differ markedly – we find that users of different dialects can hardly understand one another unless they communicate in standard Lithuanian.

The population of Lithuania is 3,425,000, Lithuanian being the mother tongue of the vast majority (over 80%). It is also spoken by the majority of non-native speakers living in Lithuania and almost a million Lithuanians living abroad. Since 1 May 2004 Lithuania has been a member state of the European Union. Many tourists, students and specialists in different fields come to work in our country. Many of them learn to speak Lithuanian perfectly. We do hope that you, too, will be able to learn Lithuanian from this book and that you will come to Lithuania. We hope that you will like it there so much you will be able to talk the language taught in this book fluently.

▶ Alphabet and pronunciation guide

If you have the recording listen to the alphabet, then repeat the sounds out loud as you hear them.

Lithuanian letter	Sound pronounced roughly as in English
A a	art, duck
Ą ą always long	art
B b	big
C c	bits

Č č	church
D d	day
E e	get
Ę ę always long	cat
Ė ė	air
F f	far
G g	go
H h	how
I i short	it
Į į	meet
Y y	meet
J j	young
K k	keep
L l	lovely
M m	man
N n	no
O o	short, spot
P p	pen
R r	dry
S s	see
Š š	sheep
T t	tall
U u	pull
Ų ų	cool
Ū ū	cool
V v	very
Z z	zoo
Ž ž	leisure

Lithuanian, like English, uses the Roman alphabet. There are 32 letters and the majority of Lithuanian letters are pronounced as in English, although there are some special letters that have diacritical marks hacek, dot, macron and tail:

č, š, ž   ė   ū   ą, ę, į, ų

Some letters with diacritical marks represent sounds that are completely different from the same letter with no diacritical mark. For example:

s–š
saldus (as in the English word *see*) – šuo (as in the English word *sheep*)

z–ž
zylė (as in the English word *zoo*) – žemė (as in the English word *leisure*)

c–č

cukrus (as in the English word *bits*) – čia (as in the English word *church*)

e–ė

esu (as in the English word *get*) – ėmė (as in the English word *air*)

A 'tail' (we call it 'nosinė') on vowels ą, ę, į, ų indicates the length; these are always long vowels. Sometimes a tail may show a grammatical meaning, for example the accusative singular or genitive plural is always written with a tail at the end.

There are several diphthongs in Lithuanian, that is, when two vowels or vowel–consonant are pronounced together in one syllable:

ai, au, ei, ie, ui, uo
al, am, an, ar,
el, em, en, er,
il, im, in, ir,
ul, um, un, ur

Some digraphs (a combination of two letters, representing one sound) are also used in Lithuanian; they are pronounced as follows:

ch as in Scottish Lo**ch** Ness
dz as in woo**ds**
dž as in **j**ungle

The consonants in Lithuanian are similar to the English consonants, but there are, of course, some differences. Lithuanian consonants **p, t, k** are pronounced without the puff of air that usually follows them in English.

Another difference is that Lithuanian consonants can be soft (palatalized) or hard depending on their position. Consonants are *always* soft before vowels **i, į, y, e, ę, ė** and diphthongs **ei, ie, el, em, en, er, il, im, in, ir**:

tiltas	kelti
tyla	pempė
ledas	kerpa
lėkė	tinginys

Before vowels **a, ą, o, u, ų, ū** and diphthongs **ai, au, ui, uo** consonants are hard:

namas	laiko
moko	Kaunas
kūnas	puodas
buvo	smuikas

Sometimes **i** precedes **a, ą, o, u, ų, ū, ai, au, ui, uo**. In these cases **i** is not pronounced at all, but **i** softens the preceding consonant:

kelias   kliūtis
gražiai   lietuvių
Vilnius   mažiau
kelionė   žaliuosius

If the consonant **t** or **d** occurs in such a position (when changing an ending or suffix), **t** changes into **č** and **d** into **dž**:

dviratis → dviračio, dviračiai
laikrodis → laikrodžio, laikrodžiai
karšta → karščiau
saldu → saldžiau

Stress

Stress in Lithuanian is 'free' and may fall on almost any syllable in the word. Because of this, and due also to the fact that when the form of the word changes, the stress very often changes as a result, lists of words and glossaries in the 13 units of the book do not carry stress marks. These are only to be found on the dictionary forms of the words, which you can find in the vocabulary sections at the back of the book.

Rules concerning word stress are really quite complicated in Lithuanian, unfortunately, so it is best if you try to imitate both pronunciation and stress as exactly as you can when listening to the recordings.

How to use this book

There are 13 units in the book, each consisting of six sections: dialogues, reading and listening, vocabulary, language points, information on culture and exercises.

In the dialogues, you will learn Lithuanian as it is really spoken, in a variety of real-life situations (meeting and introducing people, shopping, ordering meals and drinks in a cafe, renting an apartment, booking tickets at the station or theatre etc.).

You will be able to understand the gist as well as the details of reading and listening texts (advertisements, timetables, transport tickets, personal letters and the like) in the unit reading and listening section.

It is important to note that to understand the dialogues and reading and listening texts fully you will first need to study the vocabulary, language points, culture sections and to do the exercises which have been designed to practise communication, language structures and vocabulary.

As you study the vocabulary, remember that:

1 there are three main forms of verb; the question word of the case governed by the verb and the most popular prefix of completed action are introduced:

    (pa)laukti, laukia, laukė *ko?*   *to wait*
    (su)valgyti, valgo, valgė *ką?*   *to eat*

2 both masculine and feminine endings are indicated while introducing adjectives:

    geras, -a *good*; gražus, -i *beautiful*; gintarinis, -ė *amber*

3 both masculine and feminine endings are indicated while introducing past active participles:

    pavargęs, -usi *tired*; užsiėmęs, -usi *busy*

4 genitive endings are indicated while introducing nouns with ending *-is*; this helps determine the gender of noun:

    pilis, -ies *castle*; brolis, -io *brother*

There are a few nouns ending in **-is** that are masculine, but these will be pointed out as we go along:

    debesis, -ies (masc.) *cloud*

5 both masculine and feminine endings are indicated presenting names of persons, inhabitants and occupations:

    lietuvis, -ė *Lithuanian*; studentas, -ė *student*;
    mokytojas, -a *teacher*

Some vocabulary is presented in the unit's dialogues and reading and listening.

The language points section includes the grammar explanations. When you know the grammar better, you can create sentences of your own. You will feel much more confident while reading, listening to, speaking and writing in the Lithuanian language.

The culture section includes culturally specific information that will help you to understand the Lithuanian way of life, traditions and habits.

At the end of the book, you will find a key to the reading and listening exercises, a section containing grammar tables, and a

Lithuanian–English and English–Lithuanian vocabulary (all the words from all the units).

The recording that accompanies the book contains all the dialogues and reading and listening texts. Listen to the recorded dialogues and texts a few times and then read out loud as often as you can. Try to practise your Lithuanian when you meet Lithuanians abroad and during your visits to Lithuania.

You will be happy – Lithuanians can understand you! And Lithuanians, too, will be happy that you are speaking to them in their language.

We hope you will enjoy your studies of Lithuanian and wish you the very best of luck!

Abbreviations

acc.	accusative
dat.	dative
fem.	feminine
gen.	genitive
inst.	instrumental
loc.	locative
masc.	masculine
nom.	nominative
pl.	plural
sing.	singular
voc.	vocative

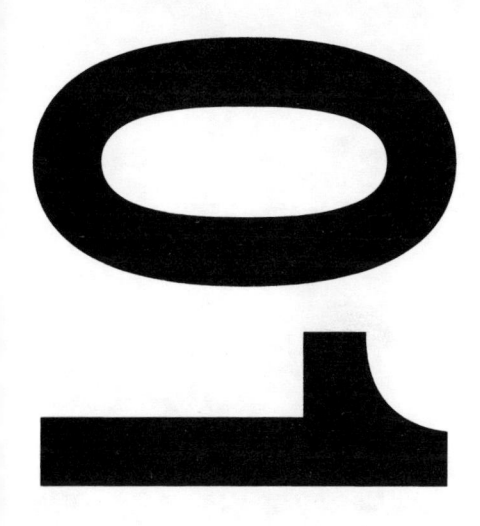

01
koks jūsų vardas?
what's your name?

In this unit you will learn
- how to greet people
- how to meet people
- how to say thank you and respond when someone thanks you
- how to say your name and ask someone theirs
- how to ask where someone is from and say where you are from
- how to ask what languages someone speaks and say what languages you speak
- how to apologize and respond when someone apologizes to you

Lietuva *Lithuania* Drawing by Irmina Dūdėnienė.

This vocabulary box contains the vocabulary you will need to understand the following dialogues. Further words can be found underneath each specific dialogue.

ponas	*Mr*
ponia	*Mrs*
vardas	*name*
pavardė	*surname*
taip	*yes*
ne	*no*
ir	*and*
būti, yra, buvo	*to be*
kalbėti, kalba, kalbėjo	*to speak*
suprasti, supranta, suprato ką?	*to understand*
ačiū	*thank you*
nėra už ką	*responding to* ačiū
atsiprašau	*sorry*
nieko tokio	*no problem, it doesn't matter*
labas rytas	*good morning*
laba diena	*goodday*
labas vakaras	*good evening*
labas	*hello*
sveikas	*hello (addressing a man)*
sveika	*hello (addressing a woman)*
labai malonu	*nice to meet you*

▶ Dialogue 1

Džonas Labas rytas.
Rūta Labas rytas.
Džonas Mano vardas Džonas. Koks jūsų vardas?
Rūta Labai malonu. Mano vardas Rūta.
Džonas Ar jūs esate iš Lietuvos?
Rūta Taip, aš esu iš Lietuvos, iš Vilniaus.

> **jūsų**   your (addressing politely)

▶ Dialogue 2

Paulius Laba diena.
Rita Laba diena.
Paulius Mano vardas Paulius.
Rita Labai malonu. Mano vardas Rita.
Paulius Aš tik truputį kalbu lietuviškai. Ar jūs kalbate angliškai?
Rita Taip.
Paulius Kalbame angliškai?
Rita Gerai.

> **truputį**   a little
> **gerai**   OK

▶ Dialogue 3

Lina Karaliūtė Labas vakaras.
Aris Nieminenas Labas vakaras. Atsiprašau, ar jūs esate ponia Nijolė Katinienė iš Vilniaus?
Lina Karaliūtė Ne.
Aris Nieminenas Oi, labai atsiprašau.
Lina Karaliūtė Nieko tokio. Ponia Katinienė ten.
Aris Nieminenas Labai ačiū.
Lina Karaliūtė Nėra už ką.
Aris Nieminenas Labas vakaras. Atsiprašau, ar jūs esate ponia Nijolė Katinienė?
Nijolė Katinienė Taip. O jūs esate ponas Aris Nieminenas? Profesorius iš Helsinkio?
Aris Nieminenas Taip.
Nijolė Katinienė Labai malonu.
Aris Nieminenas Labai malonu.

> **ten**   there

Dialogue 4

Valentina Pičini Labas rytas.
Administratorė Labas rytas. Kokia jūsų pavardė?
Valentina Pičini Pičini.
Administratorė Koks jūsų vardas?
Valentina Pičini Valentina.
Administratorė Jūs esate iš Italijos? Iš Romos?
Valentina Pičini Taip.

Reading and listening

1 Read the dialogue and finish the sentences

Milda Gabrėnaitė Labas, Kristina. Čia mano kolega iš **1** [Vilnius] – profesorius Giedrius Miškinis.
Kristina Bokoš Laba diena. Labai malonu. Mano vardas Kristina, o pavardė Bokoš. Aš esu iš **2** [Budapest].
Giedrius Miškinis Laba diena. Man taip pat labai malonu.
Milda Gabrėnaitė Profesorius kalba **3** [Hungarian].
Kristina Bokoš Puiku!
Giedrius Miškinis Aš tik truputį kalbu vengriškai. Jūs, ponia Kristina, labai gerai kalbate **4** [Lithuanian].
Kristina Bokoš Ačiū.

tik	*only*
truputį	*a little*
puiku	*excellent*
labai gerai	*very good*

2 Listen to the dialogue. Mark with + the languages Marija and Karstenas speak and with – the languages they do not speak

	angliškai	vokiškai	rusiškai	prancūziškai	lietuviškai
Marija	+				
Karstenas					

Šalis, -ies / Country	Sostinė / Capital	Gyventojas, -a / Inhabitant
Airija *Ireland*	Dublinas *Dublin*	airis, io; -ė *Irishman, Irishwoman*
Jungtinės Amerikos Valstijos (JAV), Amerika *United States of America (USA), America*	Vašingtonas *Washington*	amerikietis, -io; -ė *American*
Didžioji Britanija, Anglija *Great Britain*	Londonas *London*	anglas, -ė *Englishman, Englishwoman*
Austrija *Austria*	Viena *Vienna*	austras, -ė *Austrian*
Baltarusija *Belarus*	Minskas *Minsk*	baltarusis, -io; -ė *Belorussian*
Belgija *Belgium*	Briuselis, -io *Brussels*	belgas, -ė *Belgian*
Bulgarija *Bulgaria*	Sofija *Sofia*	bulgaras, -ė *Bulgarian*
Čekija *Czech Republic*	Praha *Prague*	čekas, -ė *Czech*
Danija *Denmark*	Kopenhaga *Copenhagen*	danas, -ė *Dane*
Estija *Estonia*	Talinas *Tallinn*	estas, -ė *Estonian*
Graikija *Greece*	Atėnai *Athens*	graikas, -ė *Greek*
Ispanija *Spain*	Madridas *Madrid*	ispanas, -ė *Spaniard*
Indija *India*	Delis, -io *Delhi*	indas, -ė *Indian*
Italija *Italy*	Roma *Rome*	italas, -ė *Italian*
Izraelis *Israel*	Tel Avivas *Tel Aviv*	žydas, -ė *Israeli*
Japonija *Japan*	Tokijas *Tokyo*	japonas, -ė *Japanese*
Kanada *Canada*	Otava *Ottawa*	kanadietis, -io; -ė *Canadian*
Kinija *China*	Pekinas *Beijing*	kinas, -ė *Chinese*
Kroatija *Croatia*	Zagrebas *Zagreb*	kroatas, -ė *Croat*
Latvija *Latvia*	Ryga *Riga*	latvis, -io; -ė *Latvian*
Lenkija *Poland*	Varšuva *Warsaw*	lenkas, -ė *Pole*
Lietuva *Lithuania*	Vilnius *Vilnius*	lietuvis, -io; -ė *Lithuanian*
Moldova *Moldova*	Kišiniovas *Kishiniov*	moldavas, -ė *Moldovan*
Norvegija *Norway*	Oslas *Oslo*	norvegas, -ė *Norwegian*
Nyderlandai, Olandija *Netherlands, Holland*	Amsterdamas *Amsterdam*	olandas, -ė *Dutchman, Dutchwoman*
Portugalija *Portugal*	Lisabona *Lisbon*	portugalas, -ė *Portuguese*
Prancūzija *France*	Paryžius *Paris*	prancūzas, -ė *Frenchman*
Rumunija *Romania*	Bukareštas *Bucharest*	rumunas, -ė *Romanian*
Slovakija *Slovakia*	Bratislava *Bratislava*	slovakas, -ė *Slovak*
Slovėnija *Slovenia*	Liublijana *Liubliana*	slovėnas, -ė *Slovene*
Rusija *Russia*	Maskva *Moscow*	rusas, -ė *Russian*
Suomija *Finland*	Helsinkis, -io *Helsinki*	suomis, -io; -ė *Finn*
Švedija *Sweden*	Stokholmas *Stockholm*	švedas, -ė *Swede*
Šveicarija *Switzerland*	Bernas *Bern*	šveicaras, -ė *Swiss*
Turkija *Turkey*	Ankara *Ankara*	turkas, -ė *Turk*
Ukraina *Ukraine*	Kijevas *Kiev*	ukrainietis, -io; -ė *Ukrainian*
Vengrija *Hungary*	Budapeštas *Budapest*	vengras, -ė *Hungarian*
Vokietija *Germany*	Berlynas *Berlin*	vokietis, -io; -ė *German*

5 koks jūsų vardas?

01

(Some countries, cities and villages have the nominative plural ending -ai: **Atėnai** (*Athens*), **Nyderlandai** (*Netherlands*) etc. More information about plural Nominative endings in Unit 3.)

Language points

Personal pronouns

To introduce ourselves or to ask information about others we need to know the personal pronouns:

aš (I)	mes (we)
tu (you)	jūs (you)
jis (he)	jie (they) ♂♂, ♂♀
ji (she)	jos (they) ♀♀

The pronoun **jie** is used for an all-male group or a mixed male and female group: **Andrius** and **Tomas** – **jie**; **Andrius, Tomas** and **Rūta** – **jie**. The pronoun **jos** is used to speak about exclusively female company: **Rūta** and **Viktorija** – **jos**.

Possessive adjectives

Mano and **tavo** are possessive adjectives. To say that something belongs to me, we use **mano**, to say that something belongs to you, we use **tavo**: **Mano vardas Marius. Koks jūsų vardas?** (*My name is Marius. What is your name?*), **Mano pavardė Gulbinas. Kokia jūsų pavardė?** (*My surname is Gulbinas. What is your surname?*):

Asking someone's name and family name

Koks and **kokia** (*what*) are question words asking for special information. We use **koks** when we ask special information about a masculine noun: **Koks tavo vardas?** (*What is your name?*) And we ask **kokia** when we ask special information about a feminine noun: **Kokia jūsų pavardė?** (*What is your surname?*).

aš	→	mano
tu	→	tavo

-a type verbs

There are three types of verb in Lithuanian. In order to know how to make the forms of the verb you need to know the verb in the present tense 3rd person form. How do you know what the verb in the present tense 3rd person form looks like? In learners' dictionaries of Lithuanian and in textbooks, three main forms of the verb are usually given: the infinitive (the form of verb having -ti at the end), present tense 3rd person and simple past tense 3rd person. Verbs having the ending -a in the present tense 3rd person are verbs of -a type.

Verbs of the -a type have the following endings in the present tense:

aš (I)	-u		mes (we)	-ame
tu (you)	-i		jūs (you)	-ate
jis (he), ji (she) →		-a	jie (they, masc.) jos (they, fem.)	←

The main forms of the verb **būti** (*to be*) are: **būti, yra** (present tense 3rd person), **buvo**.

The verb **būti** (*to be*) belongs to the -a classification. Although the verb **būti** has the typical endings in the present tense, you can see how different the root is in the 1st, 2nd and 3rd persons:

aš (I)	esu		mes (we)	esame
tu (you)	esi		jūs (you)	esate
jis (he), ji (she) →		yra	jie (they, masc.), jos (they, fem.)	←

The verb **būti** (*to be*) can be omitted in sentences like these: **Aš Gintaras.** (*I am Gintaras*), **Ji Rūta.** (*She is Rūta*).

Masculine and feminine gender

Nouns can be either masculine or feminine gender. Endings -as, -is, -ys, -us are typical masculine endings: **Paul*i*us, Ign*as*, Stas*ys*, Jurg*is*, lietuv*is*, angl*as*, šved*as*, japon*as*.** Endings -a and -ė are typical feminine noun endings: **Violet*a*, Egl*ė*, lietuv*ė*, angl*ė*, šved*ė*, japon*ė*.** It is obvious why nouns referring to men and women or nouns meaning masculine and feminine inhabitants are masculine and feminine in gender. But why is **Vilnius** (the capital of Lithuania) masculine and why is **Lietuva** (Lithuania) feminine? The ending -**ius** of the word **Viln*ius*** informs us that it is a masculine noun. The ending -**a** of the word **Lietu*va*** tells us that it is feminine.

Singular masculine nouns can be replaced by the personal pronoun **jis** (*he*) while singular feminine nouns can be replaced by **ji** (*she*).

Nouns meaning a male inhabitant of a different country have either -**as** or -**is** as their ending: **anglas** (*Englishman*), **švedas** (*Swede*), **lietuvis** (*Lithuanian*), **vokietis** (*German*). For female inhabitants, the ending is -ė. Once we know the noun for the male inhabitant, we can easily form the noun for the woman:

angl-as	angl + -ė	→	anglė
vokiet-is	vokiet + -ė	→	vokietė

Introducing yourself. Asking information about another person

To name people, cities, countries, we use the nominative case: **Ji yra lietuvė.** (*She is Lithuanian.*), **Aš esu anglas.** (*I am an Englishman.*), **Jis yra Vytautas.** (*He is Vytautas.*). To ask the question *who* or *what* we use the question word **kas**: **Aš esu Mindaugas. Kas jūs esate?** (*I am Mindaugas and who are you?*), **Aš esu lietuvė. Kas jūs esate?** (*I am Lithuanian and who are you?*), **Kas čia yra? Vilnius?** (*What is it? Is it Vilnius?*).

Most nouns in Lithuanian can be in either the singular or the plural. The endings of singular masculine and feminine nouns in the nominative are as follows:

Masculine				
Nom. (kas?)	**-as**	**-is**	**-ys**	**-us**
Nom. (kas?)	London**as**	Helsink**is**	Panevėž**ys**	Viln**ius**
	Jon**as**	Žil**is**	(city in	Paul**ius**
	ital**as**	latv**is**	Lithuania)	
			Stas**ys**	
Feminine				
Nom. (kas?)	**-a**	**-ė**		
Nom. (kas?)	Lietuv**a**	Čil**ė**		
	Karolin**a**	Egl**ė**		
		angl**ė**		

The question word **kas** is the interrogative word for the nominative case. After asking a question with **kas**, we expect an answer with the noun in the nominative. In the tables just presented, with the noun case endings, we put the question word of the case together with the name of the case: Nominative (**kas?**).

General questions using -ar

The question word **ar** is used for general questions and demands a **taip** (*yes*) or **ne** (*no*) answer: **Ar jūs esate Lina?** (*Are you Lina?*) – **Taip, aš esu Lina.** (*Yes, I am Lina*), **Ne, aš esu Rita.** (*No, I am Rita*).

The question word **ar** can be omitted in the question by using rising intonation to ask the question: **Jūs esate Rūta?** (*Are you Rūta?*), **Jūs esate iš Vilniaus?** (*Are you from Vilnius?*).

What languages do you speak?

The main forms of the verb **kalbėti** (*to speak*) are **kalbėti, kalba, kalbėjo**. The ending of the present tense 3rd person is **-a**. This means that the verb **kalbėti** is an **-a** type verb.

To make present tense 1st and 2nd persons we drop **-a** (the ending of the present tense 3rd person) and add endings typical of the present tense 1st and 2nd persons:

jis (he), ji (she) jie (they masc.), jos (they fem.) kalb-a		
kalb-a	aš (I) kalb + **-u**	→ kalb**u**
kalb-a	tu (you) kalb + **-i**	→ kalb**i**
kalb-a	mes (we) kalb + **-ame**	→ kalb**ame**
kalb-a	jūs (you) kalb + **-ate**	→ kalb**ate**

To say that you speak a certain language: **Aš kalbu lietuviškai ir angliškai** (*I speak Lithuanian and English*); to ask if someone speaks a certain language: **Ar jūs kalbate angliškai?** (*Do you speak English?*); to ask what languages people speak: **Kaip jūs kalbate?** (*What languages do you speak?*) you need to drop the ending **-as** or **-is** from the word for the inhabitant of the country and add the suffix **-iškai**.

Using adverbs with **-iškai prancūziškai, lenkiškai, lietuviškai, ispaniškai** in the sentence we can say that somebody speaks or understands French, Polish, Lithuanian, Spanish.

angl-as		angliškai
lietuv-is		lietuviškai
rus-as		rusiškai
suom-is	+ -iškai →	suomiškai
norveg-as		norvegiškai
prancūz-as		prancūziškai

Exception: **Jis yra vokietis.** (*He is German*). **Ar tu kalbi vokiškai?** (*Do you speak German?*):

vok-ietis   vok + -iškai   →   vokiškai

Negation

To negate, we add the prefix **ne-** to the verb: **Aš nekalbu lietuviškai.** (*I do not speak Lithuanian.*), **Jie nesupranta lenkiškai** (*They do not understand Polish*).

How to say where you are from and how to ask about it

To answer the questions **Iš kur tu esi?**, **Iš kur jūs esate?** (*Where are you from?*) or **Iš kur ji yra?** (*Where is she from?*) etc., or to ask the questions **Ar tu esi iš Londono?** (*Are you from London?*), we need to use the preposition **iš** (*from*) and to change the nominative case ending of the noun meaning country or city to the genitive case ending: **Aš esu iš Vilniaus.** (*I am from Vilnius*), **Jie yra iš Amsterdamo.** (*They are from Amsterdam.*).

The genitive case has many meanings and it is the most widely used case in Lithuanian. The question word in the genitive case is **ko**. We start a question with **ko** when we have a verb governing the genitive case in the question (see Unit 3).

Masculine				
Nom. (kas?)	-as ↓	-is ↓	-ys ↓	-us ↓
Gen. (ko?)	**-o**	**-io**	**-io**	**-aus**
Nom. (kas?)	London**as**	Hensink**is**	Panevėž**ys** (city in Lithuania)	Vilni**us**
Gen. (ko?)	London**o**	Hensink**io**	Panevėž**io**	Vilni**aus**

Feminine		
Nom. (kas?)	**-a** ↓	**-ė** ↓
Gen. (ko?)	**-os**	**-ės**
Nom. (kas?)	Lenkija	Čilė
Gen. (ko?)	Lenkij**os**	Čil**ės**

Anglij-a		Anglij**os**
Lietuv-a		Lietuv**os**
Rusij-a	Aš esu iš +	Rusij**os**
London-as		London**o**
Viln-ius		Viln**iaus**
Hensink-is		Hensink**io**

ℹ To greet people in formal situations (shop, office, hairdresser, post office etc.), we say **labas rytas**, **laba diena** or **labas vakaras**.

Greeting our friends, colleagues, we say **labas** or **sveikas** (to a man) and **sveika** (to a woman). Men usually shake hands with men. If greeting close friends or family members, we hug and kiss them.

Meeting other people, we say **labas rytas**, **laba diena** or **labas vakaras** and shake hands.

In the villages, people greet everyone even if they do not know them.

Lithuanians are not very precise when they say **labas rytas**, **laba diena** and **labas vakaras**. In the autumn and winter, we say **labas vakaras** much earlier, at 4 pm or at 5 pm because it is dark by then. In summer, we can still say **laba diena** at 6 pm.

It is usual to greet people only once a day like that. If you meet someone again during the day, you just smile.

The personal pronoun **jūs** is used not only to address many people but to address one person when we want to express respect:

- when we meet someone for the first time (except children – we address them as **tu**)
- when we speak to people whom we have known for a long time but who are much older when we are
- when we speak to our boss
- when we address a taxi or bus driver, salesman, hotel administrator, waiter etc.

According to data from the Statistic Department of Lithuania many men and women now living in Lithuania have traditional Christian names such as **Ona**, **Jonas** and **Antanas**.

Currently the most popular babies' names are **Lukas** and **Gabija** (the name of the pagan goddess of fire).

Many Lithuanian boys and men have been given the names of old Lithuanian dukes: **Vytautas**, **Mindaugas**, **Gediminas**, **Algirdas**, **Algimantas**, **Vykintas**, **Daumantas** etc. or modern Lithuanian names **Rytis** (**rytas** – *morning*), **Vakaris** (**vakaras** – *evening*), **Giedrius** (**giedras** – *clear*), **Audrius** (**audra** – *storm*) etc.

Many girls and women have modern names connected with nature: **Saulė** (the sun), **Rasa** (*dew*), **Danguolė** (**dangus** – *sky*), **Ramunė** (*marguerite*), **Gintarė** (**gintaras** – *amber*), **Sniegė** (**sniegas** – *snow*) etc. or pagan names, **Žemyna** (goddess of the earth), **Milda** (goddess of love), **Austėja** (goddess of bees) etc.

Popular Christian names in Lithuania include: **Marija**, **Ona**, **Kotryna**, **Joana**, **Kristina**, **Kristijonas**, **Dominykas**, **Martynas** etc.

We celebrate namedays as well as birthdays. Older people prefer to celebrate namedays. The celebration of birthdays does not have a very old tradition (only since the second half of the 20th century has this really happened). On our calendars, you will find a lot of information about namedays because every day is somebody's nameday.

Exercises

1 Find the words

↓ →

V	O	K	I	E	T	I	J	A	Š
A	N	G	L	A	S	Š	I	Č	V
R	I	P	O	N	A	S	E	I	E
D	K	**L**	**A**	**B**	**A**	**S**	I	Ū	D
A	O	P	O	N	I	A	R	S	I
S	S	U	P	R	A	N	T	U	J
D	Y	R	A	U	J	E	I	O	A
A	J	O	S	S	I	I	J	M	M
N	E	A	R	Ė	E	R	A	I	E
Ė	P	A	V	A	R	D	Ė	S	S

2 Group masculine and feminine nouns

masculine	feminine
Viktoras	japonė

japonė, Viktoras, italas, Vilnius, švedas, danė, Tomas, amerikietis, estas, Talinas, rusė, lietuvis, Diana, Kroatija, anglė, Varšuva, lenkas, Agnė, baltarusis, Londonas, slovakė, Paulius, Kristina, vokietis, prancūzė

3 Insert the appropriate personal pronoun: **aš, tu, jis, ji, mes, jūs.**
a Ar **jūs** esate iš Norvegijos?
b _____ esu iš Lietuvos.
c Tomas nesupranta angliškai? Ar _____ supranta prancūziškai?
d Ar Marija yra italė? – Ne, _____ yra ispanė.
e Ar _____ kalbi ispaniškai?
f Ar jūs kalbate lenkiškai? – Taip, _____ kalbame lenkiškai.

4 Insert the appropriate verb
a Aš **kalbu** lietuviškai?
b Ar jūs _____ lietuviškai?
c Jis _____ ispaniškai.
d Mes _____ angliškai.
e Mišelis _____ iš Paryžiaus.
f Ar tu _____ iš Vilniaus?
g Ar jūs _____ ponas Antanas?

nesupranta
kalbu
kalbame
yra
esate
suprantate
esi

5 Find the other half of the sentence

1 Kokia jūsų   A prancūzas.
2 Ji yra   B esi?
3 Aš nesuprantu   C pavardė?
4 Jis yra   D amerikietė.
5 Iš kur tu   E Italijos?
6 Ar jūs esate iš   F lietuviškai.

1	2	3	4	5	6
C					

13 koks jūsų vardas?

01

6 Find the right answers

1 Koks jūsų vardas?
2 Ar jūs esate iš Čekijos?
3 Ar Paulius yra latvis?
4 Aš kalbu ispaniškai, angliškai ir lietuviškai. Kaip jūs kalbate?
5 Ar tu supranti vokiškai?
6 Iš kur yra Silvija?

A Ne, aš esu iš Slovakijos.
B Aš kalbu angliškai, prancūziškai ir lietuviškai.
C Taip, truputį suprantu.
D Ji yra iš Italijos.
E Andrejus.
F Ne, jis yra lietuvis.

1	2	3	4	5	6
E					

7 Insert the appropriate question words

a **Koks** jūsų vardas? – Mano vardas Rita.
b _____ jūsų pavardė Pičini? – Taip.
c Aš esu Izabelė. _____ jūs esate? – Aš esu Igoris.
d _____ yra Roberto? – Iš Romos.
e _____ jūsų pavardė? – Mano pavardė Vais.

Kas
Koks
Kokia
Iš kur
Ar

8 Fill in the application form

Anketa

Vardas _____

Pavardė _____

Šalis _____

Kalbu _____

9 What are Lina and Gediminas Vitkus saying?

1
Tomas Laba diena.
Lina _____.
Tomas Mano vardas Tomas.
Lina _____.
Tomas Ar jūs kalbate angliškai?
Lina _____. _____?
Tomas Taip, aš kalbu vokiškai.

2
Violeta Vileikienė	Labas rytas.
Gediminas Vitkus	_____.
Violeta Vileikienė	Atsiprašau, ar jūs esate ponas Vytautas Tumonis?
Gediminas Vitkus	_____.
Violeta Vileikienė	Labai atsiprašau.
Gediminas Vitkus	_____.

15 koks jūsų vardas? 01

02
kur susitinkame?
where shall we meet?

In this unit you will learn
- how to say where you are going
- how to ask someone their telephone number and tell them yours
- how to call a taxi
- how to say *goodbye*
- how to start a conversation
- how to ask for and give directions
- how to ask the time and say what the time is

Pilies Street in the Old Town of Vilnius. Gediminas Castle. Photo by Eugenijus Stumbrys.

miestas	city, town
centras	centre
senamiestis	old town
gatvė	street
prospektas	prospect, avenue
šaligatvis	pavement
sankryža	crossing
parkas	park
aikštė	square
bankas	bank
paštas	post office
prezidentūra	presidential palace/office
parduotuvė	shop
turgus	market
kioskas	kiosk, newspaper stand
stotis	station
autobusų stotis	bus station
geležinkelio stotis	railway station
autobusų stotelė	bus stop

oro uostas	*airport*
ambasada	*embassy*
mokykla	*school*
kirpykla	*hairdresser's*
teatras	*theatre*
knygynas	*bookshop*
viešbutis	*hotel*
bendrabutis	*dormitory*
bažnyčia	*church*
ligoninė	*hospital*
vaistinė	*pharmacy*
upė	*river*
tiltas	*bridge*
kavinė	*coffee shop, cafe*
restoranas	*restaurant*
muziejus	*museum*
baseinas	*swimming pool*
paminklas	*monument*
biblioteka	*library*
šviesoforas	*traffic lights*
bokštas	*tower*
kapinės	*graveyard*

▶ Dialogue 1

Vytautas Labas, Viktorija!
Viktorija Sveikas! Kaip gyveni?
Vytautas Gerai. O tu?
Viktorija Ir aš neblogai. Kur eini?
Vytautas Į stotį. Važiuoju į Latviją, į Rygą.
Viktorija Šiandien važiuoji?
Vytautas Taip, dabar.
Viktorija O! Kada grįžti?
Vytautas Rytoj.
Viktorija Sėkmės!
Vytautas Ačiū! Iki!
Viktorija Iki!

važiuoti, važiuoja, važiavo	*to go (using a vehicle)*
eiti, eina, ėjo	*to go (on foot)*
gyventi, gyvena, gyveno	*to live*
grįžti, grįžta, grįžo	*to return*
sėkmės!	*good luck! all the best!*

▶ Dialogue 2

In a street.

Vytautas Atsiprašau, kur yra „Naručio" viešbutis?
Praeivė Senamiestyje, Pilies gatvėje.
Vytautas Ar toli?
Praeivė Ne, visai arti.
Vytautas Ačiū. Viso gero.
Praeivė Viso gero.

> **praeivis, -ė**   *passerby*

▶ Dialogue 3

Monika Atsiprašau, prašom pasakyti, kaip nueiti į turgų.
Praeivis Dabar sukite į kairę ir eikite tiesiai iki aikštės. Tada pereikite aikštę ir sukite į dešinę. Ten ir yra turgus.
Monika Dėkui.

> **pereiti**   *to cross*
> **iki**   *until*
> **dėkui**   *thank you*

▶ Dialogue 4

Viktorija Važiuokim poryt į baseiną. Gerai?
Monika Gerai, važiuokim. Kada? Rytą ar vakare?
Viktorija Rytą. Vakare aš einu į kiną.
Monika Kur susitinkam?
Viktorija Gal prie autobusų stotelės?
Monika Gerai, ten dešinėje, prie paminklo.
Viktorija Puiku! Labanakt!
Monika Labanakt!

> **susitikti, susitinka, susitiko**   *to meet*

▶ Dialogue 5

A conversation on the telephone.

Dispečerė Alio! Taksi firma „Užupio taksi".
Vytautas Labas vakaras! Galima užsisakyti taksi į oro uostą?

Dispečerė	Taip, prašom. Jūsų adresas?
Vytautas	Taikos 5.
Dispečerė	Koks jūsų telefono numeris?
Vytautas	2451522.
Dispečerė	Kada važiuojate? Dabar?
Vytautas	Taip.
Dispečerė	Laukite, taksi atvažiuoja.
Vytautas	Labai ačiū.

galima	it is possible
užsisakyti	to order
laukti, laukia, laukė (ko?)	to wait

Reading

1 Read the text and complete the answers to the questions

Vilnius

Vilnius yra mano miestas. Tai Lietuvos sostinė. Aš čia gyvenu. Mėgstu Vilnių rytą ir vakare, žiemą ir vasarą. Čia visada gražu ir gera. Rytą einu į senamiestį, į Pilies gatvę. Netoli yra mano universitetas. Prie universiteto yra prezidentūra. Vilniuje yra dvi upės – Neris ir Vilnia. Mėgstu vaikščioti prie upės. Vilniaus centre yra daug bažnyčių. Prie Vilnios upės yra labai graži Šventos Onos bažnyčia, prie universiteto – Šventų Jonų bažnyčia. Vilniaus simbolis – Gedimino pilis.

tai	that, it
mėgti, mėgsta, mėgo (ką?)	to like
gražu	it is nice
gera	it is good
daug bažnyčių	many churches
simbolis	symbol

1 Kur aš gyvenu? Aš gyvenu _____.
2 Kada Vilniuje gražu ir gera? Vilniuje gražu ir gera _____.
3 Kur yra universitetas? Universitetas yra _____.
4 Kur yra Pilies gatvė? Pilies gatvė yra _____.

Language points

Cardinal numbers 1–9

Number	Masculine	Feminine
1	vienas	viena
2	du	dvi
3	trys	trys
4	keturi	keturios
5	penki	penkios
6	šeši	šešios
7	septyni	septynios
8	aštuoni	aštuonios
9	devyni	devynios

Cardinal numbers 1–9 have to match the noun in both gender and case in Lithuanian. If the noun is masculine the number must also be masculine; if a feminine noun is used, the number similarly has to be feminine. For example: **vienas bankas, viena parduotuvė**. For numbers 4–9, endings are regular: the masculine ending is **-i**, feminine **-ios**.

Starting a conversation

Usually when starting a conversation with a person we know, a close friend or colleague, we ask *How are you?* In Lithuanian, we ask:

Kaip (tu) gyveni? (informal)
Kaip (jūs) gyvenate? (formal)
Kaip sekasi? (neutral)

We react to this question by saying:

gerai *fine*
neblogai *not bad!*
šiaip sau *so so!*
blogai *not too good/pretty bad* (we say this to a close person only when we want to tell him/her what has happened)

Goodbye

There are many ways to say 'goodbye' in an informal or neutral way in Lithuanian:

iki! (informal)
viso labo, viso gero, iki pasimatymo, sudie (neutral)

When saying goodbye at night or late in the evening or when going to bed:

labanakt or labanaktis!   *good night!*

It is becoming more and more popular to say 'goodday' in a formal situation. This is also the way in which a cashier says goodbye to a client:

geros dienos!
gero vakaro!

More about noun gender

In Unit 1, you learned what ending masculine and feminine nouns usually take. In this unit, you will learn a little more about it. Some nouns may have two variants of ending: both a soft and a hard one. The softness is indicated by -i- written before the ending:

-as, -*i*as miestas, kel*i*as
-us, -*i*us turgus, televizor*i*us
-a, -*i*a mokykla, bažnyč*i*a

When declining these words, the ending of both types is usually the same but not necessarily all the time. For this reason, in following units, where cases are presented, both types will be given.

In most cases, the gender of nouns can be distinguished quite easily according to the endings in the nominative case, but it is not quite like that all the time. One ending of nominative **-is** may be for both masculine and feminine nouns. Gender is distinguished only by the ending of the genitive case. Masculine nouns have the genitive ending **-io** and feminine **-ies**:

	Nominative	Genitive
Masculine	šaligatv**is**	šaligatv**io**
Feminine	stot**is**	stot**ies**

Throughout this book this type of word will always show the genitive ending in order to be able to distinguish the gender.

Asking and giving directions

To express direction in Lithuanian, we use a preposition **į** and accusative case of the noun. The accusative case is formed simply by dropping the last -s from the masculine noun and adding a 'tail' to the vowel (ą, į, ų); in feminine nouns, it is enough to add a 'tail' (ą, ę, į) (if the last letter is ė, it simply changes into ę).

	Accusative				
	Masculine				
Sing. nom. (kas?)	-as, -ias ↓	-is ↓	-ys ↓	-us, -ius ↓	-uo ↓
Sing. acc. (ką?)	**-ą, -ią**	**-į**	**-į**	**-ų, -ių**	**-en -į**
Sing. nom. (kas?)	bankas, kelias ↓	viešbutis ↓	traukinys ↓	turgus, televizorius ↓	vanduo ↓
Sing. acc. (ką?)	banką, kelią	viešbutį	traukinį	turgų, televizorių	vand**en**į
	Feminine				
Sing. nom. (kas?)	-a, -ia ↓		-ė ↓	-is ↓	
Sing. acc. (ką?)	**-a, -ią**		**-ę**	**-į**	
Sing. nom. (kas?)	mokykla, bažnyčia ↓		kavinė ↓	stotis ↓	
Sing. acc. (ką?)	mokyklą, bažnyčią		kavinę	stotį	

We use the accusative case when we want to express direction when going to somebody's place (house, apartment etc.); we use the preposition **pas** + accusative case of noun, for example:

Aš einu pas ponią Ireną. *I am going to Miss Irena's (place).*
Važiuojame pas Vytautą. *We are going to Vytautas' place.*

Direction can also be expressed by adverbs of place:

tiesiai	↑	*straight forward, straight ahead*
kairėn/į kairę	←	*to the left*
dešinėn/į dešinę	→	*to the right*

When we ask for direction we say:

kaip nueiti/nuvažiuoti į ...
Kaip nueiti į banką? *How do I get to the bank?*
Kaip nuvažiuoti į oro uostą? *How do I get to the airport?*

When we want to express a completed action in Lithuanian, we add various prefixes to the verb, for example in **pasakyti**, **pasukti** there is a prefix **pa-**, one of the most popular prefixes, meaning a result. Sometimes these prefixes have a supplementary meaning: not only that of the result – e.g. with movement verbs they also imply direction. The verbs in this unit **nueiti, nuvažiuoti** have a prefix **nu-**, which has a meaning of moving *away*. One opposite is the prefix **at-**, e.g. **atvažiuoti**, which shows direction *towards*, closer to the speaker. In the third dialogue in this unit, we saw the verb **pereiti** with a prefix **per-**, which has the meaning of crossing over something. As you learn Lithuanian it is extremely important to memorize which prefix fits with which verb to mean completed action, because there are not many regular instances and prefixes may, in many cases, change the meaning of the verb itself quite radically, therefore misunderstandings can occur. So watch out for verbal prefixes!

Where? and indicating place

The question word of place is **kur?**, for example:

| kur yra ... | **Kur yra parduotuvė?** | *Where is the shop?* |
| | **Kur yra ligoninė?** | *Where is the hospital?* |

There are many ways in which to express place in Lithuanian and it even uses a special case called the *locative*. This has a meaning of location, place inside or some wider space. Locative never means 'into' or 'to' (direction) and is never used with verbs of motion. We form the locative case by changing the nominative case ending of the noun into the locative case ending.

	Masculine				
Sing. nom. (kas?)	-as↓, -ias↓	-is↓	-ys↓	-us↓, -ius↓	-uo↓
Sing. loc. (kur? kame?)	**-e, -yje**	**-yje**	**-yje**	**-uje, -iuje**	**-en-yje**

	Sing. nom. (kas?)	paštas, kelias	viešbutis	traukinys	turgus, televizorius	vanduo
	Sing. loc. (kur? kame?)	pašte, kelyje	viešbutyje	traukinyje	turguje, televizoriuje	vandenyje

	Feminine		
Sing. nom. (kas?)	-a,-ia↓	-ė↓	-is↓
Sing. loc. (kur? kame?)	-oje, -ioje	-ėje	-yje
Sing. nom. (kas?)	mokykla, bažnyčia	kavinė	stotis
Sing. loc. (kur? kame?)	mokykloje, bažnyčioje	kavinėje	stotyje

kairėje, dešinėje *on the left, on the right*

As you can see from the table, all endings have a common final -e. This e can sometimes be omitted in spoken Lithuanian.

Place can also be expressed by adverbs of place:

čia – ten *here – there*
toli, netoli *far, not far*
arti *close*

How to indicate 'close by/to' a place

There are many ways of saying 'close by/to'. Most often we use a preposition **prie** + genitive case: **prie pašto** (*close to/near the post office*), **prie mokyklos** (*near the school*), **prie kavinės** (*close by a cafe*), **prie turgaus** (*near the market*).

Telephone numbers

When we want to find out somebody's phone number, we ask **Koks tavo/jūsų telefono numeris?** We reply with masculine cardinal numerals. You can arrange them in groups but you can also say them one by one, i.e. you can say either 'fourteen' or 'one, four':

    2687214   **du, šeši, aštuoni, septyni, du, vienas, keturi**

How to express time when asked *kada?*/when?

To ask about the time something is happening we use **kada?** There are a few ways to answer this kind of question. We can use adverbs of time:

dabar	*now*
šiandien	*today*
vakar	*yesterday*
rytoj	*tomorrow*
poryt	*the day after tomorrow*
visada	*always*
niekada	*never*
kartais	*sometimes*
dažnai	*often*
retai	*rarely*

We may also answer a question in **kada?** by using the accusative case of the noun:

Nominative	Accusative	
rytas	**rytą**	*in the morning*
diena	**dieną**	*in the daytime, by day*
naktis	**naktį**	*at/by night*
pavasaris	**pavasarį**	*in spring*
vasara	**vasarą**	*in summer*
žiema	**žiemą**	*in winter*
ruduo	**rudenį**	*in autumn*

But when we use **vakare** (*in the evening*) we have to use the locative:

vakaras – vakare

Imperative

In Lithuanian, we use the imperative forms of the verb to give commands. This is not a complicated procedure. You take the dictionary form of the verb (infinitive), remove **-ti** and add imperative marker **-k** for 2nd person singular (informal):

ei-ti → **eik!** *go!*
kalbė-ti → **kalbėk!** *talk!*
susto-ti → **sustok!** *stop!*

For plural add: **-kime, -kite**:

eikim(e)! *let's go (we)*
eikit(e) *go! (you)*

In spoken Lithuanian, the final **-e** is usually omitted.

i Lithuania's population totals 3,425,000 people, nearly three-quarters of whom live in urban areas. Vilnius (pop. 542,000), the capital of Lithuania, is the largest and one of the oldest cities in the country. Its name is first mentioned in 1323 in the letters of the Lithuanian Grand Duke Gediminas inviting craftsmen, merchants and monks from western Europe to come and stay here. Vilnius has always been a multiethnic, multilingual and multicultural city. Percentage wise, 57.8% of Vilnius' inhabitants are Lithuanians, 18.7% are Poles, 14% Russians, 4% Byelorussians, 0.5% Jews and the remaining 5% comprise other nationalities. The Old Town, which is the historical centre of Vilnius, is one of the largest in eastern Europe (360 ha). The most valuable historic and cultural heritage is concentrated here. The buildings in the Old Town – and there are about 1,500 of them! – were built across various centuries, so there is a grand mixture of many European architectural styles. Although Vilnius is often called a baroque city, here you will find some buildings in the gothic, renaissance and other styles. The main sights of the city are Gediminas Castle and Cathedral Square, both symbols of the capital. Their combination is also a gateway to the historic centre of the capital. Because of its uniqueness, the Old Town of Vilnius was inscribed on the UNESCO World Heritage List.

Some other major cities in Lithuania are Kaunas, Klaipėda, Šiauliai, Panevėžys and Alytus.

Exercises

1 Write the appropriate form of the noun

Accusative	Nominative	Genitive
į Vilnių	Vilnius	*prie Vilniaus*
	miestas	
	parduotuvė	
	muziejus	
← **į**	bažnyčia	**prie** →
	Helsinkis	
	Ispanija	
	kavinė	
	paštas	
	Lenkija	

2 Choose the correct ending of the noun

> -oje, -yje, -e, -uje, -iuje, -ėje

Kur? Vokietija → **Vokietijoje**

miestas
vaistinė
Maskva
Berlynas
Briuselis
kirpykla
turgus
Vilnius
stotis
restoranas
gatvė
muziejus
Pasvalys (town in Lithuania)
knygynas
bankas

3 Complete the sentences as in the example

Aš važiuoju į Lietuvą. → **Aš gyvenu Lietuvoje.**

Mes važiuojame į Prancūziją. Mes gyvename _____.
Ar jie važiuoja į Londoną? Ar jie gyvena _____?
Kas važiuoja į Paryžių? Kas gyvena _____?
Ar jūs važiuojate į centrą? Ar jūs gyvenate _____?
Jis važiuoja į Lenkiją. Jis gyvena _____.
Ar tu važiuoji į viešbutį? Ar tu gyveni _____?
Ji važiuoja į Kiniją. Ar ne? Ji gyvena _____? Ar ne?

4 Match the pairs

1 A septyni
2 B penki
3 C aštuoni
4 D vienas
5 E devyni
6 F du
7 G keturi
8 H trys
9 I šeši.

1	2	3	4	5	6	7	8	9
D								

5 Fill in the table

eiti	eina	eik	eikime	eikite
	yra			
		kalbėk		
pasukti				
			važiuokime	

6 Choose the right answer

1 Atsiprašau, kur yra kirpykla?
   A Į kairę.
✓ B Prie pašto.
   C Nėra už ką.

2 Atsiprašau, kaip nueiti į graikų restoraną?
   A Pasukite į dešinę.
   B Senamiestyje.
   C Prie tilto.

3 Kada tu važiuoji į Italiją?
   A Vakar.
   B Rudenį.
   C Visada.

4 Kaip gyveni?
   A Vilniuje.
   B Arti.
   C Šiaip sau.

5 Eikim į kavinę. Gerai?
   A Eik.
   B Eikite.
   C Taip, vakare.

7 Write the appropriate form

a
Jonas Sveika, Maryte. Ar eini **į kiną** (kinas)?
Marytė Ne, šiandien važiuoju pas _____ (Saulius).

b
Vyras Atsiprašau, prašom pasakyti, kaip nueiti į _____ (senamiestis).
Moteris Eikite tiesiai, prie _____ (sankryža) pasukite į _____ (dešinė). Ten prasideda senamiestis.

---

prasidėti, prasideda, prasidėjo   *to start, to begin*

c
Praeivis Kur yra universitetas?
Praeivė Prie _____ (prezidentūra).

d
Vytas Kur eini?
Aistė Į _____ (knygynas).
Vytas Kur jis yra?
Aistė Pilies _____ (gatvė).

e
Vairuotojas Prašom pasakyti, kaip nuvažiuoti į geležinkelio _____ (stotis).
Preivis Pasukite kairėn ir važiuokite tiesiai. Prie autobusų _____ (stotis) yra ir geležinkelio stotis.

f
Moteris Sakykite, kaip nueiti į _____ (biblioteka).
Vyras Dabar eikite tiesiai, prie tilto pasukite dešinėn. Biblioteka yra prie _____ (muziejus).

g
Arūnas Kur važiuojate vasarą?
Vida Į _____ (Paryžius).
Aistė O mes važiuojame į _____ (Vokietija).

h
Algis Kur ji dabar gyvena?
Birutė Gedimino _____ (prospektas).

▶ 8 Listen to the phone numbers and write them down.

03
čia mano šeima
here is my family

In this unit you will learn
- how to talk about your family
- how to ask someone about their family
- how to introduce someone

Lithuanians believe that the stork brings happiness and success to their families and home. Photo by Eugenijus Stumbrys.

Photo by Arūnas Šiurkus.

šeima	family
vyras	*husband*
žmona	*wife*
brolis, -io	*brother*
sesuo	*sister*
sūnus	*son*
duktė	*daughter*
tėvas	*father*
tėvelis, -io	*daddy*
motina	*mother*
mama, mamytė	*mummy*
tėvai	*parents*
senelis, -io	*grandfather*
senelė, močiutė	*grandmother*
anūkas	*grandson*
anūkė	*granddaughter*
šeimos narys	*family member*
dėdė	*uncle*
teta	*aunt*
pusbrolis, -io	*cousin (man)*
pusseserė	*cousin (woman)*
giminaitis, -io	*relative (man)*
giminaitė	*relative (woman)*
šeiminė padėtis, -ies	*marital status*
vedęs	*married (man)*
ištekėjusi	*married (woman)*
miręs	*dead (man)*
mirusi	*dead (woman)*
išsiskyręs	*divorced (man)*
išsiskyrusi	*divorced (woman)*
asmenų pavadinimai	people
asmuo	*person*
berniukas	*boy*
draugas	*friend*
draugė	*friend*
dvyniai, -ės	*twins*
kūdikis, -io	*baby*
lytis, -ies	*sex*
mergaitė	*girl*
mergina	*young woman*
mokinys, -ė	*schoolboy, schoolgirl*
moteris, -ers	*woman*

narys	*member*
paauglys, -ė	*teenager*
pensininkas, -ė	*old-aged pensioner*
senukas, senelis, -io	*old man*
senutė, senelė	*old woman*
studentas, -ė	*student*
suaugęs	*adult (man)*
suaugusi	*adult (woman)*
vaikas	*child*
vaikinas	*young man*
vyras	*man*
žmogus, žmonės	*person, people*
profesijos	occupations
administratorius, -ė	*administrator*
advokatas, -ė	*lawyer*
aktorius, -ė	*actor, actress*
buhalteris, -ė	*bookkeeper*
dainininkas, -ė	*singer*
darbininkas, -s	*worker*
dėstytojas, -a	*university or college teacher*
direktorius, -ė	*director*
gydytojas, -a	*doctor*
inžinierius, -ė	*engineer*
jūrininkas, -ė	*sailor*
juristas, -ė	*lawyer*
kirpėjas, -a	*hairdresser*
lakūnas, -ė	*pilot*
mokslininkas, -ė	*scientist*
mokytojas, -a	*school teacher*
muzikantas, -ė	*musician*
padavėjas, -a	*waiter*
pardavėjas, -a	*salesman, saleswoman*
policininkas, -ė	*policeman*
rašytojas, -a	*writer*
sekretorius, -ė	*secretary*
siuvėjas, -a	*tailor*
slaugytojas, -a	*nurse*
šokėjas, -a	*dancer*
sportininkas, -ė	*sportsman*
tarnautojas, -a	*official*
ūkininkas, -ė	*farmer*
vadovas, -ė	*manager*

vairuotojas, -a	*driver*
valytojas, -a	*cleaner, housemaid*
verslininkas, -ė	*businessman, businesswoman*
vertėjas, -a	*translator, interpreter*
virėjas, -a	*cook*
žurnalistas, -ė	*journalist*

galėti, gali, galėjo *to be able*
girdėti, girdi, girdėjo (ką?) *to hear*
mėgti, mėgsta mėgo (ką?) *to like*
mylėti, myli, mylėjo (ką?) *to love*
(pa)sėdėti, sėdi, sėdėjo *to sit*
(pa)skambinti, skambina, skambino *to call*
(pa)stovėti, stovi, stovėjo *to stand*
susipažinti, susipažįsta, susipažino *to meet*
turėti, turi, turėjo (ką?) *to have*
(pa)žaisti, žaidžia, žaidė (ką?) *to play*
(pa)žiūrėti, žiūri, žiūrėjo (ką?) *to look, to watch*

▶ Dialogue 1

Vytautas Vilys	Laba diena.
Aleksandra Veis	Laba diena.
Vytautas Vilys	Aš esu Vytautas Vilys.
Aleksandra Vais	Labai malonu. Aš Aleksandra Vais.
Vytautas Vilys	Man taip pat labai malonu. Ponia Aleksandra, prašom susipažinti – čia mano žmona ir dukterys.
Aleksandra Vais	Labai malonu. Mano vardas Aleksandra.
Alina Vilienė	Labai malonu. Aš Alina.
Aušra Vilytė	Labai malonu. Mano vardas Aušra.
Jurga Vilytė	Labai malonu. Jurga.

▶ Dialogue 2

Hansas	Ar čia tavo sesers šeima?
Gediminas	Taip. Prašom susipažinti. Čia mano sesuo Lina, čia jos vyras Vaidas. O čia mano draugas Hansas iš Utrechto, iš Olandijos. Jis gerai kalba lietuviškai.
Hansas	Labai malonu.
Lina	Labai malonu.
Vaidas	Man taip pat labai malonu.
Hansas	Ar čia jūsų vaikai?

Lina	Taip, bet čia yra tik du mūsų vaikai – Rūta ir Dainius. Dar du – Eglė ir Žilvinas – namie. Jie jau studentai. Ar jūsų šeima taip pat yra čia?
Hansas	Ne, šiandien aš vienas. Mano žmona dirba, o vaikai – aš turiu du sūnus – dabar yra Utrechte.

dar du	two more
jau	already

▶ Dialogue 3

A conversation on the telephone.

Žilvinas	Klausau.
Kristina	Labas vakaras, Žilvinai.
Žilvinas	Labas vakaras, Kristina.
Kristina	Kaip sekasi?
Žilvinas	Ačiū, gerai. O kaip tau?
Kristina	Ačiū. Taip pat gerai. Ar Eglė namie?
Žilvinas	Ne, jos nėra. Ji pas pusseserę Ramutę. Šiandien Ramutės gimtadienis.
Kristina	Atsiprašau, labai blogai girdžiu!
Žilvinas	Eglė pas pusseserę Ramutę! Ar dabar gerai girdi?
Kristina	Taip, dabar gerai girdžiu.
Žilvinas	Šiandien Ramutės gimtadienis.
Kristina	Aaa, suprantu. Ar rytoj rytą Eglė dirba?
Žilvinas	Ne, nedirba. Gali skambinti rytoj rytą.
Kristina	Ačiū. Iki.
Žilvinas	Nėra už ką. Iki.

klausau	hello
taip pat	as well
namie	at home
gimtadienis	birthday

Reading and listening

▶ **1 Read the text and listen to the recording. Which statements are true and which are false?**

čia mano šeima

Dvynės Danielė ir Gabrielė.
Photos by Arūnas Šiurkus.

Gera būti kartu!

Mano vardas Vilius. Pavardė Bitinas. Dirbu mokykloje. Esu fizikos mokytojas. Mano žmonos vardas Kristina. Ji yra kirpėja. Mes gyvename Vilniaus centre, Senamiestyje. Mūsų adresas Literatų gatvė 5–9.

Mes turime du sūnus ir dvi dukteris. Sūnų vardai Karolis ir Marius. Berniukai jau eina į mokyklą. Sūnūs labai mėgsta sportuoti.

Mūsų dukterys – dvynės. Jų vardai yra Gabrielė ir Danielė. Dukterys dar neina į mokyklą. Aš ir Kristina kasdien einame į darbą, o seneliai – mano žmonos Kristinos tėvai – prižiūri mergaites. Jie yra pensininkai.

Mūsų šeima mėgsta eiti į Gedimino pilį, vaikų kavinę ar lėlių teatrą. Vaikai labai mėgsta žaisti parke. Vasarą visada važiuojame prie jūros arba į kaimą. Gera būti kartu!

gera	*it is nice*
kartu	*together*
fizika	*physics*
kasdien	*everyday*
dar	*still*
prižiūrėti, prižiūri, prižiūrėjo (ką?)	*to look after*
lėlių teatras	*puppet theatre*
arba	*or*
labai mėgti	*to like very much*
kaimas	*country, village*

Statement	True	False
1 Vilius yra mokytojas.	✓	
2 Kristinos ir Viliaus šeima gyvena prie Vilniaus.		
3 Kristina ir Vilius turi keturis vaikus.		
4 Danielė ir Gabrielė eina į mokyklą.		
5 Seneliai nedirba.		
6 Vasarą šeima mėgsta būti mieste.		

2 Put Violeta's questions in the right order

A conversation on the telephone.

Gintaras Klausau.
Violeta 1 ___D___
Gintaras Labas rytas. Mamos nėra. Ji pas tetą Rūtą.
Violeta 2 _____
Gintaras Tėtis dabar darbe.
Violeta 3 _____
Gintaras Taip, jis dirba ir šiandien, ir rytoj …
Violeta 4 _____
Gintaras Ne. Dianos nėra. Ji muzikos mokykloj.
Violeta 5 _____
Gintaras Taip, ponia Violeta, dabar vienas. Prašom skambinti vakare.
Violeta Gerai, Gintarai. Viso gero.
Gintaras Viso gero.

A Gal yra tėtis?
B Tai tu vienas namie?
C O sesuo? Gal ji yra?
D Labas rytas, Gintarai, ar mama namie?
E Ar jis šiandien dirba?

dabar	*now*
gal	*maybe*

▶ 3 Listen to Jonas and Milda's dialogue and indicate which statements are true and which are false

Statement	True	False
1 Jonas jau yra senelis.	✓	
2 Jonas turi anūkę.		
3 Tomas turi žmoną.		
4 Rita turi kūdikį.		
5 Kūdikis jau turi vardą.		
6 Rita gyvena Vilniuje.		

Language points

-i type verbs

When we speak about family we need to know the verb **turėti** (*to have*). It is -i type verb. -i is the typical ending of the present tense 3rd person -i type verb: **turėti, <u>turi</u>** (present tense, 3rd person), **turėjo**.

-i type verbs have the following endings in the present tense:

aš (I)	-iu			mes (we)	-**ime**	
tu (you)	-i			jūs (you)	-**ite**	
jis (he), ji (she)		→	-i	jie (they, masc.), (jos (they, fem.)		←

aš (I)	tur**iu**			mes (we)	tur**ime**	
tu (you)	tur**i**			jūs (you)	tur**ite**	
jis (he), ji (she)		→	tur**i**	jie (they, masc.), jos (they, fem.)		←

We shorten the endings in plural forms when we speak: **mes turim (turime), jūs turit(turite)**.

Talking about family

A Lithuanian verb is either transitive or intransitive. Transitive verbs describe actions directed towards a particular object. To say that you *have* a brother, a sister or a grandmother you need to use the accusative case. There is a large group of verbs in Lithuanian language that need the accusative case in the following noun. The verb **turėti** (*to have*) is one of them: **aš turiu brolį** (*I have a brother*), **ji turi seserį** (*she has a sister*).

However, if the verb is in the negative, then the genitive case is required: **jis neturi brolio** (*he hasn't a brother*), **ji nemyli Jono** (*she doesn't love John*).

Every new verb that is presented in the vocabulary will show its three main forms and the question word of the case it governs. If the verb is followed by the accusative you will find the question word **ką?**, by the genitive it will be **ko?** Please note, however, that there are verbs followed by other cases as well.

Plural of nouns

To use nouns in plural we change the endings as follows:

	Masculine					
Sing. nom. (kas?)	-as↓	-is↓	-ys↓	-us↓	-ius↓	-uo↓
Pl. nom. (kas?)	**-ai**	**-iai**	**-iai**	**-ūs**	**-iai**	**-enys**
Sing. nom. (kas?)	vaikas	brolis	narys	sūnus	profesorius	asmuo
Pl. nom. (kas?)	vaik**ai**	brol**iai**	nar**iai**	sūn**ūs**	profesor**iai**	asm**enys**
	Feminine					
Sing. nom. (kas?)	-a	-ė		-is	-uo, -ė	
Pl. nom. (kas?)	**-os**	**-ės**		**-ys**	**-erys**	
Sing. nom. (kas?)	teta	pusseserė		moteris	sesuo, duktė	
Pl. nom. (kas?)	tet**os**	pusseser**ės**		moter**ys**	ses**erys**, dukt**erys**	

There is only one feminine noun ending with -uo: **sesuo** (*sister*). **Duktė** is the only feminine noun ending in -ė, kind of company for the noun **sesuo**! **Sesuo** and **duktė** change their endings in both the singular and plural with the addition of -er-.

How to say that you have more than one brother, sister etc.

To characterize families we need to use numbers: **du broliai, dvi seserys, devynios pusseserės** (*two brothers, two sisters, nine cousins*), etc.

Cardinal numbers are masculine and feminine. We match masculine cardinal numbers with masculine nouns: **vienas brolis, du seneliai, keturi pusbroliai** (*one brother, two grandfathers, four cousins*). We match feminine cardinal numbers with feminine nouns: **viena sesuo, dvi senelės, keturios pusseserės** (*one sister, two grandmothers, four cousins*):

Cardinal numbers
Masculine
vienas
du
trys
4–9
-i
keturi, penki, šeši, septyni, aštuoni, devyni

Feminine
viena
dvi
trys
4–9
-ios
keturios, penkios, šešios, septynios, aštuonios, devynios

It is important to remember that nouns such as **dėdė** (*uncle*) and **žmogus** (*person*) are *masculine*. Although the noun **dėdė** has a typical feminine noun ending -ė and plural nominative ending of both these nouns is -ės (typical of *feminine* nouns) **dėdės** (*uncles*), **žmonės** (*people*), as masculine nouns they must be matched with masculine numbers: **penki dėdės, keturi žmonės** (*five uncles, four people*).

How many in your family?

To ask how many brothers, sisters, cousins etc. someone has, we use the question word **kiek** (*how many?*). **Kiek** is followed by the genitive case plural: **kiek brolių tu turi?** (*how many brothers do you have?*); **kiek seserų tu turi?** (*how many sisters do you have?*).

Masculine						
Sing. nom. (kas?)	-as↓	-is↓	-ys↓	-us↓	-ius↓	-uo↓
Pl. nom. (kas?)	-ai↓	-iai↓	-iai↓	-ūs↓	-iai↓	-enys↓
Pl. gen. (ko?)	**-ų**	**-ių**	**-ių**	**-ų**	**-ių**	**-enų**
Sing. nom. (kas?)	vaikas	brolis	narys	sūnus	profesorius	asmuo
Pl. nom. (kas?)	vaikai	broliai	nariai	sūnūs	profesoriai	asmenys
Pl. gen. (ko?)	vaikų	brolių	narių	sūnų	profesorių	asmenų
Feminine						
Sing. nom. (kas?)	-a↓	-ė↓		-is↓	-uo, -ė↓	
Pl. nom. (kas?)	-os↓	-ės↓		-ys↓	-erys↓	
Pl. gen. (ko?)	**-ų**	**-ių**		**-ų**	**-erų**	
Sing. nom. (kas?)	teta	pusseserė		moteris	sesuo, duktė	
Sing. acc. (kas?)	tetos	pusseserės		moterys	seserys, dukterys	
Pl. gen. (ko?)	tetų	pusseserių		moterų	seserų, dukterų	

How to answer the question about the number of family members?

To say that you have two, three or four children, brothers, sisters or cousins, you need to use the forms of the verb **turėti** plus the accusative case of both masculine or feminine cardinal numbers and plural masculine or feminine nouns: **Aš turiu du sūnus, o mano brolis turi dvi dukteris.** (*I have two sons and my brother has two daughters.*)

Masculine

Sing. nom. (kas?)	-as↓	-is↓	-ys↓	-us↓	-ius↓	-uo↓
Pl. nom. (kas?)	-ai↓	-iai↓	-iai↓	-ūs↓	-iai↓	-enys↓
Pl. acc. (ką?)	**-us**	**-ius**	**-ius**	**-us**	**-ius**	**-enis**
Sing. nom. (kas?)	vaikas	brolis	narys	sūnus	profesorius	asmuo
Pl. nom. (kas?)	vaikai	broliai	nariai	sūnūs	profesoriai	asmenys
Pl. acc. (ką?)	vaik**us**	brol**ius**	nar**ius**	sūn**us**	profesor**ius**	asm**enis**

Feminine

Sing. nom. (kas?)	-a↓	-ė↓	-is↓	-uo, -ė↓
Pl. nom. (kas?)	-a↓	-ės↓	-ys↓	-erys↓
Pl. acc. (ką?)	**-as**	**-es**	**-is**	**-eris**
Sing. nom. (kas?)	teta	pusseserė	moteris sesuo, duktė	
Sing. acc. (kas?)	tetos	pusseserės	moterys seserys, dukterys	
Pl. acc. (ką?)	tet**as**	pussesere**s**	moter**is** sese**ris**, dukt**eris**	

Masculine cardinal numbers

Nom.	Acc.
vienas	vieną
du	du
trys	tris
4-9	**4-9**
-i	**-is**
keturi – devyni	keturi**s** – devyni**s**

Feminine cardinal numbers

Nom.	Acc.
viena	vieną
dvi	dvi
trys	tris
4-9	**4-9**
-ios	**-ias**
keturios – devynios	keturi**as** – devyni**as**

Genitive of nouns and personal pronouns

To say that something *belongs* to someone we, once again, use special endings. In English, we use the 'apostrophe s' or 's + apostrophe', or we use the preposition 'of', or sometimes we just put the word doing the belonging in front of the word that is 'belonged'. Here are some examples of showing belonging in English: *father's name* (the name belonging to father; the name of father); *friend's address* (the address belonging to a/the friend; the address of a/the friend); *family members* (the members belonging to a/the family; the members of a/the family).

To show belonging in Lithuanian, nominative endings are changed into genitive endings: **tėvo vardas** (*father's name*), **šeimos nariai** (*family members*), **draugo adresas** (*friend's address*), **mokyklos pavadinimas** (*school name*), **sūnų vardai** (*sons' names*), **studentų bendrabutis** (*students' dormitory*), **šeimų nariai** (*members of the families*).

To say that something or somebody belongs to *me* and to *you* (singular or informal *you*) we use possessive pronouns **mano** and **tavo**: **Čia yra mano brolis.** (*Here is my brother.*); **Ar čia yra tavo duktė?** (*Is this your daughter?*).

We use genitive of personal pronouns to say that something or someone belongs to *him, her, us, you, them*: **jo vardas** (*his name*), **jų namas** (*their house*), **mūsų šeima** (*our family*) etc.:

jis (he)	ji (she)	mes (we)	jūs (you)	jie, jos (they)
↓	↓	↓	↓	↓
jo (his)	jos (her)	mūsų (our)	jūsų (your)	jų (their)

Čia yra mano sūnus.   *Here is my son.*
Jo vardas Vytautas.   *His name is Vytautas.*
Čia yra mūsų sūnūs.   *Here are our sons. Their*
Jų vardai Saulius ir Paulius.   *names are Saulius and Paulius.*

The possessor always goes first in the sentence: **Jono žmona** (*John's wife*), **mamos vardas** (*mother's name*), **jo šeima** (*his family*), **jų vaikai** (*their children*), **studentų bendrabutis** (*students' dormitory*).

To ask **to whom** somebody or something belongs we use the question word **kieno?**: **Kieno vardas Rūta?** (*Whose name is Rūta?*), **Kieno yra šis namas?** (*Whose is this house?*)

Genitive of name

Gedimin**o** gatvė, geležinkel**io** stotis, Viln**iaus** universitetas, Nyderland**ų** ambasada, Muzik**os** akademija etc. (*Gediminas Street, railway station, Vilnius University, Embassy of the Netherlands, Academy of Music* etc.). These are the names of streets and places in the city of Vilnius.

To form such names, the genitive is used: **Gediminas** → **Gedimino, geležinkelis** → **geležinkelio, Vilnius** → **Vilniaus, Nyderlandai** → **Nyderlandų, Muzika** → **Muzikos**. It is called the genitive of name.

The abbreviation used for the word **gatvė** (*street*) writing the names of streets is **g.**: **Universiteto g.** For the word **aikštė** (*square*) – **a.**: **Nepriklausomybės a.**

How to use the genitive of name in a sentence

In a sentence, we do not change the genitive of name. To say that *we live in Gediminas Street* or *we go to Gediminas Street* we use locative and accusative of **gatvė**: **Čia yra Gedimino gatvė** (*It is Gediminas Street*), **Aš gyvenu Gedimino gatvėje** (*I live in Gediminas Street*), **Aš einu į Gedimino gatvę** (*I go to Gediminas Street*).

Saying that somebody or something is not here

To say that somebody is not at home, not at work, not in the city etc., we use the verb **nėra** + genitive of noun or personal pronoun: **Viktoro ir Marijos nėra namie.** (*Viktor and Maria are not at home.*), **Jo dabar nėra.** (*He is not here at the moment.*), **Mieste nėra aikštės.** (*There is no square in the city.*)

Saying that you like to do something

To say that you like to play, to watch TV, to go somewhere, we use the verb **mėgti, mėgsta, mėgo** (*to like*) and infinitive of the verb: **mėgstu** + **žaisti, žiūrėti, būti** (inf.) etc.

| Aš mėgstu būti namie. | *I like to be at home.* |
| Vaikai mėgsta žaisti. | *Children like to play.* |

To ask what someone likes to do, we start our question with question word **ką?**: **Aš mėgstu žiūrėti televizorių. Ką tu mėgsti?** (*I like to watch TV. What do you like?*)

Occupations

Nouns with **-ininkas** (**darbininkas** – *worker*), **-orius** (**direktorius**), **-ėjas** (**kirpėjas** – *hairdresser*), **-tojas** (**mokytojas** – *teacher*) mean occupations. It is easy to make the feminine forms:

darb-ininkas	+ ininkė →	darb**ininkė**
direkt-orius	+ orė →	direkt**orė**
kirp-ėjas	+ ėja →	kirp**ėja**
moky-tojas	+ toja →	moky**toja**

i When she gets married, a woman takes the husband's surname with specific suffix **-ienė**: Gulbin**ienė**, Baltak**ienė**, Karal**ienė**. Sometimes a married woman wants to keep her maiden name (**Statkutė, Raščiūtė, Juškaitė, Braškytė**) or she might add her husband's surname to her maiden name, forming a double-barrelled family name: **Statkutė-Gulbinienė, Juškaitė-Baltakienė**. Women artists often retain their maiden surnames.

Some women now prefer to have a surname that gives no information about their marital status. They prefer to have one type of surname ending with **-ė** whether married or not: **Gulbinė, Juškė**.

An older, unmarried woman is not addressed as **panelė** (*miss*), instead, we use the word **ponia** (*missis*).

In Lithuania, especially in the villages, parents, children and grandparents often live together and take care of each other.

In many families, grandchildren address their grandparents with **jūs**. In some families, children address their parents **jūs**.

The Lithuanian verb **mylėti** (*to love*) is used to say that we love *people* and *animals* but not coffee, chocolate or riding a bicycle etc. We say: **Aš myliu tave.** (*I love you.*) and **Aš labai mėgstu kavą** (*I love coffee*).

Exercises

1 Finish the sentences

   a Mano mamos mama yra mano **senelė**.
   b Mano tėvo sesuo Rūta yra mano _____.
   c Mano mama ir tėvas yra mano _____.
   d Mano mamos brolis Vytautas yra mano _____.
   e Mano tėvo brolio sūnus Rimantas yra mano _____.
   f Mano mamos sesers duktė Justina yra mano _____.

2 Insert the appropriate verb

a Mes **sėdime** prie senelio ir senelės.   turi
b Mes _____ senelę.   sėdžiu
c Ar jūs _____ senelius?   turiu
d Ar tu _____ pusbrolį?   sėdime
e Aš _____ brolį.   sėdi
f Prie senelės _____ teta Lina.   turime
g Aš _____ prie brolio.   turite

3 Use the appropriate form

a Aš turiu **seserį** (sesuo). Rūta neturi _____ (sesuo).
b Gintaras turi _____ (brolis), aš neturiu _____ (brolis).
c Jonas turi _____ (senelis), aš neturiu _____ (senelis).
d Vytautas turi _____ (žmona), Gediminas dar neturi _____ (žmona).

4 Make all possible pairs.

vienas   viena   keturi   keturios

brolis,
dėdė, ...

brolis, dėdė, dėdės, giminaitės, mama, narys, pusbrolis, pusbroliai, pusseserės, senelė, seneliai, senelis, šeima, šeimos, teta, tėvas, žmogus, žmonės

5 Use the appropriate form

Kiek tu turi
a tetos   **tetų?**
b broliai   _____?
c seserys   _____?
d seneliai   _____?
e pusseserės   _____?
f pusbroliai   _____?

6 Choose the appropriate form

a Aš turiu **dvi seseris**, ~~dvi seserys~~.
b Andrius turi **du broliai, du brolius**.
c Mes turime **keturi seneliai, keturis senelius**.
d Eglė turi **devynis pusbrolius, devyni pusbroliai**.
e Jie turi **vienas sūnus, vieną sūnų**.
f Mano pusseserė turi **penkis vaikus, penki vaikai**.

7 Choose the appropriate form
   a Mano ~~draugas~~, draugo, ~~draugą~~ vardas Vytautas.
   b Angelės **dukterų, dukterys, dukteris** vardai Birutė ir Danguolė.
   c Ar čia yra tavo **brolis, brolį, brolio** duktė?
   d Kur yra **studentus, studentai, studentų** kavinė?
   e Petras yra mūsų **šeimą, šeimos, šeima** narys.
   f Rytoj mes važiuojame pas **Viktorijos, Viktoriją, Viktorija** draugą.

8 Use the appropriate form
   a Čia yra Deividas ir Robertas, o čia – **jų** (jie) žmonos.
   b Ar Gediminas yra Angelės brolis, o Marija _____ (jis) žmona?
   c Čia yra mano mama, o čia – _____ (ji) brolis.
   d _____ (Mes) šeima gyvena čia.
   e Kur gyvena _____ (jūs) tėvai?
   f Rita ir Regina yra draugės. _____ (Jos) vaikai taip pat yra draugai.

9 Use the appropriate form

Mano šeima

Mano vardas Danutė. Mano **mamos** (mama) vardas Ona. _____ (Tėvas) vardas Vytautas.
Mano _____ (sesuo) vardas Agnė. Ji yra mokytoja.
_____ (Ji) vyras Jonas studijuoja universitete. Jis dažnai sėdi _____ (universitetas) bibliotekoje.
Aš turiu du brolius. _____ (Jie) vardai yra Linas ir Gintaras.
Visi _____ (šeima) nariai susitinka vakare.

---

visi *all*

---

10 Use the appropriate form

Operos ir baleto teatras
Einu į **Operos ir baleto teatrą**. Gyvenu prie _____. Esu _____.

Laisvės gatvė
Mūsų šeima gyvena _____. Einu į _____. Kur yra _____?

Danijos ambasada

Ar jūs dirbate _____? Gyvenu prie _____. Einu į _____.

11 Use the appropriate form

jis	a	**Jo**	
Džonas	b	_____	
Ana	c	_____	nėra namie.
tėvai	d	_____	
ji	e	_____	
brolis	f	_____	

12 Insert the appropriate form

a Aš **mėgstu** būti namie. — mėgstate
b Mes _____ eiti į teatrą. — mėgsta
c Vakare mūsų šeima _____ žiūrėti televizorių. — mėgsti
d Ar tu _____ žaisti parke? — mėgstu
e Ar jūs _____ žiūrėti televizorių? — mėgstame

13 Use the appropriate question words

a **Ar** čia tavo brolis? – Taip.
b ____ dirba tavo žmona? – Ji dirba mokykloje.
c ____ tavo dukters vardas? – Jos vardas Rasa.
d ____ sūnus yra Algimantas? – Algimantas yra Onos ir Povilo sūnus.
e ____ seserų tu turi? – Aš turiu dvi seseris.
f ____ tu turi brolį? – Ne, aš neturiu brolio.
g Aš mėgstu sėdėti parke. ____ tu mėgsti? – Aš mėgstu žiūrėti televizorių.

14 Fill in the application form

Anketa
Vardas _____
Pavardė _____
Lytis _____
Šeiminė padėtis _____
Adresas _____
Telefonas _____

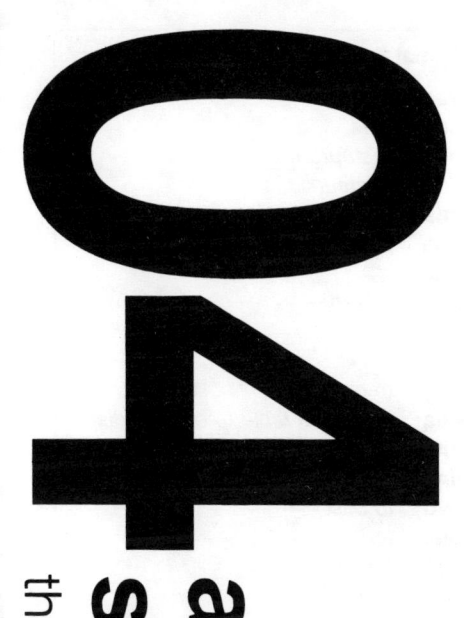

04
ačiū, labai skanu!
thank you, it's very tasty!

In this unit you will learn
- how to ask for various items of food and drink
- how to order a meal/a drink
- how to offer a meal/a drink
- how to refuse a meal/a drink
- how to say what you like and what you dislike
- how to propose a toast

Valgiai ir gėrimai Food and drink

baras	bar
kavinė	cafe
restoranas	restaurant
valgykla	canteen
savitarna	self-service
padavėjas/padavėja	waiter/waitress
aptarnauti, aptarnauja, aptarnavo (ką?)	to serve
valgiaraštis, -io/meniu	menu
išsirinkti, išsirenka, išsirinko (ką?)	to choose
užsisakyti staliuką/patiekalą	to book a table/to order a dish
sąskaita	bill
kaina	price
kainuoti, kainuoja, kainavo	to cost
arbatpinigiai	tip
butelis, -io	bottle
dėžė/dėžutė	box
pakelis, -io	package
stiklainis, -io	glass jar
maišas/maišelis, -io	bag, sack
mėsa	meat
dešra	sausage
dešrelės	sausages
kumpis, -io	ham
pieno produktai	dairy products
pienas	milk
varškė	cottage cheese, curd
grietinė	sour cream
grietinėlė	cream
sviestas	butter
margarinas	margarine
sūris, -io	cheese
jogurtas	yoghurt
kefyras	sour milk
daržovės	vegetables
bulvė	potato
morka	carrot
agurkas	cucumber
pomidoras	tomato
žirnis, -io	pea
pupelė	bean

svogūnas	onion
česnakas	garlic
kopūstas	cabbage
burokėlis, -io	beet
salotos	salad, lettuce
moliūgas	pumpkin
vaisiai ir uogos	fruit and berries
vynuogė	grape
obuolys	apple
bananas	banana
kriaušė	pear
apelsinas	orange
citrina	lemon
braškė	strawberry
vyšnia	cherry
slyva	plum
avietė	raspberry
serbentas	currant
riešutas	nut
saldumynai	sweets, desserts
tortas	cake
pyragas	pie
pyragaitis, -io	small cake
pyragėlis, -io	pastry
medus	honey
uogienė	jam, marmalade
ledai	ice cream
saldainis, -io	sweet
šokoladas	chocolate
sausainis, -io	biscuit, cookie
gėrimai	drinks, beverages
kava	coffee
arbata	tea
vanduo/mineralinis vanduo	water/mineral water
gazuotas	with gas (water)
negazuotas	still (water)
sultys	juice
alkoholiniai gėrimai	alcohol drinks
alkoholis, -io	alcohol
vynas	wine
alus	beer
šampanas	champagne

degtinė	*vodka*
likeris, -io	*liqueur*
duonos produktai	*bread products*
duona: juoda, balta	*bread: black, white*
batonas	*(French) bread*
bandelė	*bun, roll*
miltai	*flour*
cukrus	*sugar*
vanilinis cukrus	*vanilla sugar*
druska	*salt*
žuvis, -ies	*fish*
lašiša	*salmon*
silkė	*herring*
grybai	*mushrooms*
kiaušinis, -io	*egg*
aliejus	*oil*
majonezas	*mayonnaise*
makaronai	*pasta, noodles*
pipirai	*pepper*
(iš)gerti, geria gėrė (ką?)	*to drink*
(su)valgyti, valgo, valgė (ką?)	*to eat*
(pa)ragauti, ragauja, ragavo (ką?)	*to taste*
(iš)virti, verda, virė (ką?)	*to cook, to boil*
(iš)kepti, kepa, kepė (ką?)	*to fry, to roast, to bake*
(pa)pietauti, pietauja, pietavo	*to have lunch*
(pa)vakarieniauti, vakarieniauja, vakarieniavo	*to have dinner/supper*
(pa)pusryčiauti, pusryčiauja, pusryčiavo	*to have breakfast*
(į)pilti, pila, pylė (ką?)	*to pour*
(į)dėti, deda, dėjo (ką?)	*to put*
(su)maišyti, maišo, maišė (ką?)	*to mix*
įdaras	*filling*
(su)pjaustyti, pjausto, pjaustė	*to cut*
mėgti, mėgsta, mėgo (ką?)	*to like*
norėti, nori, norėjo (ko?)	*to want*
pusryčiai	*breakfast*
pietūs	*lunch*
vakarienė	*dinner/supper*
pavakariai	*snack before dinner/supper*
priešpiečiai	*snack before lunch*
skanus, -i	*tasty*
saldus, -i	*sweet*

rūgštus, -i	sour
kartus, -i	bitter
sūrus, -i	salty
vaisinis, -ė	fruity
žalias, -ia	green
juodas, -a	black
rūkytas, -a	smoked
keptas, -a	roast
patiekalas	course, dish
sriuba	soup
sultinys	bouillon
šaltibarščiai	cold beetroot soup
šalti patiekalai	cold dishes
karšti patiekalai	main courses
kepsnys	roast meat
didžkukulis, -io	dumpling
blynas	pancake
košė	porridge
mišrainė	'Russian' salad
sumuštinis, -io	sandwich
pinigai	money
litas	litas
centas	cent
doleris	dollar
svaras	pound
euras	euro
krona	krona
latas	latas

▶ Dialogue 1

Restorane. *In a restaurant.*

Padavėjas Laba diena. Prašom meniu. Ko norite užsakyti?
Marius Aš noriu sriubos. O tu, Birute?
Birutė Aš irgi noriu. Ar turite sriubos?
Padavėjas Taip. Šiandien labai skani dienos sriuba – barščiai su grybais. Norite?
Marius Taip, abiem sriubos. Ką turite karšto?
Padavėjas Turime jautienos kepsnį.
Marius Mano žmona vegetarė, nevalgo mėsos, o aš labai mėgstu žuvį. Ar yra žuvies?
Padavėjas Taip, labai skani kepta lašiša.
Birutė Mariau, aš nenoriu žuvies, man užtenka sriubos.

Marius	Gerai, duokite vieną porciją lašišos.
Padavėjas	Ko nors gerti?
Marius	Taip, arbatos. Vieną žalios ir vieną vaisinės.
Padavėjas	Viskas?
Marius	Taip, viskas.

(*Ten minutes or so later...*)

Padavėjas	Prašom. Gero apetito!
Birutė	Ačiū.
Marius	Padavėjau, prašom iškart sąskaitą, mes skubame.
Padavėjas	Gerai, tuojau. Prašom.

viskas	all
žalias, -ia	green
vaisinis, -ė	fruity, of fruit
lašiša	salmon
abiem	for both
iškart	right away
užtenka	enough
skubėti, skuba, skubėjo	to be in a hurry

▶ Dialogue 2

Bare. *In a bar.*

Padavėjas	Labas vakaras. Norite vyno? Alaus?
1 klientas	Prašom alaus.
Padavėjas	Didelį ar mažą?
1 klientas	Didelį. Kiek kainuoja?
Padavėjas	Penki litai. O jums? (*addressing another client*)
2 klientas	Man taip pat duokite didelį alaus. Į sveikatą!
1 klientas	Į sveikatą!

klientas	client
(pa)duoti, duoda, davė(ką?)	to give
kainuoti, kainuoja, kainavo	to cost
didelis, -ė	big
mažas, -a	small

▶ Dialogue 3

Namie. *At home.*

| Mama | Algirdai, nori valgyt? |
| Sūnus | Taip, labai. |

Mama Yra sriubos, valgyk. Dabar kepu kiaulienos kepsnį.
Sūnus O, kaip puiku! Aš baisiai alkanas.
Mama Valgyk valgyk, skanaus.
Sūnus Ačiū. Viskas labai skanu. Valgykloje neskanu, kavinėje skaniau, bet namie skaniausia.

> **baisiai** *terribly*

◘ Dialogue 4

Svečiuose. *Visiting a friend.*

Marija Agne, imk pyrago. Su braškėmis.
Agnė Ačiū. Labai mėgstu saldumynus. O, kaip skanu!
Marija Nori kavos ar arbatos?
Agnė Juodos kavos, jeigu galima.
Marija Aš irgi mėgstu juodą kavą. Mano vyras visada geria tik baltą, su grietinėle.
Agnė O mano vyras nemėgsta kavos, jis geria tik arbatą. Kartais ją geria su pienu – nelietuviška tradicija.
Marija Ar nori cukraus?
Agnė Ačiū, ne. Kavą geriu be cukraus. Žinau, kad nesveika.
Marija Gal dar pyrago?
Agnė Ne, ačiū, užtenka.

> **gal dar** + gen. *some more...?*
> **imti, ima, ėmė (ką?)** *to take*
> **sveikas, -a** *healthy*

◘ Dialogue 5

Turguje. *In the market.*

Pirkėja Prašom duoti du kilogramus pomidorų, kilogramą agurkų ir keturis kilogramus bulvių.
Pardavėja Tuojau.
Pirkėja A, dar norėčiau morkų.
Pardavėja Kiek?
Pirkėja Gal kilogramą.
Pardavėja Gerai. Prašom.
Pirkėja Kiek viskas kainuoja?
Pardavėja Iš viso šešiolika litų, penkiasdešimt centų.

> **norėčiau** *I would like*
> **iš viso** *in total*

Reading and listening

1 Read the text and indicate which statements are true and which are false

Vytuk,
nueik į parduotuvę ir nupirk maisto. Vakare pas močiutę ateina jos vaikystės draugės.
Atrodo, namie nėra duonos. Pažiūrėk.
Dar reikia nupirkti:

2 kilogramus miltų,
3 kg obuolių,
1 kg kiaulienos,
pakelį sviesto,
250 gramų margarino,
salotų,
1 kg pomidorų,
indelį pomidorų padažo,
1 litrą slyvų sulčių,

Pinigai spintelėje, kaip visada (50 litų)   Mama

vaikystė	*childhood*
atrodo	*it seems*
dar	*more*
reikėti, reikia, reikėjo	*need*
spintelė	*cupboard*
kg – kilogramas	*kilogramme*

Statement	True	False
1 Močiutė eina į svečius.		✓
2 Reikia nupirkti daržovių.		
3 Vaisių pirkti nereikia.		
4 Reikia nupirkti vieną litrą gėrimo.		
5 Reikia nupirkti mėsos.		
6 Pieno produktų nereikia.		

▶ 2 Read the dialogue then listen to the phone conversation and fill in the missing information

Dėdė Jonas	Alio!
Živilė	Labas vakaras, dėde. Ar yra teta Jūratė? Noriu paprašyti jos _____ recepto. Rytoj pas mus ateina svečių, noriu iškepti ką nors _____.
Dėdė Jonas	Tuoj pakviesiu ją prie telefono.
Teta Jūratė	Klausau, Živile.
Živilė	Labas, teta. Noriu tavo _____ recepto. Ar gali pasakyti?
Teta Jūratė	Žinoma, vaikeli. Rašyk:
	_____ g sviesto
	_____ stiklinės cukraus
	1 kiaušinis
	_____ stiklinės miltų
	Įdaras:
	_____ g varškės
	_____ ml grietinėlės (riebios)
	_____ kiaušiniai
	nepilna stiklinė cukraus
	_____ šaukštas citrinų sulčių
	1 šaukštelis vanilinio _____
	1 šaukštelis cinamono.
Živilė	Aišku, ačiū. Taigi aš padarau tešlą, tada sumaišau įdaro produktus. O obuolius?
Teta Jūratė	Obuolius supjaustyk skiltelėmis ir dėk ant viršaus. Ir dar pabarstyk cinamonu.

(pa)prašyti, prašo, prašė (ką?, ko?)	to ask, to request
receptas	recipe
ką nors skanaus	something tasty/good
(pa) kviesti, kviečia, kvietė (ką?)	to invite, to call
stiklinė	a glass
nepilnas, -a	nearly full
šaukštas	spoon
šaukštelis, -io	teaspoon
vanilinis cukrus	vanilla sugar
(pa)barstyti, pabarsto, pabarstė (ką?)	to sprinkle
dėti, deda, dėjo (ką?)	to put
g – gramas	gramme
ml – mililitras	millilitre

Names of types of meat are formed regularly with the suffix -**iena** from the name of the animal it comes from.

višta *hen*		viš**tiena** *chicken*
paukštis *bird*		paukš**tiena** *poultry*
kiaulė *pig*		kiau**liena** *pork*
jautis, -io *ox*		jau**tiena** *beef*
avis, -ies *sheep*	+ iena →	a**viena** *mutton, lamb*
triušis, -io *rabbit*		triu**šiena** *rabbit (meat)*
antis, -ies *duck*		an**tiena** *duck (meat)*
žąsis, ies *goose*		žą**siena** *goose (meat)*

Language points
Present tense of -o and -ia type verbs

You already know the conjugation of -a type and -i type verbs in the present tense. The -a type may have a soft ending -**ia**, e.g. the verb **gerti, geria, gėrė**. All the endings remain the same as those of the other verbs except that -**i** is written before -**a** and the ending is pronounced softly:

aš ger**iu**	mes ger**iame**
tu ger**i**	jūs ger**iate**
jis, ji ger**ia**	jie, jos ger**ia**

The verb **valgyti, valgo, valgė** (*to eat*) occurs in this unit. This is an example of the third -o type verb. Verbs of this type have the following endings in present tense: **valgyti, valgo** (present tense 3rd person), **valgė**.

aš *(I)*	**-au**		mes *(we)*	**-ome**
tu *(you)*	**-ai**		jūs *(you)*	**-ote**
jis *(he)*, ji *(she)*	→	**-o**	jie *(they, masc.)*, jos *(they, fem.)*	←
aš *(I)*	valg**au**		mes *(we)*	valg**ome**
tu *(you)*	valg**ai**		jūs *(you)*	valg**ote**
jis *(he)*, ji *(she)*	→	valg**o**	jie *(they, masc.)*, jos **(they, fem.)**	←

Here are some more verbs of this type:

(pa)prašyti, prašo, prašė (ką?, ko?) *to ask, to request*
(pa)daryti, daro, darė (ką?) *to do, to make*
(pa)sakyti, sako, sakė (ką?) *to say*
(pa)matyti, mato, matė (ką?) *to see*
(pa)rašyti, rašo, rašė (ką?) *to write*
(pa)skaityti, skaito, skaitė (ką?) *to read*
(iš)mokyti, moko, mokė (ką?) *to teach*
žinoti, žino, žinojo (ką?) *to know*
klausyti, klauso, klausė (ko?) *to listen*

To wish

Before actually starting to eat, Lithuanians want to wish you 'bon appétit' of the meal. To do this, we say:

Skanaus!
Gero apetito!

The genitive case in these phrases is used in exactly the same way as in:

Geros dienos! *Have a good day!*
Gero vakaro! *Have a good evening!*
Geros kelionės! *Have a good trip!*

Proposing a toast

In Lithuanian, we say: **Į (tavo/jūsų)sveikatą!**

Countable and uncountable things

Most nouns in Lithuanian can have both singular and plural forms. There are some, however, that mean things that are impossible to count, such as **pienas** (*milk*), **mėsa** (*meat*) and similar uncountable nouns. This kind of word in Lithuanian has only one number: it is either only singular or plural. There are many words of this kind in this unit. They are particularly the names of food and drinks: **pienas, sviestas, arbata, druska, aliejus** etc. are only ever singular and, for example, **miltai, sultys, ledai** that are only ever plural and have no singular form at all. Similarly, these words only have the plural form: **pusryčiai, pietūs, pavakariai, priešpiečiai** (but not **vakarienė!**). It is important to know this in order to be able to match correctly the adjective to these nouns. You will learn more about this in following units.

Some *countable* nouns occur more frequently as a plural than they do as singulars. They are the names of things that are difficult to count and it is the sum, the mass that is more important than the *unit* expressed by the singular. There are many words of this kind in this unit: especially, names of berries, vegetables and other things: **vynuogės, vyšnios, pupelės, žirniai, grybai** etc.

Indefinite quantities

When we want to say an indefinite quantity, in Lithuanian we use the genitive case:

Prašom pieno ir duonos.	*Some milk and bread, please.*
Valgykit vynuogių.	*Eat some grapes.*
Duok obuolių.	*Give me some apples.*
Duokite ledų.	*(Could you) give me some ice cream.*
Imk vandens.	*Take some water.*

The singular is used only if the noun does not have a plural: **prašom pieno, sūrio, varškės, duonos, cukraus, vandens**. With countable and only plural nouns, the genitive plural is used, which is very simple: it always has an ending -ų: **duok vyšnių, prašom grybų, miltų, sulčių**. So when we talk about food, when we ask for it, when we buy it, when we offer it, if we don't use an exact quantity, we use the most popular case in Lithuanian: the genitive.

Definite quantities

When we ask for or offer a definite quantity we use this model:

	Accusative **ką?**	Genitive **ko?**
	kilogramą	obuolių pomidorų
prašom duok, duokite + imk, imkite	litrą	pieno kefyro
	indelį, stiklainį	majonezo uogienės
	pakelį dėžutę maišelį	saldainių sausainių

Quantity with cardinal numbers

You already know the numbers from 1 to 9. Here are some more:

0	nulis	20	dvidešimt
10	dešimt	30	trisdešimt
11	vienuolika	40	keturiasdešimt
12	dvylika	50	penkiasdešimt
13	trylika	60	šešiasdešimt
14	keturiolika	70	septyniasdešimt
15	penkiolika	80	aštuoniasdešimt
16	šešiolika	90	devyniasdešimt
17	septyniolika	100	šimtas
18	aštuoniolika	1,000	tūkstantis
19	devyniolika	1,000,000	milijonas

In contrast to the numbers from 1 to 9, you will be pleased to note that these do not have different gender forms. They are always used with the plural genitive case of the nouns, e.g. **dešimt obuolių, vienuolika kriaušių, penkiasdešimt gramų, šimtas litų.**

When we want to say 21, 22, 23 and so on, we use two words: **dvidešimt vienas, dvidešimt du, dvidešimt trys** and so on. We match the gender and the case of the nouns with them and use the plural of the nouns, e.g. **dvidešimt du studentai, dvidešimt dvi studentės.** A number than ends in a '1', 21, 31, 41, 51 and so on, is used differently, that is with the noun in the singular: **dvidešimt viena studentė, dvidešimt vienas studentas.**

We express the indefinite quantity with other words that mean amount: **daug, truputį, mažai, pusantro, pusantros, pusė, keletas.** We use them with the genitive case:

daug *a lot of*	daug restoranų, daug pieno, daug mėsos
truputis *a little*	truputis druskos, truputis cukraus
mažai, nedaug *little, not many*	mažai maisto, mažai daržovių
pusantro (masc.) *one and a half*	pusantro litro, pusantro kilogramo
pusantros (fem.) *one and a half*	pusantros dėžutės
pusė *half*	pusė kilogramo, pusė pakelio, pusė dėžutės
keletas *some, a couple*	keletas agurkų, keletas riešutų

In the text, some of these quantity words are declined but the genitive case remains:

Duok truputį druskos.
Imk pusę stiklinės pieno.
Prašom keletą bananų.

Likes and dislikes

When we say what kind of food or drink we like we use the verb **mėgti, mėgsta mėgo**. This is a transitive verb, which is always used with the accusative case: **mėgstu medų, jis mėgsta vyną, mes mėgstame vaisius**. If we do not like something, that is, we use negation, we must use the genitive case instead of the accusative: **nemėgstu medaus, jis nemėgsta vyno, mes nemėgstame vaisių**.

With something: *su* + instrumental

In the expressions **su pienu, su sūriu, su grybais** in this unit, you will have observed a new case: the instrumental case of the noun. Here it is used with a preposition **su** (*with*). We form the instrumental case by changing the nominative case ending of the noun to the instrumental case ending.

	Masculine				
Sing. nom. (kas?)	-as, -ias↓	-is↓	-ys↓	-us, -ius↓	-uo↓
Sing. inst. (kuo?)	**-u, -iu,**	**-iu**	**-iu**	**-umi, -iumi**	**-en, -iu**
Sing. nom. (kas?)	pyragas↓	sūris↓	obuolys↓	sūnus, vaisius↓	vanduo↓
Sing. inst. (kuo?)	pyrag**u**	sūr**iu**	obuol**iu**	sūn**umi**, med**umi**	vand**eniu**

As you see, the masculine instrumental case usually has a final **-u**. The longer instrumental case endings **-umi, -iumi** of spoken Lithuanian are usually shortened: the final **-i** is dropped and we say **su medum, su cukrum**.

	Plural				
Sing. nom. (kas?)	-as, -ias↓	-is↓	-ys↓	-us, -ius↓	-uo↓
Pl. inst. (kuo?)	**-ais**	**-iais**	**-iais**	**-umis, -iais**	**-en, -imis**
Sing. nom. (kas?)	pyragas↓	sūris↓	obuolys↓	sūnus, vaisius↓	vanduo↓
Pl. nom. (kas?)	pyragai↓	sūriai↓	obuoliai↓	sūnūs, vaisiai↓	vandenys↓
Pl. inst. (kuo?)	pyrag**ais**	sūr**iais**	obuol**iais**	sūn**umis**, vais**iais**	vanden**imis**

Feminine
Singular

Sing. nom. (kas?)	-a, -ia↓	-ė↓	-is↓	-uo, -ė↓
Sing. inst. (kuo?)	**-a, -ia**	**-e**	**-imi**	**-eria**
Sing. nom. (kas?)	morka, vyšnia↓	bulvė↓	žuvis↓	sesuo, duktė↓
Sing. inst. (kuo?)	mork**a**, vyšn**ia**	bulv**e**	žuv**imi**	seser**ia**, dukter**ia**

Plural

Sing. nom. (kas?)	-a↓	-ė↓	-is↓	-uo, -ė↓
Pl. nom. (kas?)	-os↓	-ės↓	-ys↓	-er-ys↓
Pl. inst. (kuo?)	**-omis**	**-ėmis**	**-imis**	**-er-imis**
Sing. nom. (kas?)	morka, vyšnia↓	bulvė↓	žuvis↓	sesuo, duktė↓
Pl. nom. (kas?)	morkos, vyšnios↓	bulvės↓	žuvys↓	seserys, dukterys↓
Sing. inst. (kuo?)	mork**omis**, vyšn**iomis**	bulv**ėmis**	žuv**imis**	seser**imis**, dukter**imis**

Without: *be* + genitive

When we want to say 'without' we use the preposition **be** and the genitive case of noun:

be pieno	*without milk*
be cukraus	*sugar free, without sugar*
be padažo	*without sauce*

How to address someone: the vocative

When we address someone, we use another special case: the vocative. Noun vocative has special endings only in singular. The plural is the same as the nominative plural; it does not have specific endings.

We form the vocative case by changing the nominative case endings of the noun into the vocative case endings.

Masculine

The most complex is the vocative case of -**as** words because there is not one but several different endings of the vocative.

	-as ↓		
Common nouns	Names and surnames	Words with suffixes -toj-as, -ėj-as	Diminutives with -(i)uk-as
-e	-ai	-au	-(i)uk
student**as**, tėv**as**↓	Vytaut**as**, Petr**as**, Vitkausk**as**↓	vairuo**tojas**, padavė**jas**↓	bro**liukas**, ber**niukas**, Alg**iukas**↓
student**e**, tėv**e**	Vytaut**ai**, Petr**ai**, Vitkausk**ai**	vairuo**tojau**, padavė**jau**	bro**liuk**, ber**niuk**, Alg**iuk**

The vocative of names and surnames is different from other words only if the name or surname ends with -**as**. We change other endings into the vocative case like this:

	Masculine			
Sing. nom. (kas?)	-is↓	-ys↓	-us, -ius↓	-uo↓
Sing. voc.	**-i**	**-y**	**-au, -iau**	**en-ie**
Sing. nom. (kas?)	brolis, Kęstutis	mokinys, Stasys	sūnus, Saulius	ruduo
Sing. voc.	brol**i**, Kęstut**i**	mokin**y**, Stas**y**	sūn**au**, Saul**iau**	rud**enie**
	Feminine			
Sing. nom. (kas?)	-a, -ia↓	-ė↓	-is↓	-uo↓
Sing. voc.	**-a, -ia**	**-e**	**-ie**	**-er-ie**↓
Sing. nom. (kas?)	mama, Dalia↓	mergaitė Agnė↓	moteris↓	sesuo, duktė↓
Sing. voc.	mam**a**, Dali**a**	mergait**e**, Agn**e**	moter**ie**	ses**erie**, dukt**erie**

When writing we always put a comma after the vocative case.

Gender of adjectives

There are three types of adjective in Lithuanian: with endings -as, -us, and -is. Unlike nouns, some adjectives have not only two genders but three: masculine, feminine and *neuter*. Adjectives ending with -as and -us have three genders. The neuter form has neither case nor number. Adjectives ending with -is have masculine and feminine gender.

Here are the endings of the nominative singular adjectives:

1 -as
Sing. masc. -as, ias → Sing. fem. -a , -ia
→ neuter -a, -ia
sveikas, karštas, žalias → sveika, karšta, žalia
→ sveika, karšta, žalia

2 -us
Sing. masc. -us → Sing. fem. -i
→ neuter -u
skanus, saldus, gražus → skani, saldi, graži
→ skanu, saldu, gražu

3 -is
Sing. masc. -is → Sing. fem. -ė
vaisinis → Sing. fem. vaisinė

In the vocabulary lists in this book, the adjectival endings are indicated: **geras**, -a (*good*), **gražus**, -i (*beautiful*), **medinis**, -ė (*wooden*). Therefore you can easily recognize that these words are adjectives.

Comparison of neuter form

Adjectives have degrees of comparison: both comparative and the superlative degree. We will learn the comparison of masculine and feminine in the next unit, but here we will look at the neuter comparison, which is formed by taking away the -a, -u and adding -iau, -iausia instead:

sveik<u>a</u>, sveik<u>iau</u>, sveik<u>iausia</u>
skan<u>u</u>, skan<u>iau</u>, skan<u>iausia</u>

Both these suffixes soften the consonant in front of them. If the consonant is **t** or **d**, **t** changes into **č** and **d** into **dž**:

t → č	karšt-a	karščiau, karščiausia
	šilt-a	šilčiau, šilčiausia
d → dž	sald-u	saldžiau, saldžiausia

karštas, -a	*hot*
šiltas, -a	*warm*

i Lithuanians like to cook at home. When we have guests we serve food and drink in abundance; we keep offering food and drink to our guests over and over again, even if they say they don't want anything! We like to be asked to eat and drink ourselves and if we are not asked a couple of times to please help ourselves, we take nothing. When Lithuanians encourage guests to help themselves, they do not necessarily have to take it. If they want no more, it is sufficient just to say 'thank you'. And guests should not be surprised when, some time later, food and drink are offered again. We regard this as a polite way to treat our guests. Good manners also require that you compliment the food (and the chef!).

Lithuanians eat many different kinds of soup, sometimes more than once a day. We like dishes made of curd/cottage cheese. We eat cheese (a specific Lithuanian 'white' cheese) with honey. Fresh cucumber is eaten with honey too. Lithuanians like quite fatty food, however this tends not to cause indigestion. Lithuanian food is quite healthy, tasty and eco-friendly. Our home-produced food products are not genetically modified. Lithuanians value homemade food and also the vegetables, fruit and berries that they grow in their own gardens.

Families often eat together with everybody sitting at the table; this tradition is especially alive in countryside villages. In many families, breakfast is a hot meal (different kinds of porridge, pancakes, scrambled eggs). Different kinds of porridge are especially popular in the northwest of Lithuania, in Žemaitija. In northern middle section of Lithuania, pancakes are preferred.

A Lithuanian woman will not pour alcoholic drinks herself if there is at least one man at the table: it is the duty of the man to see that all the guests have something to drink and to serve them. At mealtimes, guests usually drink alcoholic drinks in an organized way: after a toast or, at least, after encouraging the person sitting next to them at the table to drink up.

Exercises

1 Find the words.

T	R	I	U	Š	I	E	N	A	K
O	B	U	O	L	Y	S	I	R	U
R	E	I	M	E	T	O	K	B	M
T	A	B	Ė	I	K	A	V	A	P
A	L	U	S	O	P	U	Y	T	I
S	Ž	K	A	P	I	E	N	A	S
Į	U	Ė	S	A	E	K	A	S	Ū
S	V	I	E	S	T	A	S	R	R
M	I	K	I	A	Ū	B	Ū	Č	I
E	S	O	S	S	S	I	K	Ž	S

2 Cross out the inappropriate word

pienas, sūris, kefyras, ~~dešra~~

pusryčiai, pietūs, rytas, vakarienė
pyragas, kiaušinis, saldainiai, sausainiai
saldumynai, gėrimai, šaltibarščiai, užkandžiai
vakarienė, vištiena, kiauliena, aviena
obuolys, bulvė, kriaušė, citrina
burokėlis, morka, vyšnia, agurkas
dešra, varškė, kumpis, vištiena

3 Find the pairs:

a Ar mėgsti vynuoges? A Prašom sriubos ir veršienos kepsnį.
b Ar nori ledų? B Ačiū, labai mėgstu avietes.
c Valgyk dar pyrago. C Žinoma, labai mėgstu lašišą.
d Skanaus! D Saldainius.
e Ko norite? E Taip, labai.
f Ką tu mėgsti? F Ačiū.
g Imk uogų. G Ne, ačiū, aš negeriu alkoholio.
h Ar tu valgai žuvį? H Ačiū, duok dar truputį. Labai skanu.
i Prašom konjako. I Taip, braškinių.

1	2	3	4	5	6	7	8	9
E								

4 Insert the appropriate verb

a Rytą mes **valgome** sumuštinius.
b Ar tu _____ sūrį?
c Ar jūs _____ arbatą?
d Ar tu _____ vynuogių?
e Aš labai _____ kriaušes.
f Rytą mes visada _____ kavą.
g Ačiū, ne, aš _____ kopūstų.
h Jonai, _____ daržovių.
i Ar ji _____ burokėlius?

valgome
mėgsti
geriate
valgo
nemėgsti
mėgstu
nevalgau
valgyk
geriame

5 Select the appropriate words and write them down, following the example

uogienė, pomidorai, bulvės, vaisiai, varškė, cukrus, pienas, grybai, padažas, daržovės

su
arbata su cukrumi
kava
sriuba
mėsa
salotos
ledai
pyragas
blynai
makaronai
dešrelės

be
arbata be cukraus

6 Write a question to respond to the underlined word

a Aš mėgstu <u>obuolius</u>. Ką tu mėgsti?
b Jis nemėgsta <u>varškės</u>.
c <u>Brolis</u> valgo ledus.
d Mes valgome <u>mėsą</u>.
e Aš turiu <u>tris</u> obuolius.
f <u>Mano</u> sūnus nevalgo žuvies.
g Močiutė nemėgsta <u>bananų</u>.
h <u>Vakare</u> mes valgome sriubą.

7 Fill in the table

geras	gera sveika	geriau	geriausia
		skaniau	
			gražiausia

8 Find the pairs

1 septyniolika   A 11
2 penkiasdešimt   B 100
3 vienuolika   C 13
4 šimtas   D 50
5 devyniolika   E 20
6 dvidešimt   F 16
7 trisdešimt   G 17
8 trylika   H 90
9 šešiolika   I 12
10 devyniasdešimt   J 30
11 dvylika   K 15
12 penkiolika   L 19

1	2	3	4	5	6	7	8	9	10	11	12
G											

9 Write the following numbers in figures and write the appropriate form of the noun

Dvidešimt penki (litas) → **25 litai**
Keturiasdešimt aštuoni (euras) →
Dvylika (latas) →
Devyniasdešimt trys (doleris) →
Dvidešimt keturi (centas) →
Šešiasdešimt (krona) →
Penkiasdešimt vienas (litas) →
Aštuoniasdešimt (euras) →
Septyniasdešimt šeši (centas) →
Tūkstantis (litas) →

10 Write the appropriate form

a
Marija Jonai (Jonas), imk torto.
Jonas Ačiū, jau užtenka. Gal dar truputį _____ (arbata).

b
Vitalija _____ (Marius), mėgsti vyną?
Marius Nelabai. Alus skaniau.

c
Klientas _____ (padavėjas), prašom dar duonos.
Padavėjas Juodos ar baltos?

d
Mama _____ (Algiukas), gal nori ko nors valgyti?
Algiukas Taip, noriu truputį.

> **ko nors** *something*

e
Sigita _____ (Tadas), ar nori _____ (vaisiai)?
Tadas Taip, duok _____ (kriaušės ir apelsinai).

f
Keleivis _____ (Vairuotojas), prašom sustoti čia.
Vairuotojas Čia sustoti draudžiama, galiu sustoti prie stotelės.

g
Lina _____ (Jurgis), ar mėgsti _____ (varškė)?
Jurgis Ne, nemėgstu _____ (varškė).

h
Pirkėja Prašom vieną kilogramą _____ (veršiena).
Pardavėja Viskas?
Pirkėja Dar _____ (dešrelės).
Pardavėja Kiek?
Pardavėja Pusantro _____ (kilogramas).

11 Write the appropriate form
   a Jis **valgo** (valgyti) **pusryčius.**
   b Aš visada _____ (valgyti) kiaušinius su majonezu.
   c Mes _____ (gerti) mineralinį vandenį.
   d Ar tu _____ (nevalgyti) svogūnų ir česnakų?
   e Mes _____ (valgyti) mėsą su pupelėmis.
   f Ji _____ (valgyti) pyragaitį su vyšniomis.
   g Ar jūs _____ (valgyti) sumuštinius su sūriu, ar su dešra?
   h Jis _____ (negerti) degtinės.
   i Jie _____ (valgyti) silkę su svogūnais ir aliejumi ir _____ (gerti) alų.

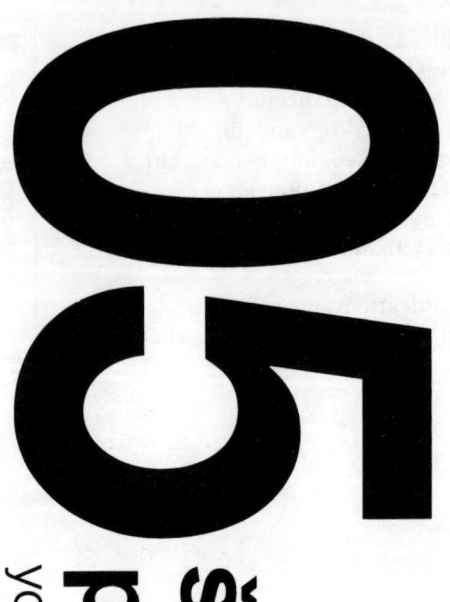

05
šiandien tu puikiai atrodai!
you look really fine today!

In this unit you will learn
- how to buy clothes, shoes and jewellery
- how to make a compliment
- how to make a comparison

Photos by Eugenijus Stumbrys.

Drabužiai, avalynė, papuošalai ir medžiagos
Clothes, footwear, jewellery and fabrics

tautiniai drabužiai	national costume
kailiniai	fur coat
kepurė	cap
lietpaltis, -io	raincoat
paltas	coat
skarelė	headscarf
skrybėlė, skrybėlaitė	hat
striukė	jacket (to wear outside)
šalikas	shawl
kostiumėlis, -io	suit (for women)
liemenė	vest
palaidinukė	blouse
sijonas	skirt
suknelė	dress
švarkelis, -io	jacket (for women)
diržas	belt
kaklaraištis, -io	necktie
kelnės	trousers
kostiumas	suit (for men)
marškiniai	shirt
švarkas	jacket (for men)

uniforma	uniform
džinsai	jeans
marškinėliai	singlet
megztinis, -io	sweater
šortai	shorts
basutės	slingbacks
batai	shoes
bateliai	shoes (for women)
kojinės	socks
pėdkelnės	pantyhose/tights
maudymosi kelnaitės	bathing trunks
maudymosi kostiumėlis	bathing suit
sportiniai bateliai	trainers
sportinis kostiumas	tracksuit
chalatas	robe
naktiniai marškiniai	nightshirt
pižama	pyjamas
prijuostė	apron
šlepetės	slippers
glaudės	boxer shorts
kelnaitės	pants
liemenėlė	bra
akiniai	glasses
kuprinė	backpack
nosinė	handkerchief
piniginė	wallet
rankinė	handbag
saulės akiniai	sunglasses
skėtis, -io	umbrella
apykaklė	collar
kišenė	pocket
saga	button
užtrauktukas	zipper
apyrankė	bracelet
auskarai	earrings
grandinėlė	chain
karoliai	necklace
laikrodis, -io	watch
sagė	brooch
kailis	fur
kailinis, -ė	furry, of fur
linas	flax
lininis, -ė	linen

medvilnė	cotton
medvilninis, -ė	cottony, of cotton
oda	leather
odinis, -ė	leather, of leather
sintetika	synthetic (material)
sintetinis, -ė	synthetic
šilkas	silk
šilkinis, -ė	silken
vilna	wool
vilnonis, -ė	woollen
auksas	gold
auksinis, -ė	golden
gintaras	amber
gintarinis, -ė	amber
sidabras	silver
sidabrinis, -ė	silver, of silver
baltas, -a	white
geltonas, -a	yellow
juodas, -a	black
mėlynas, -a	blue
oranžinis, -ė	orange
raudonas, -a	red
rausvas, -a	pink
rudas, -a	brown
spalva	colour
šviesiai žalias	light green
tamsiai žalias	dark green
violetinis, -ė	violet
žalias, -ia	green
žydras, -a	sky blue
dryžuotas, -a	striped
gėlėtas, -a	flowery
languotas, -a	checked
raštuotas, -a	inlaid
taškuotas, -a	dotted
vienspalvis, -ė	self-coloured
madingas, -a	fashionable
ryškus, -i	bright
šiurkštus, -i	rough
švelnus, -i	soft
dydis, io	size
dovana	gift
matavimosi kabina	fitting room

skyrius	*department*
patarimas	*advice*
didelis, -ė	*big*
gražus, -i	*beautiful*
mažas, -a	*small*
naujas, -a	*new*
negražus, -i	*not beautiful*
senas, -a	*old*
šaltas, -a	*cold*
šiltas, -a	*warm*

apsiauti, apsiauna, apsiavė (ką?/kuo?) *to put on (shoes)*
apsirengti, apsirengia, apsirengė (ką?/kuo?) *to dress*
atrodyti, atrodo, atrodė *to look*
avėti, avi, avėjo (ką?/kuo?) *to wear (shoes)*
dėvėti, dėvi, dėvėjo (ką?/kuo?) *to wear (clothes)*
yra apsirengęs/yra apsirengusi (ką?/kuo?) *is dressed*
nusiauti, nusiauna, nusiavė (ką?) *to take off (shoes)*
nusirengti, nusirengia, nusirengė (ką?) *to undress*
padėti, padeda, padėjo (kam?) *to help*
pasimatuoti, pasimatuoja, pasimatavo (ką?) *to try on*
patarti, pataria, patarė (kam?) *to advise*
patikti, patinka, patiko (kam?/kas?) *to like*
(nu)pirkti, perka, pirko (ką?) *to buy*
reikėti, reikia, reikėjo (kam?/ko?) *to want, need*
(pa)rodyti, rodo, rodė (ką?) *to show*
tikti, tinka, tiko (kam?/kas?) *to suit*

▶ Dialogue 1

Drabužių parduotuvėje. *At a clothes shop.*

Pardavėja	Laba diena.
Pirkėjas	Laba diena.
Pardavėja	Gal galiu jums padėti?
Pirkėjas	Taip. Ačiū. Man reikia šiltos madingos striukės.
Pardavėja	Prašom pasimatuoti šią geltoną striukę.
Pirkėjas	Oi ne, man nepatinka ryškios spalvos!
Pardavėja	Gal norite pasimatuoti tą tamsiai žalią?
Pirkėjas	Tamsiai žalia labai graži. Ar turite mano dydžio?
Pardavėja	Taip. Ši striukė jūsų dydžio. Prašom pasimatuoti.
Pirkėjas	Pažiūrėkite ir jūs. Aš manau, kad ši striukė man tinka.
Pardavėja	Labai tinka!

Pirkėjas	Kokia jos kaina?
Pardavėja	Trys šimtai litų.
Pirkėjas	Prašom.
Pardavėja	Ačiū, kad perkate mūsų parduotuvėje.
Pirkėjas	Ačiū jums už pagalbą. Sudie.
Pardavėja	Sudie.

> **Ačiū jums už pagalbą.** *Thank you for your help.*

▶ Dialogue 2

Ramunė	Sveika, Lina.
Lina	Sveika, Ramune.
Ramunė	Koks gražus tavo megztinis! Labai gražiai šiandien atrodai!
Lina	Ačiū, Ramune. O tau labai tinka ši mėlyna suknelė!
Ramunė	Ačiū. Visi sako, kad mėlyna – mano spalva.
Lina	Taip, tikrai. Dabar bėgu. Skubu į darbą.
Ramunė	Iki!
Lina	Iki!

> | | |
> |---|---|
> | **visi** | *everybody* |
> | **(pa)sakyti, sako, sakė (ką?)** | *to say* |
> | **tikrai** | *really* |
> | **skubėti, skuba, skubėjo** | *to hurry* |

▶ Dialogue 3

Pirkėja	Laba diena.
Pardavėja	Laba diena.
Pirkėja	Ar šios kelnės lininės?
Pardavėja	Ne, sintetinės. Štai tos juodos kelnės lininės.
Pirkėja	Ar turite baltų?
Pardavėja	Taip, prašom pasimatuoti.
Pirkėja	Šios kelnės man mažos. Man reikia didesnių.
Pardavėja	Gaila, bet neturime didesnių baltų kelnių.
Pirkėja	Ačiū. Viso gero.
Pardavėja	Viso gero.

> **štai** *there*

Reading and listening

1 Read the text and indicate which statements are true or false or for which there is no information given in the text

Nauja drabužių parduotuvė „Linas"

Mūsų parduotuvėje yra didelis lininių drabužių pasirinkimas. Prekiaujame lietuviškais lininiais drabužiais vaikams, moterims ir vyrams. Su lininiais drabužiais gera ir vasarą, ir žiemą.

Moteriškų drabužių skyriuje prekiaujame ne tik suknelėmis, sijonais, palaidinukėmis, švarkeliais, bet ir sidabriniais, gintariniais, mediniais ir stikliniais papuošalais: karoliais, apyrankėmis, žiedais, sagėmis. Papuošalų autoriai – lietuviai juvelyrai. Įsigykite lininį drabužį ir prie jo prisitaikykite puikų savito stiliaus papuošalą!

Vyrams yra drabužių ir darbui, ir poilsiui. Karštą vasarą pajūryje šviesaus lino kelnės ir marškiniai – geriausi drabužiai. Siūlome ir lininių kostiumų. Kai reikia vasarą dirbti, geresnio kostiumo už lininį nėra.

Mergaitėms ir berniukams galite nupirkti įvairių spalvingų drabužių, kepurių nuo saulės.

Maloniai kviečiame apsilankyti parduotuvėje „Linas". Mūsų adresas Parko gatvė 12, Kaunas.

pasirinkimas	choice
prekiauti, prekiauja, prekiavo (kuo?)	to sell
medinis, -ė	wooden
stiklinis, -ė	made of glass
įsigyti, įsigija, įsigyjo (ką?)	to buy
prisitaikyti, prisitaiko, prisitaikė (ką?)	to fit
savitas, -a	original
poilsis	rest
pajūris	seacoast
kai	when
įvairus, -i	various
spalvingas, -a	coloured
pirkėjas, a	customer
apsilankyti, apsilanko, apsilankė	to visit

Statement	True	False	No information
1 Parduotuvėje prekiauja medvilniniais drabužiais.		✓	
2. Parduotuvėje parduoda ir papuošalus.			

Statement	True	False	No information
3 Papuošalai užsienietiški.			
4 Parduotuvėje vyrai gali nusipirkti lininių kostiumų.			
5 Parduotuvė prekiauja vaikiškomis striukėmis.			
6 Parduotuvei „Linas" reikia pardavėjo.			
7 Parduotuvė yra Kaune.			

▶ 2 Listen to Tomas and Rita's dialogue. What gifts is Tomas going to buy for his friends?

Kam?
Džonui C
Sarai
Frėjai
Nikui

Ką nori pirkti Tomas?
A gintarinę apyrankę
B raštuotas pirštines
C marškinėlius
D lėlę su tautiniais drabužiais
E vilnonį megztinį

gera mintis	*good idea*

Language points

Singular and plural adjectives

There are three typical endings for singular masculine adjectives: ger*as* (*good*), graž*us* (*beautiful*) and medvilnin*is* (*cotton*). When you learn a new adjective, you are learning the masculine singular form, with endings -**as**, -**us** or -**is**. Armed with this information, you can now make singular feminine, plural masculine and plural feminine adjectives according to the following schema:

ger-as
Sing. masc. -as → Sing. fem. -a
↓ ↓
Pl. masc. -i Pl. fem. -os

geras → gera
↓ ↓
geri geros

graž-us
Sing. masc. -us → Sing. fem. -i
↓ ↓
Pl. masc. -ūs Pl. fem. -ios

gražus → graži
↓ ↓
gražūs gražios

medvilnin-is
Sing. masc. -is → Sing. fem. -ė
↓ ↓
Pl. masc. -iai Pl. fem. -ės

medvilninis → medvilninė
↓ ↓
medvilniniai medvilninės

NB Exception: masculine plural ending of adjective **didelis** (*big*) is -**i** – **dideli**.

We use singular and plural masculine adjectives to characterize singular and plural masculine nouns: **geras paltas** (*good coat*), **geri batai** (*good shoes*), **gražus kostiumas** (*beautiful suit*), **gražūs auskarai** (*beautiful earrings*), **medvilninis sijonas** (*cotton skirt*).

We use singular and plural feminine adjectives to characterize singular and plural feminine nouns: **gera parduotuvė** (*good* *shop*), **geros pirštinės** (*good gloves*), **graži suknelė** (*beautiful dress*), **gražios suknelės** (*beautiful dresses*), **medvilninė suknelė** (*cotton dress*), **medvilninės kelnės** (cotton trousers).

Made of a certain material

We add the suffix -inis, -inė to the stem of the noun: **auksinis žiedas** (*golden ring*), **gintarinė sagė** (*amber brooch*):

| auks-as (gold) | auks + **inis** | → | auks**inis, -ė** (golden) |
| gintar-as (amber) | gintar + **inis** | → | gintar**inis, -ė** (amber) |

NB Exception: **sint-etika** → **sintetinis**, **viln-a** → **vilnonis**.

Note also that the suffix -inis, -inė has other meanings.

Dative case of nouns and personal pronouns

To express the indirect object, we use the dative case of nouns and pronouns. To say that we *give, buy, sell, give presents* to somebody we need to use the dative case: **Seseriai perku žiedą, o broliui – kepurę** (*I buy a ring for my sister and a cap for my brother.*)

To say, for example, that somebody is cold **Rūtai šalta** (*Rūta is cold*) or **jai pigu** (*it is cheap for her*), we use the dative (to indicate the person who is feeling cold or for whom it is cheap) together with the neuter form of the adjective in the sentence.

The dative case is used with such verbs as **patikti, patinka, patiko** (*to like*), **tikti, tinka, tiko** (*to fit, to suit*), **reikėti, reikia, reikėjo** (*to need*): **Ar tau patinka šis žiedas?** (*Do you like this ring?*), **Ar man tinka ši suknelė?** (*Does this dress suit me?*), **Tomui reikia palto** (*Tomas needs a coat*).

Verbs **patikti, reikėti, tikti** (*to like, to need, to suit*) are special verbs. To indicate the person who *likes*, *needs* and whom something *suits*, we use the dative case of that person: **Man patinka mėlyna spalva** (*I like blue*), **Mano broliui reikia kostiumo** (*My brother needs a suit*), **Tau tinka nauja suknelė** (*The new dress suits you*). In such sentences, we use only the 3rd person of the verbs **patinka, reikia, tinka**: **Man patinka mėlyna spalva** (*I like blue*), **Ar tau patinka mėlyna spalva?** (*Do you like blue*), **Jam reikia batų** (*He needs shoes*).

To ask the question *who* likes, *who* needs, *for whom* somebody buys something, *who* is cold etc. we start with the question word **kam?**: **Kam patinka raudona spalva?** (*Who likes red?*), **Kam reikia batų?** (*Who needs shoes?*), **Kam šalta?** (*Who is cold?*).

	Masculine				
	Singular				
Sing. nom. (kas?)	-as↓	-is↓	-ys↓	-us↓	-ius↓
Sing. dat. (kam?)	**-ui**	**-iui**	**-iui**	**-ums**	**-iui**
Sing. nom. (kas?)	draugas	brolis	paauglys	sūnus	profesorius
Sing. dat. (kam?)	draug**ui**	brol**iui**	paaugl**iui**	sūn**ui**	profesor**iui**
	Plural				
Sing. nom. (kas?)	-as↓	-is↓	-ys↓	-us↓	-ius
Pl. nom. (kas?)	-ai↓	-iai↓	-iai↓	-ūs↓	-iai↓
Pl. dat. (kam?)	**-ams**	**-iams**	**-iams**	**-ums**	**-iams**
Sing. nom. (kas?)	draugas	brolis	paauglys	sūnus	profesorius
Pl. nom. (kas?)	draugai	broliai	paaugliai	sūnūs	profesoriai
Pl. dat. (kam?)	draug**ams**	brol**iams**	paaugl**iams**	sūn**ums**	profesor**iams**

We shorten the endings of plural masculine dative nouns: **draugam (draugams), broliam (broliams)** etc.

	Feminine			
	Singular			
Sing. nom. (kas?)	-a↓	-ė↓	-is↓	-uo, ė↓
Sing. dat. (kam?)	**-ai**	**-ei**	**-iai**	**-eriai**
Sing. nom. (kas?)	teta	pusseserė	moteris	sesuo, duktė
Sing. dat. (kam?)	tet**ai**	pusseser**ei**	moter**iai**	seser**iai**, dukter**iai**
	Plural			
Sing. nom. (kas?)	-a↓	-ė↓	-is↓	-uo, -ė↓
Pl. nom. (kas?)	-os↓	-ės↓	-ys↓	-erys↓
Pl. dat. (kam?)	**-oms**	**-ėms**	**-ims**	**-erims**
Sing. nom. (kas?)	teta	pusseserė	moteris	sesuo, duktė
Pl. nom. (kas?)	tetos	pusseserės	moterys	seserys, dukterys
Pl. dat. (kam?)	tet**oms**	pusseser**ėms**	moter**ims**	seser**ims**, ter**ims**

We shorten the endings of plural feminine dative nouns: **tetom** (tetoms), **pusseserėm** (pusseserėms) etc.

	Singular personal pronouns			
Sing. nom. (kam?)	aš↓	tau↓	jis↓	ji↓
Sing. dat. (kam?)	man	tau	jam	jai
	Plural personal pronouns			
Pl. nom. (kas?)	mes↓	jūs↓	jie↓	jos↓
Pl. dat. (kam?)	mums	jums	jiems	joms

We shorten the endings of plural dative personal pronouns: **mum (mums), jum (jums), jiem (jiems), jom (joms)**.

	Plural locative of nouns Masculine Plural				
Sing. nom. (kas?)	-as↓	-is↓	-ys↓	-us↓	-ius↓
Pl. nom. (kas?)	-ai	-iai	-iai	-ūs	-iai
Pl. loc. (kur?)	**-uose**	**-iuose**	**-iuose**	**-uose**	**-iuose**
Sing. nom. (kas?)	teatras	viešbutis	kambarys	turgus	skyrius
Pl. nom. (kas?)	teatrai	viešbučiai	kambariai	turgūs	skyriai
Pl. loc. (kam?)	teatr**uose**	viešbu-čiuose	kambari-uose	turg**uose**	skyr**iuose**

kambarys *room*

We shorten the endings of plural masculine locative nouns: **teatruos (teatruose), viešbučiuos (viešbučiuose)** etc.

	Feminine nouns Plural			
Sing. nom. (kam?)	a↓	ė↓	-is↓	-uo, -ė↓
Pl. nom. (kas?)	-os↓	-ės↓	-ys↓	-erys↓
Pl. loc. (kur?)	**-ose**	**-ėse**	**-yse**	**-eryse**
Sing. nom. (kas?)	ambasada	parduotuvė	pilis	sesuo, duktė
Pl. nom. (kas?)	ambasados	parduotuvės	pilys	seserys, dukterys
Pl. loc. (kur?)	ambasad**ose**	parduotuv**ėse**	pil**yse**	ses**eryse**, dukt**eryse**

We shorten the endings of plural feminine locative nouns: ambasados (ambasadose), pilys (pilyse) etc.

Matching nouns and adjectives

In a sentence, the adjective must be 'matched' to the noun. The adjective is the same gender, number and case as the noun: **Aš noriu gražaus auksinio žiedo** (*I want a beautiful golden ring*), **Ji perka gražią šilkinę suknelę** (*She is buying a beautiful silken dress*).

The case of noun and adjective in the sentence depends on the case governed by the verb or preposition. Genitive: **Aš noriu šiltos skaros ir vilnonės suknelės** (*I want a warm scarf and a woollen dress*); accusative: **Perku šiltą skarą ir vilnonę suknelę** (*I buy a warm scarf and a woollen dress*); instrumental: **Pasivaikščioti einu su šilta skara ir vilnone suknele** (*I wear a warm scarf and a woollen dress when I go for a walk*) etc.

Feminine adjectives such as **graži, gražios** (*beautiful*) and **žalia, žalios** (*green*) are declined like feminine nouns with endings -(i)a and -(i)os such as **vyšnia, vyšnios** (*cherry, cherries*). Feminine adjectives such as **medvilninė, medvilninės** (*cotton*) have the same case endings as feminine nouns such as **kavinė, kavinės** (*cafe, cafes*).

Have a look at the following table. It will help you to see the similarities and differences between case endings:

	Singular		
Nom. (koks?)	šiltas paltas žalias didelis lietpaltis	gražus sūnus	sintetinis lietpaltis
Gen. (kokio?)	šilto palto žalio didelio lietpalčio	gražaus sūnaus	sintetinio lietpalčio
Dat. (kokiam?)	šiltam paltui žaliam dideliam lietpalčiui	gražiam sūnui	sintetiniam lietpalčiui
Acc. (kokį?)	šitą paltą žalią didelį lietpaltį	gražų sūnų	sintetinį lietpaltį
Inst. (kokiu?)	šiltu paltu žaliu dideliu lietpalčiu	gražiu sūnumi	sintetiniu lietpalčiu
Loc. (kokiame?)	šiltame palte žaliame dideliame lietpaltyje	gražiame sūnuje	sintetiniame lietpaltyje
	Plural		
Nom. (kokie?)	šilti paltai žali dideli lietpalčiai	gražūs sūnūs	sintetiniai lietpalčiai
Gen. (kokių?)	šiltų paltų žalių didelių lietpalčių	gražių sūnų	sintetinių lietpalčių

Dat. (kokiems?)	šiltiems paltams žaliems dideliems lietpalčiams	gražiems sūnums	sintetiniams lietpalčiams
Acc. (kokius?)	šiltus paltus žalius didelius lietpalčius	gražius sūnus	sintetinius lietpalčius
Inst. (kokiais?)	šiltais paltais žaliais dideliais lietpalčiais	gražiais sūnumis	sintetiniais lietpalčiais
Loc. (kokiuose?)	šiltuose paltuose žaliuose dideliuose lietpalčiuose	gražiuose sūnuose	sintetiniuose lietpalčiuose

The singular and plural vocative endings of adjectives are the same as those of nominative: <u>mielas</u> mokytojau! (*dear teacher!*), <u>mieli</u> vaikai! (*dear children!*) <u>miela</u> mama! (*dear mother!*).

We shorten the case endings of the adjectives in the same way as those of nouns: **geriem draugam** (geriems draugams), **gerom draugėm** (geroms draugėms), **gražiuos miestuos** (gražiuose miestuose) etc.

Descriptions

When we are asking about descriptions of nouns, we use the singular and plural forms of the masculine and feminine indefinite pronoun: **koks, kokia, kokie, kokios**:

Sing. masc.
koks?

Sing. fem.
kokia?

Pl. masc.
kokie?

Pl. fem.
kokios?

The case of the question word in the question depends on the case governed by the verb: **Kokio palto tau <u>reikia</u>? – Man reikia šilto palto.** (*What coat do you need? – I need a warm coat*). **Kokie auskarai tau <u>patinka</u>? – Man patinka sidabriniai auskarai.** (*What earrings do you like? – I like silver earrings*). **Kokių džinsų tu <u>nori</u>? – Aš noriu mėlynų džinsų.** (*What jeans do you want? – I want blue jeans*).

Declension of indefinite and demonstrative pronouns

We decline singular and plural masculine indefinite pronouns **koks, kokie** (*what*) and demonstrative pronouns **toks, tokie** (*such*), **šis, šie** (*this, these*) very similarly to **žalias, žali** (*green*) and demonstrative pronouns **tas, tie** (*translation*) like **šiltas, šilti** (*warm*). We decline singular and plural masculine indefinite pronouns **kitas, kiti** (*another*) like **šiltas, šilti** (*warm*).

The differences are indicated in the following table:

	Singular			
Nom.	koks	toks	šis	tas
Gen.	kokio	tokio	šio	to
Dat.	kokiam	tokiam	šiam	tam
Acc.	kokį	tokį	šį	tą
Inst.	kokiu	tokiu	šiuo	tuo
Loc.	kokiame	tokiame	šiame	tame
	Plural			
Nom.	kokie	tokie	šie	tie
Gen.	kokių	tokių	šių	tų
Dat.	kokiems	tokiems	šiems	tiems
Acc.	kokius	tokius	šiuos	tuos
Inst.	kokiais	tokiais	šiais	tais
Loc.	kokiuose	tokiuose	šiuose	tuose

We decline singular and plural feminine **kokia, kokios, tokia, tokios, ši, šios** like **žalia, žalios** (*green*) and **ta, tos, kita, kitos** like **gera, geros** (*good*).

In a sentence, indefinite and demonstrative pronouns are matched with the noun. They must show the same gender, number and case as the noun: **Aš noriu to žiedo.** (*I want this ring.*) **Ji perka tą suknelę.** (*She is buying that dress.*)

The cases of nouns, indefinite and demonstrative pronouns in the sentence depend on the case governed by the verb or preposition.

Describing an action

To describe an action, to say how somebody is speaking, looking, cooking etc. we use adverbs: **ji kalba lėtai** (*she speaks slowly*), **tu šiandien atrodai labai gražiai** (*you look very beautiful today*).

| ger-<u>as</u> | ger + -ai | → | gerai | **mes gyvename labai gerai** (*we live very well*) |
| graž-<u>us</u> | graž + -iai | → | gražiai | **tu atrodai labai gražiai.** (*you look very beautiful*) |

We use the question word **kaip** (*how*) when we characterize the action: **Kaip aš atrodau?** (*How do I look?*), **Ar šį žiedą pirkai brangiai?** (*Was this ring you bought expensive?*)

Comparisons

To compare quality, we use the comparative and superlative degrees of the adjective. Suffixes **-esnis, -esni** (singular and plural masculine) and **-esnė, -esnės** (singular and plural feminine) are typical suffixes for the comparative degree.

To compare two things, people or phenomena we need to use **negu** or **už** (*than*).

negu + nom.	už + acc.
Paltas yra šiltesnis negu striukė.	Paltas yra šiltesnis už striukę.
The coat is warmer than the jacket.	*The coat is warmer than the jacket.*

Negu and **už** are synonyms.

Comparative degree of adjectives

	Singular		
ger-as	ger + **-esnis**	→	ger**esnis**
ger-a	ger+ **-esnė**	→	ger**esnė**
	Plural		
ger-i	ger + **-esni**	→	ger**esni**
ger-os	ger + **-esnės**	→	ger**esnės**

To say that something or somebody is *the most beautiful, the best*, we use suffixes of the superlative degree: **-iausias, -iausi** (singular and plural masculine) and **-iausia, -iausios** (singular and plural feminine): **tavo suknelė yra gražiausia** (*your dress is the most beautiful*). Often, however, we like to be more fulsome in our praise: **tavo suknelė yra pati gražiausia** or **tavo suknelė yra gražiausia iš visų**. **Pats, pati, patys, pačios** are used to do just this: *absolutely the most beautiful, the very warmest, simply the best*.

Superlative degree of adjectives

		Singular	
ger-as	ger + -**iausias**	→	(pats) ger**iausias**
ger-a	ger + -**iausia**	→	(pati) ger**iausia**
		Plural	
ger-i	ger + -**iausi**	→	(patys) ger**iausi**
ger-os	ger + -**iausios**	→	(pačios) ger**iausios**

NB Exception: **didelis, didesnis, didžiausias; didelė, didesnė, didžiausia** (*big, bigger, the biggest*).

We decline the adjectives of comparative and superlative degree like the adjectives of positive degree with appropriate endings:

geresnis like **didelis**   **geresnė** like **didelė**
geriausias like **žalias**   **geriausia** like **žalia**

i Lithuanians have a saying: **Auksas ir pelenuose žiba** (*The gold shines even in the ashes*). Although we may often say that clothes are not very important and that personality is more important, Lithuanian women do like beautiful clothes.

You can buy clothes in the shops and on the market. In the main street of the Old Town of Vilnius, Pilies Street, you can buy linen and woollen handmade clothes and amber jewellery. There are many shops selling linen clothes and amber in the Old Town of Vilnius.

We do not wear shoes at home. We like to wear slippers. When we visit our friends' homes, we usually ask whether we need to take our shoes off. Sometimes our friends say yes.

It is not typical to keep your hat on when you enter someone's home and men do not eat with hats on their heads.

Many Lithuanian women wear a fur coat in the winter because the temperature gets very low, sometimes as low as −10, −20 or even −30.

Lithuanian men help women to put on or to take off their coats; most women seem to like this.

Exercises

1 Choose the right answer

Drabužiai

1 Šį šiltą drabužį dėvime, kai šalta.	A lietpaltis
2 Šį drabužį dėvime, kai lyja lietus.	B kostiumas
3 Šį drabužį dėvi tik moterys. Jis gali būti šilkinis, medvilninis, lininis, vilnonis ar sintetinis.	C maudymosi kostiumėlis
4 Ši drabužį vyrai dažnai dėvi darbe, teatre arba restorane.	D marškinėliai
5 Šį drabužį dėvime, kai verdame valgyti.	E paltas
6 Šį drabužį mėgsta dėvėti visi, kai šilta.	F suknelė
7 Šio drabužio reikia moterims, kai jos eina į baseiną.	G prijuostė

kai *when*

1	2	3	4	5	6	7
E						

2 Make pairs

1 odinis	A striukė
2 medvilniniai	B megztinis
3 vilnonės	C diržas
4 odiniai	D marškinėliai
5 šilta	E pirštinės
6 šiltas	F grandinėlė
7 sidabrinė	G bateliai

1	2	3	4	5	6	7
C						

3 Select and indicate the appropriate forms

a Tau labai tinka _____.

☐ šią spalvą   ☐ ši spalva   ☐ šiai spalvai

b Noriu pirkti _____.

☐ šias baltas basutes   ☐ šioms baltoms basutėms   ☐ šios baltos basutės

c Kiek kainuoja _____?

☐ tuos mėlynus marškinėlius   ☐ tų mėlynų marškinėlių   ☐ tie mėlyni marškinėliai

d Pasimatuokite _____.

☐ šio languoto palto   ☐ šį languotą paltą   ☐ šis languotas paltas

e Šiandien ji dėvi _____.

☐ šiltą vilnonį megztinį   ☐ šiltas vilnonis megztinis   ☐ šilto vilnonio megztinio

f Jis mėgsta _____.

☐ vienspalvius marškinius   ☐ vienspalviai marškiniai   ☐ vienspalviais marškiniais

g Lietuvoje žiemą reikia _____.

☐ šiltus drabužius   ☐ šilti drabužiai   ☐ šiltų drabužių

4 Pair up the two halves of the sentence

1 Vasarą mes dažnai dėvime
2 Rūta, ar tau patinka
3 Mano broliui reikia
4 Šie batai man per maži. Prašom parodyti
5 Ar šie marškiniai yra
6 Man patinka
7 Ar šios kelnės yra

A ši suknelė?
B medvilniniai?
C raudona spalva.
D medvilninius marškinėlius.
E tuos juodus batus.
F lininės?
G šiltų pirštinių.

1	2	3	4	5	6
D					

5 Use the appropriate forms
   a Man patinka **ši žalia striukė** (ši žalia striukė).
   b Prašom parodyti _____ (ta gėlėta skarelė).
   c Drabužius vaikams perku _____ (šios parduotuvės).
   d Noriu pasimatuoti _____ (tie dryžuoti marškiniai).
   e Ar man tinka _____ (šis kostiumas)?
   f Drabužiai vyrams yra _____ (tie skyriai).
   g Labai mėgstu _____ (balta spalva).

6 Use the appropriate forms
   a Ar **man** (aš) tinka ši striukė?
   b _____ (Paulius) labai patinka tas pilkas paltas.
   c Šis paltas _____ (ji) netinka.
   d Ar _____ (jūs) patinka ši drabužių parduotuvė?
   e Gal galite _____ (mes) padėti?
   f _____ (Vyras) perku kaklaraištį, o _____ (sūnūs) madingus marškinėlius.
   g _____ (Marija) tinka raudona spalva, o _____ (Eglė) labai tinka mėlyna spalva.

7 Fill in the correct forms
   a Ši geltona suknelė yra graži, bet ta žydra suknelė yra **gražesnė** už geltoną suknelę, o raudona suknelė yra pati _____.
   b Mano megztinis yra šiltas, bet tavo megztinis yra _____ negu mano, o Rūtos megztinis yra pats _____.
   c Tomo džinsai yra madingi, bet Andriaus džinsai yra _____ už Tomo džinsus, o Vytauto džinsai yra _____.

8 Use the appropriate question words
   a _____ kainuoja ši striukė? – Du šimtus litų.
   b _____ džinsų tu nori? – Juodų.
   c _____ perki šalikėlį? – Draugei.
   d _____ auskarai tau patinka? – Sidabriniai.
   e _____ jūs norite pažiūrėti šį žiedą? – Ne, ne šį. Prašom parodyti tą.
   f _____ dydžio batų jums reikia? – Man reikia šešto dydžio batų.
   g _____ tinka geltona spalva? – Marijai.

9 Choose the right answer

1	Ar galiu pasimatuoti šią striukę?	**A** Ačiū **B** Prašom. **C** Atsiprašau.
2	Ar man tinka ši spalva?	**A** Nėra už ką. **B** Nieko tokio. **C** Nelabai.
3	Gal turite raudonos spalvos striukę?	**A** Gerai. **B** Taip. **C** Nieko tokio.
4	Prašom parodyti tą kaklaraištį.	**A** Ačiū. **B** Taip. **C** Prašom.
5	Kaip aš atrodau?	**A** Nieko tokio. **B** Labai. **C** Puikiai.
6	Tu šiandien puikiai atrodai!	**A** Ačiū. **B** Atsiprašau. **C** Prašom.

06
jauskis kaip namie!
make yourself at home!

In this unit you will learn
- how to describe where you live and what the rooms look like
- how to get a room
- how to make a polite request
- how to express condition
- how to invite someone round to your place

Photo by Ainė Ramonaitė.

Namas, butas, baldai House, apartment, furniture

namas	*house*
privatus, -i, nuosavas, -a	*private*
pastatas	*building*
patalpa	*premise*
daugiabutis, -io (namas)	*block of flats*
daugiaaukštis, -io (pastatas)	*multistorey (building)*
aukštas	*floor, storey*
durys	*door*
langas	*window*
palangė	*windowsill*
grindys	*floor*
siena	*wall*
lubos	*ceiling*
laiptai	*stairs*
stogas	*roof*
kiemas	*yard*
šulinys	*well*
tvora	*fence*
šiltnamis, -io	*greenhouse*
garažas	*garage*
laiptinė	*staircase*
butas	*apartment*

balkonas	balcony
rūsys	cellar, basement
pirtis, -ies	bathhouse, sauna
kambarys	room
svetainė	living room
miegamasis	bedroom
darbo kambarys	workroom, study
virtuvė	kitchen
prieškambaris, -io	hallway, foyer
vonia	bathroom
fotelis, -io, krėslas	armchair
sofa	sofa
vonia	bathtub
lova	bed
komoda	commode, chest of drawers
knygų spinta	bookcase
kėdė	chair
viryklė	stove, cooker
stalas	table
suolas	bench
televizorius	TV set
rašomasis stalas	desk
šaldiklis, -io	freezer
lempa	lamp
šviestuvas	chandelier
orkaitė	oven
šaldytuvas	refrigerator
lentyna	shelf
dušas	shower
kriauklė	sink
spinta	wardrobe
spintelė	cupboard
tualetas	toilet
erdvus, -i	spacious, roomy
patogus, -i	comfortable
šviesus, -i	light
jaukus, -i	cosy
parduoti, parduoda, pardavė (ką?)	to sell
(pa)statyti, stato, statė (ką?)	to build
nuomoti, nuomoja, nuomojo (ką?)	to rent

Indai, patalynė ir kiti daiktai namie
Tableware, bedclothes and other objects at home

puodas	*pot*
virdulys, arbatinis	*kettle*
keptuvė	*pan*
dubuo	*bowl*
lėkštė	*plate*
lėkštutė	*saucer*
puodukas	*cup*
šaukštas	*spoon*
šaukštelis, -io	*teaspoon*
šakutė	*fork*
peilis, -io	*knife*
stiklinė	*glass*
taurė	*wineglass*
taurelė	*(small) wineglass*
bokalas	*tumbler (of beer)*
muilas	*soap*
šampūnas	*shampoo*
dantų šepetėlis, -io	*toothbrush*
pasta	*toothpaste*
kremas	*cream*
šukos	*comb*
šiukšlių dėžė	*rubbish bin*
telefonas	*telephone*
skalbimo mašina	*washing machine*
veidrodis, -io	*mirror*
raktas	*key*
skambutis, -io	*(door) bell*
pašto dėžutė	*postbox*
paklodė	*sheet*
pagalvė	*pillow*
antklodė	*blanket*
užvalkalas	*pillowcase*
rankšluostis, -io	*towel*
staltiesė	*tablecloth*
kilimas	*carpet*
užuolaidos	*curtains*
paveikslas	*picture*

▶ Dialogue 1

Rokas	Na, užeik, Mariau, jauskis kaip namie.
Marius	Koks jaukus jūsų butas! Kiek čia kambarių?
Rokas	Trys: darbo kambarys, miegamasis ir svetainė, kurioje tu miegosi ant sofos. Ar gerai?
Marius	Žinoma. Ačiū ir taip, kad galiu pas jus pernakvot.
Rokas	Mums smagu, kad esi mūsų svečias. Tuojau turi pareiti Rasa. Eikim į virtuvę, išgerkim kavos. Jeigu reikia, vonia ir tualetas ten už kampo, dešinėje.

jauskis kaip namie	make yourself at home
(už)eiti, eina, ėjo	to come over
miegosi	will sleep
(per)nakvoti, nakvoja, nakvojo	to sleep over
smagus, smagi, smagu	fun

▶ Dialogue 2

A conversation on the telephone.

Buto pirkėja	Laba diena. Skambinu dėl skelbimo. Parduodate butą?
Buto pardavėja	Taip. Kas jus domina?
Buto pirkėja	Kiek kambarių?
Buto pardavėja	Trys. Yra didelė virtuvė, atskirai vonia ir tualetas. Virtuvėje yra visa įranga ir baldai.
Buto pirkėja	Ar butas ramus? Į kurią pusę langai?
Buto pardavėja	Taip, labai ramus, devintame aukšte. Tai paskutinis aukštas. Dviejų kambarių langai į pietus, į kiemo pusę, o virtuvės ir dar vieno kambario – į gatvę. Bet gatvė maža, mašinų beveik nėra, ramu. Visuose kambariuose labai šviesu.
Buto pirkėja	Ar yra balkonas?
Buto pardavėja	Taip, yra du balkonai.
Buto pirkėja	Norėčiau pažiūrėti butą. Kada būtų galima?
Buto pardavėja	Bet kada. Aš pensininkė, visada esu namie. Kada norėtumėt?
Buto pirkėja	Gal penktadienį popiet. Ar būtų gerai?
Buto pardavėja	O, ne, kaip tik penktadienį popiet turėčiau eit pas gydytoją. Gal galėtumėt kitu laiku?
Buto pirkėja	O kaip šeštadienį? Galėčiau iš ryto.

Buto pardavėja	Labai gerai. Laukiu jūsų šeštadienį. Iki pasimatymo!
Buto pirkėja	Iki šeštadienio!

įranga	*equipment*
beveik	*almost*
popiet	*in the afternoon*
skambinti, skambina, skambino	*to call*
skelbimas	*announcement*
dėl	*concerning*
pietūs	*south*
bet kada	*whenever*

▶ Dialogue 3

A conversation on the telephone.

Klientas	Norėčiau užsisakyti vienvietį kambarį.
Viešbučio tarnautojas	Kiek laiko gyvensite?
Klientas	Keturias paras. Noriu atvažiuoti ketvirtadienį vakare, o išvykti pirmadienį.
Viešbučio tarnautojas	Galiu pasiūlyti kambarį pirmame aukšte, su langu į kiemą, arba penktame aukšte, su langu į jūrą. Kurio norėtumėt?
Klientas	Geriau penktame, norėčiau matyti jūrą.
Viešbučio tarnautojas	Jums patiks, vaizdas pro langą tikrai labai gražus. Be to, kambarys didelis, yra balkonas. Yra televizorius, telefonas, baras.
Klientas	Puiku. O ar kambaryje yra interneto ryšys?
Viešbučio tarnautojas	Taip, yra, jeigu turite nešiojamą kompiuterį. Galima naudotis ir viešbučio kompiuteriu pirmame aukšte.
Klientas	Ačiū. Kiek kainuoja toks kambarys? Ar labai brangu?
Viešbučio tarnautojas	Para – 100 litų.

vienvietis	*single (room)*
(pa)siūlyti, siūlo, siūlė (ką?)	*to offer*
nešiojamas kompiuteris	*laptop*
brangus, brangi, brangu	*expensive*
para	*day (24 hours)*
ryšys	*connection*

▶ Dialogue 4

In a street.

Martynas	Labas, Aleksai! Kur taip skubi?
Aleksas	O! Sveikas! Persikeliu iš buto į naują namą!
Martynas	Kada? Kur tavo naujas namas?
Aleksas	Penktadienį. Namas užmiestyje, netoli miško ir Vilnios upės. Jeigu turėtum laiko, gal galėtum padėti? Mums labai reikia talkos.
Martynas	Mielai. Pamatyčiau ir tavo naują namą. Ar jis didelis?
Aleksas	Nemažas, erdvus. Juk žinai, mūsų šeima didelė, su mumis dabar dar gyvena ir uošvė. Iš viso šeši kambariai: svetainė, mano darbo kambarys, mūsų miegamasis, du vaikų kambariai ir uošvės kambarys. Dar virtuvė, vonia, pirtis. Yra garažas dviem mašinoms, rūsys. Prie namo yra nemažas kiemas, sodas, daržas, gėlynai. Pamatysi, daug erdvės.
Martynas	Pavydžiu. Mes jau irgi labai nebenorime gyvent bute, reikės keisti į namą. Žmona šneka ir šneka, kad norėtų namo, sodo, šiltnamio gėlynų. Ir vaikams butų smagu žaisti savo kieme. Tuose daugiabučiuose namuose nejauku, kiemuose triukšminga, daug mašinų. Anksčiau man patiko gyvent aukštai, dešimtame aukšte, o dabar jau norėčiau arčiau žemės.
Aleksas	Tikrai, name visai kitoks gyvenimas. Bet dabar turime daug rūpesčių. Reikia pirkti naujus baldus, kai kurių senų nebenorime vežti į naują namą. Šiandien perkame naują spintą, kilimą, vaikams lovas, knygų lentynas.
Martynas	Malonūs rūpesčiai. Ar ne?
Aleksas	Na taip, malonūs. Žinai, netoli mūsų parduodamas vienas nedidelis namas. Gal nori pažiūrėti?
Martynas	Būtų įdomu. Nežinai, ar labai brangus?
Aleksas	Girdėjau, kad gana pigus, bet reikia paklausti šeimininkų.

talka	*aid, helping (a friend)*
rūpesčiai	*worries, ado*
aukštai	*high*
erdvė	*space*
užmiestis, -io	*out of town*
pigus, pigi, pigu	*cheap*
skubėti, skuba, skubėjo	*to rush, to be in a hurry*
(pa)klausti, klausia, klausė (ko?)	*to ask*
kitoks	*different*

▶ Dialogue 5

Kęstutis Klausyk, norėčiau tave pakviesti į svečius. Rytoj mūsų įkurtuvės naujame bute.
Rimas Ačiū, labai smagu, bet negaliu. Jeigu galėčiau, tikrai ateičiau, bet rytoj mano senelio šešiasdešimtmetis, turiu eiti pas jį.
Kęstutis Suprantama. Na, labai gaila ... Gal kada kitą kartą galėtum ateiti?
Rimas Gerai, kada nors vėliau.

klausyk	listen
įkurtuvės	housewarming party
šešiasdešimtmetis, -io	60th anniversary
kitą kartą	another time

Reading and listening

1 Read the text and complete the sentences

Brangioji mamyte,

Aš jau įsikūriau savo naujame bute, kuris yra visai netoli centro, Užupyje. Butas trečiame aukšte. Pro virtuvės langą galiu matyti Gedimino pilį ir senamiesčio stogus. Tikrai nuostabus vaizdas! Man čia labai patinka. Nors butas nedidelis, tik dviejų kambarių, bet jame yra viskas, ko reikia. Svetainė gana didelė. Čia jau yra sofa, du foteliai, mažas staliukas, didelis stalas su 6 kėdėmis, didelė knygų lentyna, ant sienos – paveikslas. Rytoj perku televizorių, kurį žada padėti išrinkti Tomas.

Mano miegamasis nedidelis. Jame yra plati lova, spinta, tarp lovos ir spintos yra komoda ir veidrodis.

Virtuvė visai maža. Yra tik viena spintelė, kurioje laikau maistą, didelė sieninė lentyna, ant kurios dedu indus. Žinoma, dar yra viryklė ir šaldytuvas. Viryklė elektrinė, man labai patinka.

Vonia ir tualetas yra kartu. Reikia dar pirkti skalbimo mašiną, bet dabar nebeturiu užtektinai pinigų.

Gaila, kad nėra balkono, bet užtat yra dar vienas puikus dalykas – mažas vidinis kiemelis! Ten auga didelis senas medis, daug gėlių, po medžiu yra keletas suoliukų, ant kurių dažnai sėdi namo kaimynės. Mėgstu kartais su jomis paplepėti, jos labai draugiškos ir malonios.

Na, užtenka šįkart. Kitą kartą parašysiu daugiau, o dabar skubu į darbą.
Laukiu Tavo laiško!
Linkėjimai tėveliui ir seneliams!

Tavo Akvilė

viskas	everything
vaizdas	view
užtektinai	enough
(iš)rinkti, renka, rinko (ką?)	to choose
sieninė (lentyna)	wall (shelf)
laikyti, laiko, laikė (ką?)	to keep, to store
užtektinai	enough
vidinis, -ė	inner
medis, -io	tree
gėlė	flower
(pa)plepėti, lepa, plepėjo	to chatter, chat
kaimynas, kaimynė	neighbour
draugiškas	friendly
malonus, -i	pleasant, kind
nuostabus, -i	wonderful
gana	quite
žadėti, žada, žadėjo (ką?)	to promise
(pa)dėti, deda, dėjo	to put
linkėjimai	greetings

a Akvilė gyvena _____.
b Akvilės svetainėje yra _____.
c Akvilė svetainėje neturi _____.
d Virtuvėje Akvilė turi _____.
e Bute nėra _____.
f Akvilei patinka _____.
g Kieme yra _____.
h Akvilė planuoja pirkti _____.

▶ 2 Read the advertisements and listen to the recording. Indicate which advertisement fits which request

A Statomi ir parduodami nauji butai. 45 km nuo Vilniaus, netoli upė; 96000 Lt. Tel.: (8 631) 9 89 73

B Kaune statomi keturių-septynių aukštų gyvenami namai. Netoli yra mokykla, vaikų darželis, bažnyčia, šalia du prekybos centrai. Butai šviesūs, erdvūs 1-4 kambarių su balkonais arba terasomis. Butų plotai:
- vieno kambario – 35 kv. m
- dviejų kambarių – 51–57 kv. m
- trijų kambarių – 75–86 kv. m
- Viršutiniame (septintame) aukšte erdvūs keturių kambarių su didele terasa. Po namais garažai

vaikų darželis	kindergarten
preykbos centras	commercial centre
terasa	terrace
viršutinis, -ė	uppermost, top

C Išnuomojamas 1 kambario butas senamiestyje. Tel. 265 42 38

D Pajūryje nuomojami jaukūs butai ir atskiri namai su visais patogumais jūsų poilsiui ir pramogai
tel. 8 699 24597

su visais patogumais	with all the conveniences
poilsis, -io	rest
pramoga	entertainment
atskiras	separate

E Parduodamas namas Vilniaus centre, Žvėryne. Yra garažas, nedidelis sodas. Tel. 8 645 26739

1	2	3	4	5
E				

Language points

Conditional mood

When we want to ask something in a polite way, we usually use the conditional mood. It is formed by dropping the **-ti** from the infinitive form and adding **-t/č-** and personal endings:

aš *(I)*	-č-iau		mes *(we)*	-t-u(mė)me
tu *(you)*	-t-um		jūs *(you)*	-t-u(mė)te
jis *(he)*,				
ji *(she)*	→	-t-ų	jie *(they, masc.)*,	←
			jos *(they, fem.)*	

First and second person of the plural may have double forms, shorter and longer: **eitume** and **eitumėme**, **eitute** and **eitumėte**. It may seem odd, but it is the longer forms that are used more often, not the shorter ones. In spoken Lithuanian, they are shortened in the ending by dropping the final -e, we say **eitumėm**, **valgytumėt** and so on.

Expressing condition
The same conditional mood is used to express a condition:

Jeigu turėčiau pinigų,	*If I had money, I would*
pirkčiau mašiną.	*buy a car.*
Jeigu galėtume, atvažiuotume	*If we could, we would come*
pas tave į svečius.	*to visit you.*
Jei jis parduotų butą,	*If he sold the flat, he could*
galėtų pirkti namą.	*buy a house.*

Home

The singular and plural of the word **namas** can mean different things:

sing. **namas**	*house, building*
pl. **namai**	*1) houses*
	2) home

The common adverb **namie** (*at home*) means the place in which you are living. The adverb **namo** (*to home*) means direction, movement.

Prepositions of place: *ant, prie, prieš, po, tarp, už*

We can indicate place using prepositions:

ant, prie, tarp, už + genitive case (**ant stalo, prie stalo, tarp stalo ir kėdės, už stalo**)
prieš + accusative case (**prieš langą**)
po + instrumental case (**po stalu**)

Look at the picture. It will soon help you to understand the various meanings.

Prepositions

How to express completed action and direction of movement:

Verbs with prefixes

You already know (from Unit 2) that Lithuanian verbs are often used with various prefixes, which imply *completed action*. Even though it is not an easy task, you should try to remember which verb is used with which prefix, because the prefixes can give a supplementary meaning that may not be expected from the verb alone.

The verbs in this unit most frequently take the prefix **pa-** (**parašyti, pakviesti, pasiūlyti, paklausti, pažiūrėti**), with **iš-** (**išgerti**), **per-** (**pernakvoti**).

You also know that one group of verbs, verbs of motion, are quite regularly used with all verb prefixes, implying direction. The verbs with those prefixes in the text are often used with prepositions that can look quite similar to the prefixes themselves:

Prefix	Preposition	Case	Examples
į-	į	+ acc.	įeiti į butą *to enter a flat*
per-	per	+ acc.	pereiti per gatvę *to cross the street*
iš-	iš	+ gen.	išeiti iš kambario *to leave a room, go out*
už-	už	+ gen.	užeiti už namo *to go behind a house*
ap-/api-	apie	+ acc.	apeiti apie stalą *to go round a table*
pri-	prie	+ gen.	prieiti prie namo *to come near the house*
pra-	pro	+ acc.	praeiti pro namą *to pass by a house*

The prefix **at-** means a movement towards oneself, to nearby: **ateiti** (**į, pas** + acc.) (*to come*), whereas **nu-**, implies a movement further away: **nueiti** (*to go (some place)*). The prefix **pa-** with verbs of motion usually means a slight movement, moving just a little: **paeiti** (*to move/go a little*), **pavažiuoti** (*to ride, to go by car a little*). The prefix **su-** means the movement of many subjects into one place: **sueiti** (*to meet, to come into one place*), **suvažiuoti** (*to converge*). The prefix **už-** may also have another meaning: to come over to somebody for a short time: **užeiti** (*to stop by, to drop by*), **užvažiuoti** (*to come by (when driving a vehicle)*).

A specific prefix is used when talking about home: the prefix **par-**, which means movement *towards* home, to get home.

*pa*reiti, *par*važiuoti *when going by vehicle*

Aš jau pareinu namo.	*I'm coming home already.*
Parvažiuok namo anksti.	*Come home early.* *[when going by a vehicle]*

Have a look at the pictures on the next page. You will soon get the gist.

nu pra

at iš

į ap

už pri

su

How to say *no longer*
The prefix **nebe-** with verbs is used meaning **no longer**: **nebeturėti** (*not to have any longer*), **nebevažiuoti** (*not to go any longer*), **nebedaryti** (not to do any longer), **nebegalėti** (*not to be able to any longer*).

How to invite someone over
When we want to invite someone over we use these phrases:

Norėčiau pakviesti (tave/jus) *I would like to invite you over.*
į svečius.

Kviečiu(tave/jus) į svečius.   *I am inviting you over.*

Ordinal numbers
Ordinal numbers are formed very easily from the cardinal numerals by adding **-tas** (for masculine gender), **-ta** (for feminine gender). You have only to remember that some numbers have slightly different stems:

1 **vienas**	**pirmas, pirma**
2 **du**	**antras, antra**
3 **trys**	**trečias, trečia**
4 **keturi**	**ketvirtas, ketvirta**
5 **penki**	**penktas, penkta**
6 **šeši**	**šeštas, šešta**
7 **septyni**	**septintas, septinta**
8 **aštuoni**	**aštuntas, aštunta**
9 **devyni**	**devintas, devinta**
10 **dešimt**	**dešimtas, dešimta**
11 ... **vienuolika** ...	**vienuoliktas, vienuolikta**
20 **dvidešimt**	**dvidešimtas, dvidešimta**
30 ... **trisdešimt** ...	**trisdešimtas, trisdešimta**

Ordinal numbers are declined in the same way as the adjectives with **-as**.

Locative of ordinal numbers
As well as the adjectives with **-as** (see Unit 5), the locative of ordinal numbers has the ending **-ame**: **pirmame, penktame, septintame** ir t.t. (in/on the first, fifth, seventh etc.) The feminine forms in the same way as an adjective or noun with **-a**: **pirmoje, dešimtoje** ir t.t. (in/on the first, tenth etc.)

Days of the week

The days of the week in Lithuanian are formed from the ordinal numbers and the word **diena**, so you should recognize them without any difficulty:

pirmadienis	*Monday*
antradienis	*Tuesday*
trečiadienis	*Wednesday*
ketvirtadienis	*Thursday*
penktadienis	*Friday*
šeštadienis	*Saturday*
sekmadienis	*Sunday*

Take care with **sekmadienis**: this is formed from an ordinal number that is no longer used.

Compound words

In previous units and in this one too you will have come across some compound words that are widely used in Lithuanian. They are formed from various words: nouns, adjectives, numerals, verbs, e.g. **bendrabutis (bendra + butas)**, **pirmadienis (pirmas + diena)**, **vynuogė (vynas + uoga)**, **arbatpinigiai (arbata + pinigai)**, **gyvenvietė (gyventi + vieta)**, **lietpaltis (lietus + paltas)**. Usually masculine compound words have the ending -is and feminine -ė.

Diminutives

Diminutives are commonly used in Lithuanian. We use them not only when we are talking to children but on other occasions too. When people are close friends, no matter their age, they often call each other by a diminutive form of the name, e.g. **Vilmutė, Linutė, Vytukas, Valdukas**; children are more often than not only called by this form of the name. There are some Lithuanian names that only have a diminutive form, e.g. **Birutė, Meilutė, Danutė, Kęstutis**. Father and mother may be called by their diminutive forms throughout their life by their children, e.g. **mamytė, tėvelis**. There are many different types of diminutive in Lithuanian folklore.

Diminutives may be formed quite regularly from all nouns with suffixes **-elis, -elė, ėlis, -ėlė**. If the word has two syllables, you add the suffix **-elis, -elė** (**namas → namelis, spinta → spintelė**); if longer, add the suffix **-ėlis, -ėlė** (**kambarys → kambarėlis,** lentyna → lentynėlė). Other diminutive suffixes are also popular, such as -ukas, -utis, -ytė etc.

Even the name of some tableware or food products etc. may have a diminutive suffix:

dešrelės	lėkštutė
pupelės	puodukas
burokėlis	šaukštelis
pyragėlis	šakutė
grietinėlė	taurelė
spintelė	arbatinukas

Relative pronouns *kuris*, *kuri* and personal pronouns *jis*, *ji*

When adding a subordinate clause, we use the relative pronouns **kuris, kuri**. They are declined and matched to the word they stand for in gender and number, and the case depends on the verb in the sentence: **kuris, kuri** have the same case endings as the pronouns **jis, ji, šis, ši**:

	Masculine Singular		Feminine Singular	
Nom.	kuris	jis	kuri	ji
Gen.	kurio	jo	kurios	jos
Dat.	kuriam	jam	kuriai	jai
Acc.	kurį	jį	kurią	ją
Inst.	kuriuo	juo	kuria	ja
Loc.	kuriame	jame	kurioje	joje
	Masculine Plural		Feminine Plural	
Nom.	kurie	jie	kurios	jos
Gen.	kurių	jų	kurių	jų
Dat.	kuriems	jiems	kurioms	joms
Acc.	kuriuos	juos	kurias	jas
Inst.	kuriais	jais	kuriomis	jomis
Loc.	kuriuose	juose	kuriose	jose

In spoken Lithuanian, longer forms **jisai = jis, jinai = ji** are often used.

Locative plural of nouns

You already now know all the endings of noun cases except the locative plural:

Masculine					
Sing. nom. (kas?)	-as, -ias↓	-is↓	-ys↓	-us, ius↓	-uo↓
Pl. nom. (kas?)	-ai, -iai↓	-iai↓	-iai↓	-ūs, -ius↓	-en-ys↓
Pl. loc. (kur?)	**-uose, -iuose**	**-iuose**	**-iuose**	**-uose, -iuose**	**-en-yse**
Sing. nom. (kas?)	namas, kelias	prieškam-baris	kambarys	turgus, televizoriuse	dubuo
Pl. loc. (kur?)	nam**uose**, kel**iuose**	prieškam-bar**iuose**	kambar**iuose**	turg**uose**, televizor**iuose**	dub**enyse**

Feminine				
Sing. nom. (kas?)	-a, -ia↓	-ė↓	-is↓	-uo, -ė↓
Pl. nom. (kas?)	-ios↓	-ės↓	-ys↓	-erys↓
Pl. loc. (kur?)	**-iose**	**-ėse**	**-yse**	**-er-yse**
Sing. nom. (kas?)	spinta, vonia	lėkštė	stotis	sesuo, duktė
Pl. loc. (kur?)	spint**ose**, von**iose**	lėkšt**ėse**	stot**yse**	ses**eryse**, dukt**eryse**

Present passive participles

In this unit, you will have seen words such as these:

perkamas, perkama
parduodamas, parduodama
statomas
nuomojamas
suprantama
nešiojamas kompiuteris
gyvenamas namas

These are present passive participles that you can make yourselves. They are easily formed from the 3rd person in the present tense by adding **-mas** for the masculine, **-ma** for the feminine and neuter gender. These forms indicate what is being done to a person or thing in the present:

parduoda → **parduodamas, parduodama, parduodama**
is being sold
stato → **statomas, statoma, statoma** *is being built*

These words are used and declined in the same way as adjectives with endings -as, -a and have to be matched with the noun in case, number and gender. Neuter is not inflected.

Pronominal forms of adjectives

Lithuanian adjectives with -**as**, -**us** and some other adjective-like words may have specific long or pronominal forms, which usually show specific feature of sort or type and they are used in terminology or to stress, to underline something. They are formed by adding -**is** to masculine and -**oji** when the feminine ending is dropped:

baltas → **baltasis, balta**→ **baltoji**
gražus → **gražusis, graži**→ **gražioji**

In this unit, we saw **miegamasis, gyvenamasis** with these forms. You will learn about the declension of these forms in Unit 13.

i When we are discussing the number of rooms in an apartment or a house we do not count simply the number of bedrooms but we count *all* the rooms. Lithuanians do not like to rent a flat or a house, they prefer having their own property. A place to live in is only rented in cases when there is absolutely no possibility to buy one's own house.

Many Lithuanians who live in cities have summer cottages, allotments and homesteads outside the city, on the outskirts of the city. In summer cottages and often also in the main house a bathhouse will be installed. They may not be used as often as the Finns use their saunas but Lithuanians do like them a lot.

Lithuanians are hospitable people; they like to invite guests over, whether this be their old friends or new acquaintances. Usually guests are served with a lot of food without notice as to whether it will be dinner or some other meal. When you go to somebody's house, you will be expected to bring some small token. If there are children in the house, take some sweets or toys. If there are women, it is more usual to take flowers. This is a small point in Lithuanian etiquette: to take flowers or chocolates, even if there is no specific 'special occasion' being celebrated. When you go to somebody's house, it is polite to be late (10–15 minutes) and not to come exactly at the time invited.

Exercises

1 What dishes or cutlery are needed when eating or drinking the following?

> lėkštė, bokalas, lėkštutė, puodelis, šaukštas, šaukštelis, šakutė, peilis, stiklinė, taurė, taurelė

kepsnys   **peilis, šakutė**
šampanas
tortas
arbata
salotos
vynas
uogienė
degtinė
sultys
medus
alus
sriuba

2 Write an appropriate adjective following the example (don't forget to match gender!)

spinta: **didelė, medinė, šviesi**
butas:
šaldytuvas:
svetainė:
miegamasis:
lova:
kilimas:
pirtis:
lėkštutė:
virtuvė:
puodas:
paveikslas:

3 Write the words these words are composed of

šeštadienis: šešta, diena
peiliukas: peilis
broliukas:
trečiadienis:
puodukas:
šaukštelis:
Jonukas:

paveiksliukas:
sesutė:
penktadienis
staliukas:
arbatinukas:

4 Insert the appropriate word

  a **Norėčiau** pirkti dviejų kambarių butą.   atvažiuotum
  b Ar jūs _____ turėti namą?   norėčiau
  c Jeigu aš _____ kaime, _____   norėtumėt
     sodą ir daržą.   turėtum
  d Ar tu _____ laiko atvažiuoti į svečius?   gyvenčiau
  e Mes _____ namą su garažu.   pirktumėt
  f Ar jūs _____ butą be balkono?   turėčiau
  g Ar _____ mus sekmadienį?   pirktume

5 Find the odd one out

~~šaukštas~~, spinta, lentyna, krėslas
virtuvė, svetainė, viryklė, miegamasis
parduodamas, nuomojamas, perkamas, namas
durys, lubos, kiemas, stogas
peilis, spintelė, šakutė, šaukštelis
paklodė, kriauklė, antklodė, pagalvė
septintas, dvidešimtas, pirmadienis, keturioliktas

6 Complete the sentences

  a Jeigu turėčiau namą, _____.
  b Jeigu galėčiau, _____.
  c Jeigu turėtume laiko, _____.
  d Jeigu turėtum pinigų, _____.
  e Jeigu ji gyventų mieste, _____.
  f Jeigu jūs turėtumėt butą centre, _____.

7 Insert the appropriate word

kuris, kurio, kurį, kuriame, kurie, kuri, kurioje

  a Lėkštę, kurioje yra obuoliai, padėk čia.
  b Čia yra butas, _____ gyvena mano tėvai.
  c Paduok raktą, _____ yra ant spintelės.
  d Norėčiau gyventi kambaryje, _____ langai yra į kiemo pusę.
  e Paimk knygą, _____ yra ant lentynos prie lovos.
  f Parduodami namai, _____ yra prie parko.
  g Butas, _____ perka mano pusbrolis, yra užmiestyje.
  h Mėgstu tavo svetainę, _____ tiek yra tiek daug gėlių.

8 Select the appropriate form
  a Jis įeina/~~sueina/išeina~~/ į kambarį ir atsisėda.
  b Mašina parvažiuoja/privažiuoja/įvažiuoja prie namo.
  c Kada tu atvažiuoji/nuvažiuoji/parvažiuoji namo?
  d Ateikite/nueikite/įeikite rytoj pas mane į svečius.
  e Visi įėjo/suėjo/išėjo į kambarį.
  f Ateik/Pareik/Įeik šiandien namo pietauti. Gerai?
  g Jis nuvažiavo/atvažiavo/išvažiavo iš garažo.
  h Nueik/Apeik/Ateik apie namą, ten yra sodas.

9 Write out the numbers in words, following the example

  6 šeštas butas
  8
  21
  14
  33
  107
  19
  94
  202
  65

10 Compose sentences using the following sets of words

  Pvz., Sriuba, būti, puodas. → **Sriuba yra puode.**
  Grietinė ir sviestas, būti, šaldytuvas
  Marytė, turėti, šaldytuvas, televizorius, lova, spintelė
  Tėvai, pirkti, naujas šaldytuvas
  Butas, nebūti, telefonas ir televizorius
  Seneliai, parduoti, senas butas
  Mes, gyventi, septintas aukštas
  Jeigu, aš, turėti, pinigai, pirkti, nešiojamas kompiuteris

11 Write the appropriate adjectives, following the example

  Paveikslas, ant, siena → **Paveikslas ant sienos.**
  Langas, prie, durys
  Šulinys, tarp, tvora, garažas
  Lempa, ant, stalas
  Puodas, ant, viryklė
  Kilimas, po, lova
  Pagalvė, ant, sofa
  Šaldytuvas, tarp, spinta, langas
  Šiukšlių dėžė, po, stalas
  Fotelis, prieš, televizorius

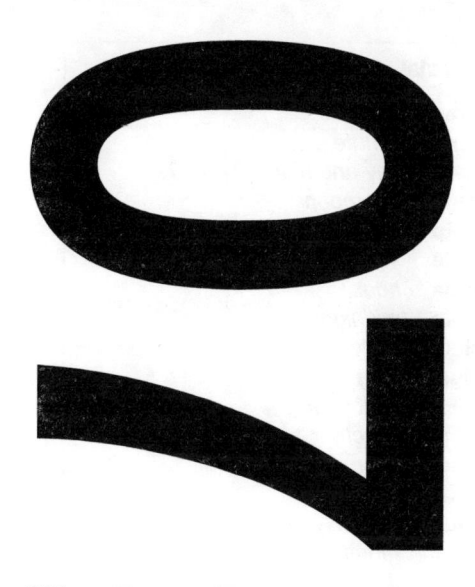

07
laimingos kelionės!
have a safe journey!

In this unit you will learn
- how to order and buy a ticket
- how to ask for and give information about travelling
- how to ask what the time is and tell someone what time it is
- how to name the days and months of the year

Laikas, mėnesiai Time, months

laikas	time
minutė	minute
para	day and night (24 hours)
pietūs	afternoon
pusvalandis, -io	half an hour
sekundė	second
valanda	hour
vidurnaktis, -io	midnight
anksti	early
ilgai	long
kitąmet	next year
lygiai	exactly
tuoj	soon
vėlai	late
mėnuo	month
mėnesiai	months
sausis, -io	January
vasaris, -io	February
kovas	March
balandis, -io	April
gegužė	May
birželis, -io	June
liepa	July
rugpjūtis, -io	August
rugsėjis, -o	September
spalis, -io	October
lapkritis, -io	November
gruodis, -io	December

Transporto priemonės ir kelionė Means of transport and trip

kelias	road
greitkelis, -io	expressway
kilometras	kilometre
kelionė	trip
keleivis, -io; -ė	passenger
išvykimas	departure
atvykimas	arrival
autobusas	bus
dviratis, -io	bicycle
kajutė	cabin
keltas	ferry
laivas	ship, boat

lėktuvas	*plane*
mašina (automobilis)	*car*
metras	*metre*
metro	*underground*
motociklas	*motorcycle*
taksi	*taxi*
tramvajus	*tram*
traukinys	*train*
troleibusas	*trolleybus*
vagonas	*carriage*
autobusų stotis, -ies	*bus station*
geležinkelio stotis, -ies	*railway station*
oro uostas	*airport*
prieplauka	*dock*
bilietų kasa	*booking office*
bilietas	*ticket*
mėnesinis bilietas	*monthly ticket*
vienkartinis bilietas	*one-way ticket*
vieta	*place*
nuolaida	*discount*
kontrolierius, -ė	*controller*
bauda	*fine*
bagažas	*luggage*
bagažo saugojimo kamera	*luggage office*
brangus, -i	*expensive*
greitas, -a	*fast*
ilgas, -a	*long*
lėtas, -a	*slow*
pigus, -i	*cheap*
trumpas, -a	*short*

keliauti, keliauja, keliavo *to travel*
keliauti autostopu *to hitch a lift*
plaukti, plaukia, plaukė *to sail*
skristi, skrenda, skrido *to fly*
įlipti, įlipa, įlipo *to get on*
išlipti, išlipa, išlipo *to get off*
(su)stoti, stoja, stojo *to stop*
užsisakyti, užsisako, užsisakė (ką?) *to book*
vežti, veža, vežė (ką?) *to carry*
vykti, vyksta, vyko *to go*
išvykti, išvyksta, išvyko *to leave, to depart*
atvykti, atvyksta, atvyko *to come, to arrive*
(pa)žymėti, žymi, žymėjo *to mark*

Degalinė ir autoservisas Filling station and car repair

autoservisas	*garage*
benzinas	*petrol*
degalai	*fuel*
dyzelinas	*diesel*
dujos	*gas*
plovykla	*car wash*
remontas	*repair*
savitarna	*self-service*
padanga	*tyre*
ratas	*wheel*
stabdžiai	*brakes*
vairas	*wheel*
žibintas	*light*
kelių policija	*traffic police*
automobilio dokumentai	*vehicle registration*
vairuotojo pažymėjimas	*driver licence*

atsiimti, atsiima, atsiėmė (ką?) *to take*
(su, pa)gesti, genda, gedo *to break*
(su)remontuoti, remontuoja, remontavo (ką?) *to repair*
(su)stabdyti, stabdo, stabdė (ką?) *to stop*
(pa)tikrinti, tikrina, tikrino (ką?) *to check*

▶ Dialogue 1

Stotyje. *At the bus station.*

	BALANDIS			
P		3	10	17	24
A		4	11	18	25
T		5	12	19	26
K		6	13	20	27
Pn		7	14	21	28
Š	1	8	15	22	29
S	2	9	16	23	30

Keleivis Laba diena.
Kasininkė Laba diena.
Keleivis Norėčiau dviejų bilietų į Rygą į abi puses. Būtų labai gerai rytą.
Kasininkė Kuriai dienai?
Keleivis Sausio dvidešimt penktai.
Kasininkė Yra bilietų septintai valandai. Ar gerai?
Keleivis Labai gerai.
Kasininkė Du šimtai keturiasdešimt litų.
Keleivis Prašom.
Kasininkė Ačiū. Viso gero.
Keleivis Viso gero.

bilietas į abi puses   *return ticket*

▶ Dialogue 2

Paulius   Labas, Margarita.
Margarita   Sveikas, Pauliau.
Paulius   Važiuojam pas Hanesą į Helsinkį. Jis labai kvietė atvažiuot į Suomiją vasarą.
Margarita   Aš taip pat labai norėčiau jį aplankyt. Kada važiuojam?
Paulius   Po dviejų savaičių. Apie liepos vidurį.
Margarita   Gal ir gerai... Liepos dešimtą grįšiu iš Palangos. Ar skrisim lėktuvu?
Paulius   Lėktuvu brangu, Margarita! Geriau važiuokim autobusu iki Talino ...
Margarita   O po to keltu į Helsinkį?
Paulius   Taip.
Margarita   Kiek kainuoja?
Paulius   Studentams yra nuolaidų. Į vieną pusę kainuotų apie du šimtus litų.
Margarita   Tikrai, Pauliau, nebrangu. Važiuojam!
Paulius   Rytoj užsakysiu bilietus.
Margarita   Puiku!

▶ Dialogue 3

Autobuse. *On the bus.*

1 keleivis   Atsiprašau, gal galite pažymėti bilietą?
2 keleivis   Taip, prašom.
1 keleivis   Gal galėtumėte pasakyti, ar toli Bibliotekos stotelė?
2 keleivis   Nelabai toli. Jums reikės važiuoti apie dešimt minučių ir išlipti penktoje stotelėje. Autobusas sustoja prie bibliotekos.
1 keleivis   Labai jums ačiū.
2 keleivis   Nėra už ką.

(*Po 10 minučių.*)
1 keleivis   Atsiprašau, ar dabar išlipsite?
3 keleivis   Taip.

▶ Dialogue 4

Autoservise. *At a garage.*

Autoserviso meistras	Laba diena.
Automobilio savininkas	Laba diena. Po dviejų savaičių planuoju automobiliu keliauti į Krokuvą. Prašom patikrinti mano automobilį.
Autoserviso meistras	Gerai. Patikrinsiu variklį, stabdžius, žibintus ir ratus.
Automobilio savininkas	Taip, būtinai patikrinkite stabdžius, dažnai genda. Ir dar pripūskite padangas ir nuplaukite automobilį.
Autoserviso meistras	Taip. Žinoma.
Automobilio savininkas	Kada galėsiu atsiimti automobilį?
Autoserviso meistras	Prašom atvažiuoti rytoj po pietų. Apie penktą valandą.
Automobilio savininkas	Labai ačiū. Iki rytojaus!
Autoserviso meistras	Iki rytojaus!

savininkas	*owner*
(pri)pūsti, pučia, pūtė	*to blow up*
(nu)plauti, plauna, plovė	*to wash*

Reading and listening

1 Read the following information about a trip. Fill in the missing information in the dialogue

> Turizmo agentūra ATOSTOGOS
> siūlo 10 parų kelionę į Slovėnijos kalnus
> Kelionės kaina tik 1550 Lt
> Išvykstame sausio 19 d.
> Daugiau informacijos:
> Ukmergės g. 41, Vilnius, tel. 2724147

kalnai	*mountains*
(pa)siūlyti, siūlo, siūlė (ką?)	*to offer*

Emilija	Kur važiuosi per atostogas, Dainiau?
Dainius	Į Slovėnijos kalnus.
Emilija	Kiek kainuoja kelionė?
Dainius	_____.
Emilija	Kiek laiko būsi Slovėnijoje?
Dainius	_____.
Emilija	Kada išvažiuoji?
Dainius	_____.
Emilija	Norėčiau ir aš važiuoti į Slovėnijos kalnus. Kokia turizmo agentūra organizuoja keliones?
Dainius	_____.
Emilija	Gal žinai, koks agentūros adresas?
Dainius	_____.
Emilija	Gal galėčiau paskambinti į agentūrą?
Dainius	_____.

2 Where can you read the following? Choose the right answer

1 Kita stotelė: Turgus
   A taksi
✓ B autobuse
   C lėktuve

2 Dujos
   A degalinėje
   B geležinkelio stotyje
   C prieplaukoje

3 Savitarna
   A troleibuse
   B autoservise
   C plovykloje

4 Centras-Stotis
   A ant vartų
   B ant autobuso
   C degalinėje

5 Bauda už važiavimą be bilieto 20 Lt
   A autobuse
   B lėktuve
   C taksi

3 Have a look at these city transport tickets and fill in the missing information

1 Mėnesinis troleibuso ir **autobuso** bilietas kainuoja _____.
2 Ant mėnesinio troleibuso ir autobuso bilieto turi būti keleivio _____ ir _____.
3 Jeigu turite mėnesinį bilietą su nuolaida, kelionė yra 80 procentų _____.
4 Yra vienkartinių miesto transporto bilietų be nuolaidos ir su _____.
5 Studentai, pensininkai ir mokiniai Vilniaus miesto transportu važiuoja 50 procentų _____ negu

kiti žmonės. Vienkartinis bilietas su nuolaida kainuoja
_____.

| ant | on |

▶ 4 Listen to the information about the trips. Fill in the missing information: the time of departure of the buses and the bay number

Informacija autobusų stotyje

Maršrutas	Išvyksta	Aikštelė
Vilnius–Klaipėda	_____	30
Vilnius–Ryga	7.07	_____
Vilnius–Rokiškis	_____	32
Vilnius–Šiauliai	7.15	_____
Vilnius–Trakai	_____	25
Vilnius–Druskininkai	7.30	_____

| maršrutas | route |
| aikštelė | platform |

▶ 5 Where might you hear the following? Choose the right answer

1.   A gatvėje
     B taksi
   ✓C autobuse
2.   A metro
     B taksi
     C traukinyje
3.   A degalinėje
     B autoservise
     C autobuse
4.   A autobuse
     B lėktuve
     C taksi

Language points

Future tense

To say that the action will happen in the future we use the future tense: **Mes važiuosime į Ispaniją.** (*We will go to Spain*). **Ar jūs atvažiuosite rytoj?** (*Will you come tomorrow?*) To form the future tense we use the infinitive of the verb. We drop **-ti** of the infinitive of **-a, -i** and **-o** type verbs and add the future tense formant **-s-** and endings:

ei-ti, eina, ėjo	*to go*
turė-ti, turi, turėjo	*to have*
valgy-ti, valgo, valgė	*to eat*

Verbs of -a, -i and -o types have the following endings in the future tense:

aš *(I)*	**-s-iu**		mes *(we)*	**-s-ime**
tu *(you)*	**-s-i**		jūs *(you)*	**-s-ite**
jis *(he)*, ji *(she)*	→	**-s**	jie *(they, masc.)*, jos *(they, fem.)*	←

aš *(I)*	eisiu		mes *(we)*	eisime
tu *(you)*	eisi		jūs *(you)*	eisite
jis *(he)*, ji *(she)*	→	eis	jie *(they, masc.)*, jos *(they, fem.)*	←

Note the following important points:

1 the consonant **ž** of the verb **grįžti** (*to return*) and the other verbs having **ž + ti** changes to **š** in future tense forms:

grįž-ti + siu → aš grįšiu
grįž-ti + si → tu grįši
grįž-ti + s → jis, ji, jie, jos grįš
grįž-ti + sime → mes grįšime
grįž-ti + si → jūs grįšite

2 the consonant **s** of the verb **skristi** (*to fly*) and the other verbs having **s + ti** *never* becomes double **s** in future tense forms:

skris-ti + siu → aš skrisiu
skris-ti + si → tu skrisi
skris-ti + s → jis, ji, jie, jos skris
skris-ti + sime → mes skrisime
skris-ti + si → jūs skrisite

3 the consonant **z** of the verb **burgzti** (*to burr*) and the other verbs having **z + ti** changes to **s** in future tense forms:

burgz-ti + siu → aš burgsiu
burgz-ti + si → tu burgsi
burgz-ti + s → jis, ji, jie, jos burgs
burgz-ti + sime → mes burgsime
burgz-ti + si → jūs burgsite

4 the vowel **ū** in the verb **būti** (and in the other two-syllable verbs with **ū** and **y + ti**) changes to **u** and **i** respectively in the 3rd person: **būti** (*to be*) → **jis, ji, jie, jos bus** (*will be*), **lyti** (*to rain*) → **lis** (*it will rain*).

In a sentence, the future tense is often used with adverbs of time such as: **rytoj** (*tomorrow*), **poryt** (*day after tomorrow*), **kitą savaitę** (*next week*), **kitą mėnesį** (*next month*), **kitą sekmadienį** (*next Sunday*), **kitąmet** (*next year*).

Sometimes, the present tense can be used instead of the future tense: **Ar tu važiuoji namo rytoj? Ar tu važiuosi namo rytoj?** (*Do you go home tomorrow? Will you go home tomorrow?*).

Asking and telling the time

There are several ways of asking the time: **Kelinta dabar valanda? = Kiek dabar valandų? = Kiek dabar laiko?** (*What time is it now?*)

There are three ways of expressing the time: we can use either ordinal or cardinal numbers:

Dabar yra ...?

It is ... now:

14. 00	dvi valandos *two o'clock pm*	antra valanda *two o'clock*	keturiolika valandų *two o'clock*
15. 00	trys valandos *three o'clock*	trečia valanda *three o'clock*	penkiolika valandų *three o'clock*

NB Exception:

Dabar yra ...?

It is ... now:

13.00	————	pirma valanda *one o'clock*	trylika valandų *one o'clock*

In Lithuanian, we say that there is half an hour left to nine, half an hour left to eleven: **pusė devintos** (*8.30*), **pusė vienuoliktos** (*10.30*), where in English we say *half past eight, half past ten*.

There are two ways of saying *half past* .... We can use either ordinal or cardinal numbers:

Dabar yra ... :

It is ... now:

11.30	pusė dvyliktos
	half past eleven
11.30	pusė dvylikos
	half past eleven

We need the prepositions **po** (*after, past*) + genitive and **be** (*without*) + genitive to tell the time 9.15, 11.20, 17.45, 20.55 etc.

Dabar yra ... :

It is ... now:

9.05	penkios minutės po devynių valandų	penkios minutės po devintos valandos	devynios valandos, penkios minutės
	five minutes past nine am	*five minutes past nine am*	*five minutes past nine am*
11.20	dvidešimt minučių po vienuolikos valandų	dvidešimt minučių po vienuoliktos valandos	vienuolika valandų, dvidešimt minučių
	twenty minutes past eleven am	*twenty minutes past eleven am*	*twenty minutes past eleven am*
17.45	be penkiolikos minučių šešios valandos	be penkiolikos minučių šešta valanda	septyniolika valandų, keturiasdešimt penkios minutės
	quarter to six pm	*quarter to six pm*	*quarter to six pm*
20.55	be penkių minučių devynios valandos	be penkių minučių devinta valanda	dvidešimt valandų, penkiasdešimt penkios minutės
	five minutes to nine pm	*five minutes to nine pm*	*five minutes to nine pm*

We can omit the words **minutė** and **valanda**. It is enough to say: **be penkiolikos šešta** (*fifteen to six*).

If we want to emphasize that it is the morning or the nighttime we say: **penkta valanda ryto** (*five o'clock am.*), **vienuolikta valanda nakties** (*eleven o'clock pm*).

Telling the time of an event

To know the exact time of events, we ask either **Kelintą valandą susitinkame?** (*At what time do we meet?*), **Kelintą valandą išvažiuoja traukinys į Kauną?** (*At what time does the train to Kaunas leave?*) or **Kada susitinkame?** (*When do we meet?*), where it is clear from the context that we are speaking about the hours.

To say the hour of events we use the accusative of ordinal numbers meaning hours but *not* the minutes (for minutes, we use cardinal numbers only): **Susitinkame trečią valandą prie parko** (*Let's meet at three o'clock pm, near the park*), **Autobusas išvažiuoja be penkiolikos vienuoliktą** (*The bus leaves at quarter to eleven am*).

We use the accusative of the word **pusė** (*half*) and the genitive of the cardinal or ordinal numeral to tell the time *half past ...*: **Aš išvažiuoju pusę šešių, Aš išvažiuoju pusę šeštos.** (*I leave at half past five*).

We decline ordinal numerals (**pirmas, dešimtas, penkioliktas; pirma, dešimta, penkiolikta**) like adjectives such as **šiltas, šilta** (*warm*) (see Unit 5).

Abbreviations of hours and minutes are written **val.** and **min.**: **Susitiksime 12 val. 20 min.** *12 hours 20 minutes.*

Days and months

We use the genitive of the noun to say the month and the nominative of the ordinal numeral to say the day: **Šiandien yra birželio mėnesio penkta diena** (*Today is the fifth of June*).

We can omit the words **mėnuo** and **diena**. It is enough to say: **Šiandien yra birželio penkta.**

Saying something happens on a certain day and month

We use the genitive case to say the month and the accusative case of the ordinal number to say the day: **Susitiksime gruodžio mėnesio trisdešimt pirmą dieną** (*We will meet on the thirty first of December*).

We ask either **Kelintą dieną susitinkame?** (*What day do we meet?*) or **Kada susitinkame?** (*When do we meet?*), when it is clear from the context that we are speaking about the day of the month.

Abbreviations of day and month in written language – **d.** and **mėn.: Susitiksime gruodžio mėn. 31 d.**

Prepositions of time

Prepositions of time take the accusative or genitive case after them:

+ acc.	+ gen.
apie (*about, approximately*)	**po** (*after, in*)
Susitinkame apie pirmą valandą.	**Po darbo eisiu į parduotuvę.**
Let's meet at about one o'clock.	*After work, I will go to the shop.*
	Grįšiu po dviejų savaičių.
	I will be back in two weeks.
per (*during*)	**nuo ... iki** (*from ... until*)
Per pietus kalbėsime apie kelionę.	**Dirbu nuo aštuntos valandos iki penktos.**
During lunch we will talk about our trip.	*I work from eight o'clock in the morning until five in the afternoon.*
Per valandą atvažiavau į darbą.	
It took me one hour to get to work.	

Periods of time

We use the dative case: **Važiuoju į Vilnių savaitei** (*I am going to Vilnius for one week*), **Einu į biblioteką trims valandoms** (*I am going to the library for three hours*).

To ask about somebody's leaving or going somewhere for a certain period of time we ask: **Kuriam laikui važiuoji į Vilnių?** (*For what length of time are you going to Vilnius?*), **Kelioms valandoms tu eini į biblioteką?** (*How many hours are you going to be in the library?*), **Keliems mėnesiams važiuoji į Ispaniją?** (*For how many months are you going to Spain?*).

Dative case of cardinal numbers					
Masculine					
Nom.	vienas↓	du↓	trys↓	keturi↓	devyni↓
Dat.	vienam	dviem	trims	keturiems	devyniems
Feminine					
Nom.	viena↓	dvi↓	trys↓	keturios↓	devynios↓
Dat.	vienai	dviem	trims	keturioms	devynioms

Amount of time spent somewhere

To answer the questions: **Kiek laiko tu būsi Klaipėdoje?**, **Kiek dienų tu būsi Klaipėdoje?** (*How long will you stay in Klaipėda?*, *How many days will you be in Klaipėda?*) we say: **Aš būsiu Klaipėdoje tik tris dienas** (*I will be in Klaipėda for three days only*).

We use the accusative of cardinal number and noun to say that we will spend a certain amount of time: **Aš keliausiu dvi savaites** (*I will travel for two weeks*), **Aš buvau Vilniuje du mėnesius** (*I have been to Vilnius for two months*). (The accusative of cardinal numbers is in Unit 3.)

Buying a ticket for a certain time

We use the dative case of ordinal number and noun: **Norėčiau bilieto dešimtai valandai ryto** (*I need a ticket for 10.00 am*), **Norėčiau bilieto pusei dešimtos ryto** (*I need a ticket for half past nine in the morning*), **Norėčiau bilieto kovo pirmai dienai** (*I need a ticket for the 1st of March*).

How to ask questions: *For what time do you need a ticket?*; *For what day did you buy a ticket?* We ask: **Kelintai valandai jums reikia bilieto?**, **Kuriam laikui jums reikia bilieto?**, **Kelintai dienai tu pirkai bilietą?**

Means of transport

To say the means of transport we go by we use the instrumental case: **Į darbą važiuoju autobusu** (*I go to work by bus*), **Į Kauną važiuosime traukiniu** (*We will go to Kaunas by train*).

To go on foot – **eiti pėsčiomis**: **Mes niekada neiname pėsčiomis į darbą** (*We never walk to work*).

Distance from ... to?

We use prepositions of place **nuo ... iki** (*from ... to*) + genitive: **Nuo Vilniaus iki Kauno yra beveik šimtas kilometrų** (*It is almost one hundred kilometres from Vilnius to Kaunas*), **Nuo mano namų iki darbo yra penki kilometrai** (*It is five kilometres from my home to work*).

Comparing quality of process

To compare the quality of process, we use comparative and superlative degrees of adverbs: **Mano draugas vairuoja gerai, bet mano brolis vairuoja geriau negu mano draugas, o tu vairuoji geriausiai.** (*My friend drives well, but my brother drives better than my friend and you drive best of all.*).

Positive degree of adverbs	Comparative degree of adverbs	Superlative degree of adverbs
ger-ai	ger + **iau** → ger**iau**	ger + **iausiai** → ger**iausiai**

If you want to travel in the city, you can buy bus and trolleybus tickets in a kiosk or on the bus. However, be warned that buying the ticket on the bus or trolleybus is more expensive.

In the country, people like to travel in their own cars or by bus. Trains are not very popular.

Bicycle is not a very popular means of transport in cities. Even university students are a rare sight on a bicycle: they prefer to drive cars! But many people in the villages ride a bicycle.

In big cities, people have their own parking places in their yard (an agreement is reached with the neighbours). So your guest may not just park his car anywhere he chooses.

In the centre of the cities, you can see **Prašom neužstatyti vartų**. This means that you have to be careful not to park your car in the street in such a way that it blocks the entrance to a yard or somewhere that needs constant access.

Rezervuota means that you must not park your car there at all. The place could be reserved for employees or clients in an office or some official.

Names of the months in Lithuanian are related to birds, trees and other plants or phenomena of nature: **balandis** (*pigeon* and *April*), **gegužė** (*cuckoo* and *May*), **liepa** (*linden* and *July*), **lapkritis** (**lapas** – *leaf*, **kristi** – *to fall* and *November*), **rugpjūtis** (**rugiai** – *rye*, **pjūtis** – *harvest* and *August*) etc.

Friday the 13th as a date does not have the connotation in Lithuanian that it does in England. Having said that, however, the number 13 is not the most auspicious number around.

Exercises

1 Insert the appropriate verbs
   a Rytoj mes **važiuosime** pas senelius. keliausite
   b Kitą savaitę aš _____ tau. važiuosime
   c Ar kitą mėnesį Rūta ir Jonas eisiu
      _____ į Klaipėdą? paskambinsi
   d Ar jūs _____ su Rūta susitiksite
      kitą sekmadienį kavinėje? važiuos
   e Ar tu man _____ poryt? paskambinsiu
   f Ar jūs kitąmet _____
      į Afriką?
   g Aš tuoj _____ namo.

2 What time is it now?

   Dabar yra ...
   a 14.00 antra valanda
   b 16.30 _____
   c 11.45 _____
   d 13.00 _____
   e 8.40   _____
   f 15.55 _____
   g 17.05 _____

3 At what time do we leave?

   Išvažiuojame ...
   a 11.00 vienuoliktą valandą
   b 13.00 _____
   c 14.30 _____
   d 18.20 _____
   e 19.05 _____
   f 22.55 _____

4 Write the date according to the example
   a 06-05   **Birželio penktą dieną** važiuosiu į Kauną.
   b 01-22   _____ eisiu pas draugą.
   c 07-15   _____ važiuojame prie jūros.
   d 08-08   _____ kelionė į Budapeštą.
   e 04-26   _____ eisime pas Liną.
   f 11-30   _____ susitiksime su draugais.

5 Choose the appropriate preposition of time
   a **Po, Apie, Per** darbo važiuosime pas draugus.
   b Gal galite suremontuoti mano mašiną **po, per, iki** dvi valandas?

c Susitiksime **nuo, apie, po** dviejų dienų.
d Atostogausime **po, nuo, apie** pirmadienio **per, po, iki** sekmadienio.
e Susitinkame **per, po, iki** pietus kavinėje.
f Šiandien dirbsiu **apie, per, iki** vakaro.
g Susitinkame **per, po, apie** pirmą valandą kavinėje.

6 Choose the appropriate form
   a Mano draugė bijo skristi ~~lėktuvas~~, **lėktuvu**, ~~lėktuvo~~.
   b Į universitetą važiuoju **tramvajumi, tramvajų, tramvajaus**.
   c Iš Vilniaus į Klaipėdą patogiausia važiuoti **traukinio, traukiniui, traukiniu**.
   d Į darbą visada važiuojame **mašina, mašiną, mašinos**.
   e Iš Talino į Helsinkį keliavau **keltas, keltui, keltu**.
   f Vasarą mes mėgstame keliauti **dviračius, dviračiams, dviračiais**.

7 Use the appropriate form
   a Nuo **Vilniaus** (Vilnius) iki _____ (Kaunas) yra beveik šimtas kilometrų.
   b Nuo _____ (viešbutis) iki _____ (oro uostas) yra penki kilometrai.
   c Nuo _____ (Ryga) iki _____ (Talinas) yra trys šimtai kilometrų.
   d Nuo _____ (stotis) iki _____ (prieplauka) yra toli.

8 Use the appropriate form
   a Aš gyvenu **toli** nuo mokyklos, Regina gyvena _____ negu aš, o Rimantas gyvena <u>toliausiai</u> iš visų.
   b Vytautas <u>labai</u> mėgsta keliauti, bet Paulius mėgsta keliauti _____ negu Vytautas, o _____ iš visų mėgsta keliauti Dalia.
   c Parduotuvė yra _____ mano namų, bet bankas yra <u>arčiau</u> negu parduotuvė, o kavinė yra _____.
   d Mano brolis vairuoja _____, bet mano draugas vairuoja _____ negu brolis, o mano tėvas vairuoja <u>geriausiai</u> iš visų.

9 Use the appropriate forms.

   Londone būsiu **keturias dienas** (keturios dienos). Skrendu į Londoną _____ (keturios dienos).

   Nupirk du bilietus iš Vilniaus į Klaipėdą _____

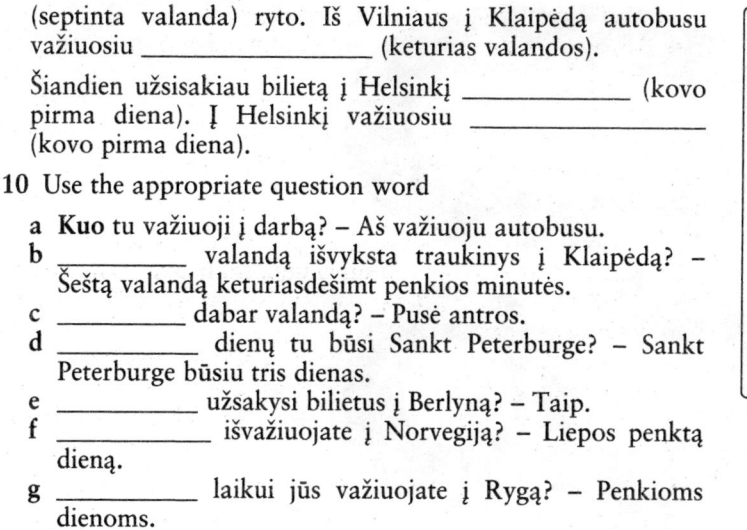

(septinta valanda) ryto. Iš Vilniaus į Klaipėdą autobusu važiuosiu _____ (keturias valandos).

Šiandien užsisakiau bilietą į Helsinkį _____ (kovo pirma diena). Į Helsinkį važiuosiu _____ (kovo pirma diena).

10 Use the appropriate question word

a **Kuo** tu važiuoji į darbą? – Aš važiuoju autobusu.
b _____ valandą išvyksta traukinys į Klaipėdą? – Šeštą valandą keturiasdešimt penkios minutės.
c _____ dabar valandą? – Pusė antros.
d _____ dienų tu būsi Sankt Peterburge? – Sankt Peterburge būsiu tris dienas.
e _____ užsakysi bilietus į Berlyną? – Taip.
f _____ išvažiuojate į Norvegiją? – Liepos penktą dieną.
g _____ laikui jūs važiuojate į Rygą? – Penkioms dienoms.

08
ką veiksi savaitgalį?
what are you doing at the weekend?

In this unit you will learn
- how to make suggestions as to what to do and where to go
- how to talk to someone about their hobbies and leisure pursuits
- how to invite someone to do something with you
- how to accept and refuse an invitation or offer

Palangos pajūryje *On the seashore in Palanga*
Photo by Eugenijus Stumbrys.

Laisvalaikis, -io. Laiko prieveiksmiai Leisure. Adverbs of time

atostogos	*holiday*
dailė	*fine arts*
darbas	*work*
eksponatas	*exhibition*
festivalis, -io	*festival*
fotografas, -ė	*photographer*
fotografija	*photography, photo*
grafika	*graphic*
grafikas, -ė	*graphic designer*
keramika	*ceramics*
keramikas, -ė	*ceramicist*
kūrinys	*creation, work*
menas	*art*
muziejus	*museum*
paroda	*exhibition*
renginys	*event*
skulptorius, -ė	*sculptor*
skulptūra	*sculpture*
tapyba	*painting*
tapytojas, -a	*painter*

choras	*choir*
dirigentas, -ė	*conductor*
džiazas	*jazz*
folkloras	*folklore*
klasikinė muzika	*classical music*
koncertas	*concert*
muzika	*music*
opera	*opera*
orkestras	*orchestra*
būgnas	*drum*
fleita	*flute*
fortepijonas	*piano*
gitara	*guitar*
saksofonas	*saxophone*
smuikas	*violin*
baletas	*ballet*
eilė	*row*
filmas	*film*
filmas suaugusiems	*adult film*
kinas	*cinema*
pastatymas	*staging*
scena	*stage*
seansas	*show*
šokis, -io	*dance*
spektaklis, -io	*play*
teatras	*theatre*
veiksmas	*act*
vieta	*place*
sportas	*sport*
sporto šaka	*branch of sport*
treniruotė	*training*
futbolas	*football*
įvartis, -io	*goal*
krepšinis, -io	*basketball*
rungtynės	*game*
taškas	*point*
tenisas	*tennis*
baseinas	*pool*
kamuolys	*ball*
krepšys	*basket*

pačiūžos	ice skate
raketė	racquet
riedučiai	roller skate
rogutės	sledge
šachmatai	chess
šaškės	chequers
slidės	skis
stadionas	stadium
snieglentė	snowboard
teniso kamuoliukas	tennis ball

žirgas	horse
žirgynas	stud

baidarė	canoe
gamta	nature
laužas	fire
palapinė	tent
valtis, -ies	boat
žemėlapis	map
žygis, -io	hike

apsakymas	story
knyga	book
novelė	short story
poezija	poetry
romanas	novel

kasmet	every year
pernai	last year
seniai	long ago
užvakar	the day before yesterday
vakar	yesterday

įdomus, -i	interesting
linksmas, -a	funny
liūdnas, -a	sad
malonus, -i	nice
nuobodus, -i	boring
smagus, -i	fun

atostogauti, atostogauja, atostogavo to be on holiday
dalyvauti, dalyvauja, dalyvavo to participate
(į)kurti, kuria, kūrė to establish
(pa)kviesti, kviečia, kvietė *(ką?)* to invite
(ap)lankyti, lanko, lankė *(ką?)* to visit

(pra)leisti, leidžia, leido *(ką?)* to spend
(pa)siūlyti, siūlo, siūlė *(ką?)* to offer, to suggest
(už)trukti, trunka, truko to last
veikti, veikia, veikė *(ką?)* to do
(į)vykti, vyksta, vyko to take place

(pa)dainuoti, dainuoja, dainavo *(ką?)* to sing
diriguoti, diriguoja, dirigavo to conduct
(pa)groti, groja, grojo *(ką?)* to play (music)
(pa)klausyti, klauso, klausė *(ko?)* to listen
(su)kurti, kuria, kūrė *(ką?)* to create
(pa)ploti, ploja, plojo to applaud
(pa)statyti, stato, statė to stage
(pa)šokti, šoka, šoko *(ką?)* to dance
(su)vaidinti, vaidina, vaidino *(ką?)* to play (a role)
(pa)žiūrėti, žiūri, žiūrėjo *(ką?)* to watch

(nu)piešti, piešia, piešė *(ką?)* to draw
(pa)rašyti, rašo, rašė *(ką?)* to write
(pa)skaityti, skaito, skaitė *(ką?)* to read
(nu)tapyti, tapo, tapė *(ką?)* to paint

(pa)bėgioti, bėgioja, bėgiojo to run
(pa)čiuožinėti, čiuožinėja, čiuožinėjo to skate
(pa)grybauti, grybauja, grybavo to pick mushrooms
(pa)jodinėti, jodinėja, jodinėjo to ride (a horse)
(per)nakvoti, nakvoja, nakvojo to spend the night
(pa)plaukioti, plaukioja, plaukiojo to swim, to sail
(pa)slidinėti, slidinėja, slidinėjo to ski
(pa)sportuoti, sportuoja, sportavo to play sports
(pa)uogauti, uogauja, uogavo to pick berries
(pa)vaikščioti, vaikščioja, vaikščiojo to walk
(pa)žaisti, žaidžia, žaidė *(ką?)* to play (a game)
(pa)žvejoti, žvejoja, žvejojo *(ką?)* to fish

▶ Dialogue 1

Povilas Laba diena, Rasa.
Rasa Laba diena, Povilai.
Povilas Kaip gyvenate?
Rasa Ačiū, gerai. O jūs?
Povilas Ačiū, taip pat gerai. Norėčiau jums pasiūlyti šį šeštadienį nueiti į dramos teatro spektaklį „Romeo ir Džiuljeta".

Rasa	O, mielai eičiau! Man labai patinka teatras, bet šeštadienį jau turiu bilietą į operą. Kaip gaila, kad negalėsiu eiti su jumis, Povilai!
Povilas	Nieko tokio, Rasa. Šį spektaklį rodys ir kitą šeštadienį. Balandžio vienuoliktą dieną. Ar jums tiktų tas laikas?
Rasa	Taip, ačiū. Mielai nueičiau kitą šeštadienį.
Povilas	Tada nupirksiu bilietus kitam šeštadieniui.
Rasa	Labai ačiū, Povilai.
Povilas	Nėra už ką. Gero savaitgalio, Rasa. Paskambinsiu.
Rasa	Gero savaitgalio ir jums.

▶ Dialogue 2

Bilietų kasoje. *At the box office.*

Pirkėjas	Laba diena.
Kasininkė	Laba diena.
Pirkėjas	Norėčiau trijų bilietų į džiazo koncertą rugsėjo dvidešimt septintai dienai.
Kasininkė	Penkioliktoje ar šešioliktoje eilėje?
Pirkėjas	Penkioliktoje.
Kasininkė	Gerai. Bus dešimta, vienuolikta ir dvylikta vietos. Šešiasdešimt litų.
Pirkėjas	Prašom.
Kasininkė	Prašom paimti grąžą.
Pirkėjas	Labai ačiū.
Kasininkė	Prašom.
Pirkėjas	Sudie.
Kasininkė	Sudie.

> **grąža** *a change*

▶ Dialogue 3

Giedrius	Sveikas, Tomai.
Tomas	Sveikas, Giedriau.
Giedrius	Kur skubi?
Tomas	Šiandien vakare per televiziją rodo krepšinio rungtynes.
Giedrius	Kas žaidžia?
Tomas	„Lietuvos rytas" ir „Sakalai".
Giedrius	O, įdomu! „Lietuvos rytas" – mano mėgstamiausia komanda.
Tomas	Ir mano!
Giedrius	Kaip manai, kas laimės?

Tomas	Žinoma, „Lietuvos rytas"!
Giedrius	Po valandos prasideda rungtynės. Reikia skubėti.
Tomas	Iki!
Giedrius	Iki!

> skubėti, skuba, skubėjo — to hurry

▶ Dialogue 4

Viktorija	Labas, Lina! Ar seniai grįžot iš kaimo?
Lina	Sveika, Viktorija! Prieš dvi dienas.
Viktorija	Ką veikėt? Juk visą savaitę lijo. Ar nebuvo liūdna ir nuobodu?
Lina	Buvo labai smagu. Mes labai mėgstam gamtą. Ėjom į mišką grybaut, uogaut. Vyras žvejojo. Su vaikais ėjom į žygį – dvi naktis net palapinėje nakvojom! Kaime lietus visiškai nebaisus.
Viktorija	Aš esu miesto žmogus, tikrai nenorėčiau palapinėje nakvot, bet man labai patiko jūsų sodyboje.
Lina	Atsimeni, tau labai patiko plaukiot valtimi ežere?
Viktorija	Taip, buvo nuostabu! O vakare sėdėjom prie laužo, kepėm bulves, visi ėjom į pirtį! Buvo puikus savaitgalis …
Lina	Atvažiuokit šeštadienį su vaikais.
Viktorija	Labai norėčiau. Pakalbėsiu su šeima ir tau paskambinsiu.
Lina	Gerai. Lauksiu tavo skambučio.
Viktorija	Iki.
Lina	Iki.

lyti, lyja, lijo	to rain
lietus	rain
miškas	forest
net	even
visiškai nebaisus	not terrible at all
(per)nakvoti, nakvoja, nakvojo	to spend the night
atsiminti, atsimena, atsiminė	to remember
buvo nuostabu	it was wonderful
skambutis	call

Reading and listening

1 Read the information about the opera. Fill in the parts missing from the dialogue

LIETUVOS NACIONALINIS OPEROS IR BALETO TEATRAS

2005 m. gruodžio 31 d. 19 val.
2006 m. sausio 4, 6, 12, 14 d. 18 val.

Giuseppe Verdi
TRAVIATA
4 veiksmų opera

Dainininkė Asmik Grigorian – Violeta Valery

Dirigentas Martynas Staškus
Režisierius Jonathan Miller (Didžioji Britanija)
Scenografas Bernard Chulshaw (Didžioji Britanija)
Kostiumų dailininkė Clare Mitchell (Didžioji Britanija)
Šviesų dailininkas Tom Mannings (Didžioji Britanija)
Choreografas Terry John Bates (Didžioji Britanija)

Anglijos nacionalinės operos pastatymas

Informacija tel. (8 5) 2620727, (+ 370) 61551000 arba interneto svetainėje www.opera.lt.
Kasos dirba 10–19 val., šeštadienį 10–18 val., sekmadienį 10–15 val.
Bilietus galima užsisakyti ir pirkti internetu www.opera.lt.

Saulė	Sveikas, Mariau.
Marius	Sveika, Saule.
Saulė	Kaip sekasi?
Marius	Ačiū, puikiai. O kaip tu ir tavo šeima?
Saulė	Ačiū. Viskas gerai. Jau galvojame apie šventinius renginius.
Marius	Mes su Giedre labai norėtumėme nueiti į „Traviatą".
Saulė	Mūsų šeima gruodžio trisdešimt pirmą arba pirmomis sausio dienomis kasmet eina į šią operą. Gal žinai, kada bus spektakliai?
Marius	Taip. Skaičiau skelbimą. _____.
Saulė	Kas pastatė operą?
Marius	_____.
Saulė	O, įdomu! Iki šiol mačiau tik lietuvių „Traviatos" spektaklius. O kas dainuos Violetą?
Marius	_____.
Saulė	Labai norėčiau paklausyti šios dainininkės. Reikia būtinai nusipirkti bilietus. Bet šiandien šeštadienis. Šeštadienį vakare bilietų kasos tikriausiai nedirba.
Marius	_____.
Saulė	Bet dabar jau po šeštos. O gal galime paskambinti ir paklausti, ar dar yra bilietų, arba užsisakyti bilietus internetu?
Marius	_____.

(pa)galvoti, galvoja, galvojo apie (ką?)	*to think about*
šventinis, -ė	*festive*
būtinai	*definitely*
iki šiol	*until now*
tikriausiai	*probably*

▶ 2 Listen to the information about the new dance group. Fill in the missing information

Šokių grupė „Linksmuolis"

kviečia šokti	merginas ir vaikinus
dienos	rugsėjo _____ d.
valanda	_____ val.
adresas	Parko g. _____
telefonas	_____

▶ 3 Listen to the information about cultural events in Vilnius. Fill in the missing information

Gegužės mėnesio kultūriniai renginiai Vilniuje

kas?	kur?	kada?	kelintą valandą?
1 folkloro festivalis	Kalnų parke		18 val.
2 jaunųjų dailininkų darbų		parodos atidarymas	19 d.
3 senosios fotografijos paroda		17 val.	
4	Taikomosios dailės muziejuje		23 d.
5 spektaklis „Du gaideliai"		23 d.	

Language points

The past

To say that the action happened in the past, we use simple past tense: **Vakar mes buvome koncerte.** (*We were at a concert yesterday*), **Aną savaitę aš žiūrėjau krepšinio varžybas** (*Last week I watched the basketball team*), **Ar jums patiko tas spektaklis?** (*Did you like that play?*). To form the simple past tense we use past tense 3rd person.

There are two types of simple past tense. The type depends on the ending of the verb of the simple past tense 3rd person. The simple past tense 3rd person verb is one of the three main forms of the verb: **gyventi, gyvena, gyveno** (*to live*), **virti, verda, virė** (*to cook*). If the simple past 3rd person verb ends with -o it is type 1. If the simple past 3rd person verb ends with -ė it is type 2:

Type 1

We drop the -o from the 3rd person simple past tense verb and add typical personal endings for the simple past tense:

eiti, eina, ėj-o *to go*
žiūrėti, žiūri, žiūrėj-o *to look*
žinoti, žino, žinoj-o *to know*

aš (I)	-au		mes (we)	-ome
tu (you)	-ai		jūs (you)	-ote
jis (he), ji (she)	→	-o	jie (they, masc.), jos (they, fem.)	←
aš (I)	ėjau		mes (we)	ėjome
tu (you)	ėjai		jūs (you)	ėjote
jis (he), ji (she)	←	ėjo	jie (they, masc.), jos (they, fem.)	←

Type 2

We drop the -ė from the 3rd person simple past tense verb and add typical personal endings of simple past tense:

kviesti, kviečia, <u>kviet-ė</u> *to invite*
siūlyti, siūlo, <u>siūl-ė</u> *to offer, to suggest*

aš (I)	-iau		mes (we)	-ėme
tu (you)	-ei		jūs (you)	-ėte
jis (he), ji (she)	→	-ė	jie (they, masc.), jos (they, fem.)	←
aš (I)	kviečiau		mes (we)	kvietėme
tu (you)	kvietei		jūs (you)	kvietėte
jis (he), ji (she)	←	kvietė	jie (they, mac.), jos (they, fem.)	←

We shorten the endings of plural forms. We say: **mes žiūrėjom** (žiūrėjome), **kvietėm** (kvietėme), **jūs žiūrėjot** (žiūrėjote), **kvietėt** (kvietėte).

In a sentence, the simple past tense is often used with adverbs of time: **vakar** (*yesterday*), **užvakar** (*the day before yesterday*), **aną savaitę** (*last week*), **aną mėnesį** (*last month*), **aną sekmadienį** (*last Sunday*), **pernai** (*last year*), **seniai** (*long ago*).

Prepositions of time

The preposition of time **prieš** means *ago* or *before*. This preposition is used with the accusative case: **Prieš metus mes atostogavome Ispanijoje** (*A year ago we spent our holiday in Spain*); **Prieš koncertą eikime užkąsti** (*Let's have a snack before the concert*).

Repetitive action

The instrumental case is used to express a constant time for a repeated action: **savaitgaliais skaitome knygas** (*we read books at the weekends*), **pirmadieniais einu į sporto klubą** (*on Mondays I go to the sports club*).

To play

To say that we *play* guitar, flute, chess, chequers, we use the instrumental case: **aš groju gitara** (*I play guitar*), **vakarais mes žaidžiame šachmatais** (*in the evening we play chess*).

To play games

We use the accusative to say that we play football, tennis, basketball etc.: **Šeštadienį žaidžiame futbolą** (*we play football on Saturday*), **jie žaidžia krepšinį** (*they play basketball*).

An action that happens many times

We use suffixes **-ioti, -inėti** when we want to say that the action happens many times. Compare the following sentences:

Vakar <u>plaukėme</u> iš Talino į Helsinkį keltu.	We sailed from Talinn to Helsinki by ferry.
Aš mėgstu <u>plaukioti</u> ežere.	I like to swim/to sail in the lake.
Aš <u>bėgu</u> į parką.	I run to the park.
Rytais jis mėgsta <u>bėgioti</u> parke.	He usually likes to run in the park in the morning.
Vyras <u>joja</u>.	A man is riding a horse.
Sekmadieniais jis <u>jodinėja</u>.	He usually rides a horse on Sundays.

Walking or travelling around

The most widely used preposition in Lithuanian is **po**. It is used to tell time (+ gen., see Unit 7), to tell location (+ inst., **po** – *under*). To say that you travel, you walk, you run etc. around we use **po** + acc.: **Mėgstu vaikščioti po senamiestį** (*I like to walk around the old town*), **Jis mėgsta važinėti dviračiu po parką** (*He likes to ride his bicycle around the park*).

Indefinite time, place, person, reason

We use **kažkur, kažkada, kažkas, kažkodėl** when we want to emphasize that we don't know *where, when, who* and *why*:

Jie kažkur važiuoja.	*They are going somewhere.*
Kažkada mes buvome čia.	*We were here at sometime*
Kažkas tau skambino.	*Somebody called you.*
Kažkodėl jis neskambina.	*Somehow, he is not calling.*

We use **kur nors, kada nors, kas nors** when we have a choice. *Let's go somewhere* (to the cinema, to the pub, to the theatre etc.); *sometime* (in 2007 or in 2008 etc.) *I will go to Norway; I invited nobody but someone* (John, Nick or Ann etc.) *will come*:

Einame kur nors.	*Let's go somewhere.*
Kada nors važiuosiu į Norvegiją.	*I will go to Norway one day.*
Aš nieko nekviečiau, bet kas nors ateis.	*I invited nobody but someone is bound to turn up.*

Lithuanian **bet kur, bet kada, bet kas** is the equivalent of *anywhere, any time, anyone* in English. We use these indefinite pronouns and adverbs when we don't mean a specific time, place or person:

Einame bet kur.	*Let's go anywhere.*
Jūs galite man skambinti bet kada.	*You can call me any time.*
Bet kas gali važiuoti su mumis.	*Anyone can go with us.*

To say that something is done, was done or will be done

We use the past passive participle to say that something was (is, will be) built, founded, reconstructed etc.: **Pilis buvo rekonstruota pernai.** *The castle was reconstructed last year.*

To make the past passive participle we use infinitive form:

<u>įkur-ti</u>, įkuria, įkūrė *to establish*
<u>turė-ti</u>, turi, turėjo *to have*
<u>staty-ti</u>, stato, statė *to build*

	Past passive participle			
	Masculine			
Sing. nom.	įkur-ti	įkur + **-tas**	→	įkur**tas**
Pl. nom.	įkur-ti	įkur + **-ti**	→	įkur**ti**
	Feminine			
Sing. nom.	įkur-ti	įkur + **-ta**	→	įkur**ta**
Pl. nom.	įkur-ti	įkur + **-tos**	→	įkur**tos**

Since they imply finished action, past passive participles are mostly used with prefixes of result: **pastatytas, padarytas** (*is built, is done*), **sukonstruotas** (*constructed*), **sukurtas** (*created*), **nutapytas** (*painted*), **pastatytas** (*staged*) etc.

We decline past passive participles in the same way as adjectives: **šiltas, šilti; šilta, šiltos** (see Unit 5).

i Lithuanians – children, teenagers and older people alike – love music very much: classical, folk music, jazz etc. Our concert halls are always full of eager music lovers. Many musicians who come to our country from abroad to give concerts say that audiences in Lithuania are very enthusiastic and appreciative.

Lithuanians also love to sing. When they have parties at home, when they go to the lakes and sit round the campfire they sing. This goes not only for older people. Youngsters, too, enjoy folk music and many of them know the traditional Lithuanian folk songs.

Both younger and older woman like to knit, especially during our long winters!

When it comes to free time and leisure, Lithuanians like to spend their weekends and holidays near the Baltic Sea, on the lakes and rivers and in the forests. They like to fish, to pick mushrooms and berries and to preserve them for winter.

People who live in the big cities sometimes buy old farm buildings in the country so as to spend their leisure there: refurbishing the old houses, planting trees and flowers.

The most popular sport in Lithuania is basketball.

Exercises

1 Select the right word

Laisvalaikis

1. Laikas, kada nedirbame.
2. Vieta, kur vaidina aktoriai.
3. Čia dailininkai rodo paveikslus, skulptūras, fotografijas.
4. Juo mes žaidžiame krepšinį.
5. Žmogus, kuris vaidina spektaklyje arba filme
6. Žmogus, kuris groja.
7. Žmogus, kuris žiūri spektaklį arba filmą.

A muzikantas
B atostogos
C aktorius
D žiūrovas
E scena
F paroda
G kamuolys

1	2	3	4	5	6
B					

2 Insert the appropriate word

a Dailininkas **piešia** paveikslą.
b Rita _____ naują megztinį seseriai.
c Diana _____ chore.
d Rita ir Vilius _____ modernius šokius.
e Andrius _____ poezijos knygą.
f Žiemą jie _____ Alpėse.
g Andrius _____ gitara.

mezga
skaito
slidinėja
dainuoja
groja
šoka
~~piešia~~

3 Use the appropiate form

atostogauti, atostogauja, atostogavo

Pernai mes **atostogavome** Nidoje. Kitąmet mes _____ sodyboje prie ežero. Kur jūs _____ kitąmet?

slidinėti, slidinėja, slidinėjo

Ar tu pernai _____ Alpėse? Kur _____ tavo draugai kitąmet? Ar tu dabar dažnai _____?

žiūrėti, žiūri, žiūrėjo

Aną savaitę Violeta _____ įdomų filmą, kitą mėnesį ji _____ spektaklį. Kokį filmą tu dabar _____?

skaityti, skaito, skaitė

Aš dabar _____ populiariausią lietuvių romaną. Ar tu jau _____ jį?

4 Insert the appropriate form of the word

> fortepijonas, futbolas, gitara, krepšinis, šachmatai, šaškės, tenisas

a Ką jūs norite žaisti? Mes norime žaisti **futbolą**, ___.
b Kuo jūs norite žaisti? Mes norime žaisti _____.
c Kuo jūs grojate? Mes grojame _____.

5 Select and tick the appropriate form

a Nacionaliniame muziejuje buvau prieš _____.

☐ mėnuo ☑ mėnesį ☐ mėnesio

b Slidinėti į kalnus važiuosime po _____.

☐ dviejų savaičių ☐ dvi savaitės ☐ dvi savaites

c Prieš _____ grįžau iš turistinės kelionės.

☐ trijų savaičių ☐ tris savaites ☐ trys savaitės

d Prieš _____ atostogavau prie jūros.

☐ du mėnesiai ☐ dviejų mėnesių ☐ du mėnesius

e Apie _____ praleidau kaime pas senelius.

☐ savaitės ☐ savaitė ☐ savaitę

f Susitinkame prieš _____ ir einame gerti kavos.

☐ koncertą ☐ koncertas ☐ koncerto

6 Use the appropriate form

a **Vakarais** (Vakarai) skaitau laikraščius ir knygas.
b _____ (Rytai) plaukioju baseine.
c _____ (Šiltos vasaros dienos) mūsų šeima važiuoja prie ežero.

d _____ (Naktys) jis su draugais šoka klubuose.
e _____ (Savaitgaliai) mano draugai mėgsta čiuožinėti miesto čiuožykloje.
f _____ (Sekmadieniai) mes visada bėgiojame parke.
g _____ (Laisvalaikis) mėgstu sėdėti ir nieko neveikti.

7 Insert the appropriate form of the suitable word:

> bėgioti, bėgti, jodinėti, joti, plaukioti, plaukti

a Vasarą jis kasdien **plaukioja** jūroje.
b Po valandos šis laivas _____ į Klaipėdą.
c Vasarą mėgstu _____ baidarėmis.
d Jis ir jo draugai savaitgaliais mėgsta _____ žirgyne.
e Rytoj aš _____ į parką tėvo žirgu.
f Tomas ir Paulius kasdien _____ stadione.
g Petrai, greičiau _____ į treniruotę! Tu vėluoji!

8 Insert the missing words, folloing the example

1 Kitąmet	mes	**važiuosime**	prie	**jūros.**
2 Pernai	mes			Graikiją.
3 Rytais	aš		po	
4 Aną vasarą	jūs			Europą.
5 Vakarais	tu		pas	
6 Kitą vasarą	jie			Lietuvą.

9 Insert the correct form of *kažkas, kada nors, kažkur, kažkada, bet kas, kažkodėl, kur nors*

a **Kažkas** tau vakar skambino.
b _____ draugas vakar nepaskambino. Gal pamiršo?
c Kas gali ateiti dainuoti į folkloro ansamblį? _____ : ir jauni, ir seni žmonės.
d Einame _____ : į kavinę, kiną arba pas draugus.
e _____ turi būti mano bilietas į futbolo varžybas. Ar tu nematei jo?
f _____, labai seniai, mes buvome šiame mieste.
g Noriu su tavimi _____ nuvažiuoti į Italiją. Jei tu neturi laiko šįmet, gal tada kitąmet ar dar vėliau.

10 Form the past passive participles

a Lietuvos nacionalinis muziejus **įkurtas** (įkurti) prie Gedimino kalno.
b Baletas „Gulbių ežeras" _____ (pastatyti) Operos ir baleto teatre.

c Gedimino pilis _____ (pastatyti) ant kalno.
d Vilniaus televizijos bokštas _____ (pastatyti) naujame Vilniaus rajone.
e Dvi naujos gintaro galerijos _____ (atidaryti) Senamiestyje prie šventos Onos bažnyčios.
f Garsaus dailininko paveikslai _____ (nutapyti) Druskininkuose.
g Kauno paveikslų galerija _____ (rekonstruoti) prieš keletą metų.

11 Insert the appropriate question words

a **Kokį** spektaklį šiandien rodo? – Šiandien rodo spektaklį vaikams „Trys paršiukai".
b _____ tu eisi į parodą? – Su Ramune ir Egle.
c _____ knygą tu dabar skaitai? – Romaną „Trys draugai".
d _____ muzika tau patinka? – Džiazas.
e _____ sporto šaką tu labiausiai mėgsti? – Krepšinį.
f _____ vyksta koncertas? – Koncertų salėje.

12 Find the correct answers

1 Ar dar turite bilietų į šias varžybas?	A Šeštai.
2 Kiek laiko truks spektaklis?	B Taip, prašom.
3 Kas vaidina Romeo ir Džiuljetą?	C Aktoriai iš Kauno.
4 Kelintai valandai nupirkai bilietus į filmą?	D Dvi valandas.
5 Kelintą valandą parodos atidarymas?	E Du litus.
6 Kiek kainuoja programa?	F Pusę šeštos.

1	2	3	4	5	6
B					

13 What does Rūta say?

Tadas Labas, Rūta.
Rūta _____.
Tadas Kaip sekasi?
Rūta _____.
Tadas Suprantu, kad dabar tau reikia daug sėdėt prie knygų, bet reikia ir pailsėt. Siūlau nueit į klubą „Prie universiteto"! Gros džiazo muzikantai.
Rūta _____ ! _____?
Tadas Aštuntą prie klubo. Gerai?

Rūta _____. _____!
Tadas Iki vakaro!

pailsėti, pailsi, pailsėjo *to have a rest*

09

my country

„tėviške mano, esi mėlyno Nemuno vingis"

In this unit you will learn
- how to describe your country
- how to ask for an opinion and express one
- how to express existence
- how to describe something using active participles
- how to express circumstances that arise from an action

'Tėviškė mano, esi mėlyno Nemuno vingis' is a quotation from a well-known Lithuanian poem, meaning *My country, you are the turn of the blue river Nemunas.*

Photos by Ainė Ramonaitė.

Oras	Weather
klimatas	climate
oras	weather
saulė	sun
saulėtas, -a	sunny
mėnulis, -io	moon
žvaigždė	star
dangus	sky
žemė	earth, soil, ground
vėjas	wind
vėjuotas, -a	windy
gūsis, -io (vėjo)	waft
lietus	rain
krituliai	precipitation
audra	storm
lyti, lyja, lijo	to rain
bala	puddle
rūkas, migla	fog
sniegas	snow
(pa/pri)snigti	to snow a little/a lot
pūga	snowstorm

ledas	ice
vanduo	water
smėlis, -io	sand
(at)šalti, šąla, šalo	to freeze, to get cold
(at)šilti, šyla, šilo	to get warm
šaltis, -io	cold, chill, frost
plikšala	icy roads, ice-covered ground
plikledis, -io	ice-covered ground
šlapdriba	sleet
lijundra	freezing rain
šerkšnas	frost, crust
karštis, -io	heat
šiluma	warmth
debesis, -ies (masc.)	cloud
debesuota	cloudy
apsiniaukęs/apsiniaukusi	overcast
perkūnija	thunderstorm
griaustinis	thunder
žaibas	lightning
temperatūra	temperature
termometras	thermometer
drėgnas, -a	moist
šlapia, -a	wet
sausas, -a	dry
slidus, -i	slippery
šviesti, šviečia, švietė	to shine
snigti, sninga, snigo	to snow
tekėti, teka, tekėjo	to flow (about water), rise (about the sun)
leistis, leidžiasi, leidosi	to set (about the sun)
žaibuoti, žaibuoja, žaibavo	for lightening to strike
griausti, griaudžia, griaudė	to thunder
Metų laikai	Seasons
pavasaris, -io	spring
vasara	summer
ruduo	autumn
žiema	winter

Kraštovaizdis	Landscape, nature
kraštovaizdis, -io/ gamtovaizdis, -io/peizažas	landscape
laukas	field
miškas	forest

pieva	*lawn*
kalnas	*mountain*
kalva	*hill*
slėnis, -io	*valley*
viršūnė	*peak*
kopa	*dune*
krantas	*shore*
upė	*river*
ežeras	*lake*
jūra	*sea*
vandenynas	*ocean*
banga	*wave*
marios	*sea, lagoon*
pelkė	*swamp, wetland*
dugnas	*bottom*
sala	*island*
pusiasalis, -io	*peninsula*
pliažas/paplūdimys	*beach*

Pasaulio šalys Points of the compass

šiaurė	*north*
pietūs	*south*
rytai	*east*
vakarai	*west*
pietryčiai	*southeast*
pietvakariai	*southwest*
šiaurės rytai	*northeast*
šiaurės vakarai	*northwest*

Augalai, medžiai Plants, trees

augalas	*plant*
lapas	*leaf*
šaka	*branch*
šaknis, -ies	*root*
žiedas	*blossom*
gėlė	*flower*
gvazdikas	*dianthus*
narcizas	*narcissus*
rožė	*rose*
rūta	*rue*
žolė	*grass*
krūmas	*bush*
medis, -io	*tree*

ąžuolas	*oak (tree)*
beržas	*birch (tree)*
kaštonas	*conker (tree)*
klevas	*maple (tree)*
liepa	*lime (tree)*
eglė	*fir (tree)*
pušis, -ies	*pine*
javai	*cereal, grain, crop*
avižos	*oat (cereal)*
kviečiai	*wheat*
rugiai	*rye*
(už)auginti, augina, augino (ką?)	*to grow (something)*
(pa)sėti, sėja, sėjo (ką?)	*to sow, to seed*
(pa)sodinti, sodina, sodino (ką?)	*to plant*

Gyvūnai	Animals
gyvūnas	*animal*
gyvulys	*(domestic) animal*
žvėris, -ies	*beast*
paukštis, -io	*bird*
žuvis, -ies	*fish*
vabzdys	*insect*
vilkas	*wolf*
meška, lokys	*bear*
kiškis, -io	*hare, rabbit*
lapė	*fox*
briedis, -io	*elk, moose*
elnias	*deer*
stirna	*hind, roe*
musė	*fly*
uodas	*mosquito*
skruzdėlė	*ant*
kirmėlė	*worm*
žvirblis, -io	*sparrow*
balandis, -io	*pigeon*
gulbė	*swan*
gandras	*stork*
varna	*crow*
žuvėdra	*seagull*
papūga	*parrot*
snapas	*beak*

sparnas	wing
šuo	dog
katė	cat
karvė	cow
arklys	horse
kiaulė	pig
avis, -ies	sheep
ožka	goat
triušis, -io	rabbit
višta	hen
viščiukas	chicken
gaidys	rooster
antis, -ies	duck
žąsis, -ies	goose
varlė	frog
vėžys	crayfish
voras	spider
liūtas	lion
žirafa	giraffe
voverė	squirrel
šernas	boar
tigras	tiger
gyvatė	snake
dramblys	elephant
vėžlys	turtle
banginis, -io	whale
ruonis, -io	seal

▶ Dialogue 1

Vyras Gal girdėjai oro prognozę? Koks šiandien bus oras? Ar pasiimti skėtį?

Moteris Pasiimk. Rudenį visada verta turėti skėtį. Niekad nežinai, kada gali pradėti lyti.

Vyras Bet dabar taip gražu, saulėta. Tikra bobų vasara. Gal nelis?

Moteris Atrodo, sakė, kad bus vėjuota, debesuota, bet be lietaus. Tačiau niekad negali žinoti.

Bobų vasara	*Indian summer*

▶ Dialogue 2

Gintaras Kada dabar atvažiuosi į Lietuvą?
Gabrielė Dar nežinau. Manau, kad reikėtų vienąkart atvažiuoti žiemą. Kaip tu manai?
Gintaras Gera mintis! Žiemos dabar pas mus nebėra tokios šaltos kaip mano vaikystėje, bet jeigu būtų sniego, būtų smagu.
Gabrielė Ar pas jus žiemą ne visada būna sniego?
Gintaras Paprastai būna, tik nebūtinai visus tris žiemos mėnesius. Mėgstu, kai per Kalėdas būna sniego.
Gabrielė O kokia temperatūra būna sausio mėnesį? Labai šalta?
Gintaras Gali būti net 20 laipsnių šalčio ar daugiau, bet gali būti ir daug šilčiau. Vidutinė sausio mėnesio temperatūra Lietuvoje yra minus 5 laipsniai.
Gabrielė Norėčiau paslidinėti Lietuvoj. Kur jūs slidinėjat?
Gintaras Dažniausiai Lietuvos rytuose, ten visada būna sniego. Kaip žinai, Lietuvoj tikrų kalnų nėra, bet rytinėje dalyje daug kalvų, miškų. Be to, ten daug ežerų, galima čiuožinėti ant ledo.

> **būna**   *is, happens*

▶ Dialogue 3

Jokūbas Gražus oras. Ar ne?
Margarita Taip, malonu, kad nebelyja. Girdėjau, kad rugpjūtis bus gražus, šiltas, be lietaus.
Jokūbas O man vasarą lietus patinka. Ar matei vakar vaivorykštę?
Margarita Mačiau, gražu. Bet man labiau patinka, kai nelyja. Tada gali ramiai gulėti pievoje ir žiūrėti į plaukiančius debesis. Mėgstu žiūrėt į žydinčius augalus, į medžius, stebėti paukščius, klausytis jų. Man tai pats geriausias poilsis.
Jokūbas Man patinka ir lietui lyjant vaikščioti po mišką. Tada nors uodų miškuose nebūna.

▶ Dialogue 4

Antanas Ar jau atostogavai šiemet?
Vilius Taip, ką tik grįžom iš Nidos. Buvo nuostabu! Oras saulėtas, jūra banguota, graži. Gyvenom prie miško, kasryt važinėjom dviračiais. Žinai, kiek daug matėm laukinių gyvūnų! Nepatikėsi! Vieną rytą sutikom mišku ramiausiai einančią šernų šeimynėlę, kitą dieną matėm

	briedį ir dvi stirnas. O vaikai miške matė šliaužiantį žaltį. Išsigando, pagalvojo, kad gyvatė, bet iš tikrųjų ten buvo žaltys, nepavojingas.
Antanas	Aš irgi girdėjau, kad Kuršių nerijoj daug įvairių žvėrių: lapių, kiškių, voverių, bet kitų niekada nemačiau, tik voverių. Ir paukščių ten nemažai, net kopose jų daug. Ar ne?
Vilius	Taip, tik aš paukščių gerai nepažįstu. Na, žuvėdrų ten visur pilna, jas pažįstu.
Antanas	Aš manau, kad Kuršių nerija – pati gražiausia Lietuvos vieta. Niekur nėra tokių gražių kopų ir nuostabios gamtos. Tik vasarą ten labai daug poilsiautojų. Kopose, prie jūros, prie marių – visur labai daug žmonių. Aš ten paprastai važiuoju rudenį, kai jau yra grybų, kai žvaigždėtas dangus, romantiški rūkai.
Vilius	Nežinojau, kad tu toks romantikas.

žaltys	grass-snake
šliaužti, šliaužia, šliaužė	to creep, crawl
nuostabus, -i	wonderful

Reading and listening

▶ 1 Listen to the weather forecast and fill in the missing words

Orai

Paskutinėmis metų dienomis Lietuvoje vyraus permaininigi _____. Rytoj numatomas _____, šlapdriba ir lijundra. Penktadienio naktį be žymesnių kritulių. _____. Pajūryje pietų _____ gūsiai 15–17 metrų per sekundę. Žemiausia temperatūra 3–8 laipsniai šalčio. Antroje dienos pusėje _____, šlapdriba pereinanti į lietų. Lijundra. Temperatūra nuo 4 laipsnių _____ iki 1 laipsnio _____.

Šeštadienio naktį Lietuvoje numatomi _____ su šlapdriba ir lietumi orai. Kai kur sniegas, lijundra. Temperatūra pirmoje nakties pusėje nuo 1 laipsnio šilumos iki 4 laipsnių _____, rytą atšils iki 0–3 laipsnių šilumos. Šeštadienio dieną daugelyje rajonų nedideli krituliai, vakare _____. Aukščiausia temperatūra 0–4 laipsniai šilumos, vakare atšals iki 0–4 laipsnių šalčio.

Sekmadienį daug kur truputį _____. Vietomis trumpa _____, lijundra, plikledis. Vėjas _____, rytų, 7–12 metrų per sekundę, kai kur gūsiai 15–18 metrų per sekundę. Temperatūra naktį 0–5 laipsniai šalčio, dieną nuo 2 laipsnių šilumos iki 3 laipsnių _____.
Pirmadienį – daugelyje rajonų sniegas, šlapdriba. Kai kur _____, _____. Temperatūra naktį nuo 1 laipsnio šilumos iki 4 laipsnių šalčio, dieną apie 0 laipsnių.

permainingas, -a	*changeable*
daugelis	*many*

2 Read the text and indicate which statements are true and which are false

Lietuvos gamta

Lietuva yra nedidelė šalis. Jeigu važiuotume iš pietų į šiaurę arba iš rytų į vakarus, būtų tik apie 300 kilometrų. Bet Lietuvos gamta labai įvairi. Tai plačios lygumos, miškai, upės, ežerai. Lietuvoje yra 816 upių, ilgesnių kaip 10 km ir 2834 ežerai, didesni kaip 0,5 ha. Didžiausia upė – Nemunas (iš viso 937 km, o 475 km Lietuvos teritorijoje). Jis įteka į Kuršių marias. Lietuva turi 90 km jūros kranto. Aukščiausia Lietuvos vieta – Juozapinės kalva (293,6 m). Ypatingas gamtos reiškinys yra Kuršių nerija – 98 km ilgio siauras smėlio pusiasalis, skiriantis Kuršių marias nuo Baltijos jūros. 2000 m. Kuršių nerija įtraukta į UNESCO Pasaulio gamtos paveldo sąrašą kaip vienas gražiausių ir unikaliausių Europos kraštovaizdžių.

Lietuvos klimatas taip pat labai įvairus. Ryškūs metų laikai: pavasaris, vasara, ruduo ir žiema. Vidutinė metų temperatūra yra 6 laipsniai šilumos. Šilčiausias mėnuo yra liepa, šalčiausias – sausis. Žiemą Lietuvoje dažnos pūgos. Dažniausiai pūgas sukelia pietų ir pietryčių vėjai. Anksčiausiai, dažniausiai lapkričio mėnesį, prisninga Lietuvos šiaurėje ir rytuose, vėliausiai – pajūryje. Didžiausias sniego dangos storis kartais siekia net 90 cm. Sniegas paprastai ištirpsta iki kovo mėnesio pabaigos. Lietuvoje daug lietaus. Lietingiausi mėnesiai – liepa ir rugpjūtis, šalies rytuose – birželis, o pajūryje – rugsėjis. Lietuvoje dažni rūkai, vasarą nemažai perkūnijų. Lietuva yra palyginti silpnų vėjų šalis. Visais metų laikais stipriausi vėjai pučia pajūryje ir Kuršių nerijoje.

Apie 32% Lietuvos ploto sudaro miškai. Juose įvairi augmenija, gyvena daug gyvūnų, paukščių, kai kurie iš jų – reti. Į Lietuvos raudonąją knygą įrašyta 501 nykstanti ar reta augalų, gyvūnų ir grybų rūšis. Lietuvoje gyvena daug gandrų, kurie Vakarų Europoje yra nykstantys paukščiai.
1989 m. Prancūzijos nacionalinio geografijos instituto mokslininkai nustatė, kad Lietuvoje yra Europos geografinis centras. Šis centras yra į šiaurę nuo Vilniaus, už 26 km.

nykti, nyksta, nyko	to die out, to disappear, to vanish
m – metras	metre
km – kilometras	kilometre
cm – centimetras	centimetre
sąrašas	list
vidutinis, -ė	average
(su)kelti, kelia, kėlė (ką?) to	make, to cause
storis, -io	thickness
palyginti	comparatively
retas, -a	rare
rūšis	sort

Statement	True	False
1 Lietuvoje labai mažai ežerų.		✓
2 Lietuvoje yra aukštų kalnų.		
3 Kuršių nerija yra sala.		
4 Lietuvoje būna keturi metų laikai.		
5 Rudenį Lietuvoje dažni rūkai, o žiemą – pūgos.		
6 Lietuvoje beveik nelyja.		
7 Lietuvoje saugomi nykstantys gyvūnai ir augalai.		

▶ 3 Read or listen to these anecdotes

Mokytojas paaiškino mokiniams, kad žemė sukasi apie saulę. Staiga atsistoja mergaitė ir klausia:
– Ponas mokytojau, o apie ką žemė sukasi naktį, kai saulės nėra?

– Magdute, pasakyk, kodėl kiškiai žiemą baltesni negu vasarą.
– Išsisnieguoja, ponas mokytojau.

– Kurmis suėda per dieną tiek maisto, kiek jis pats sveria.
– O iš kur jis žino, kiek sveria?

– Sakyk, Jonuk, kodėl gandrai rudenį skrenda į pietus.
Pietų kraštuose irgi yra žmonių, kurie nori turėti vaikų.

Mokytojas, išaiškinęs kur yra pasaulio šalys, klausia:
– Na, Vaidute, kur yra pietūs?
– Ant stalo, mokytojau.

Language points

Animals and their offspring

There is a reason for the gender of some animals' names. Pairs of different gendered animals apply to animals that are, say, farmed, necessary or better known to man. Sometimes, the roots of these words differ:

arklys – kumelė	*stallion – mare*
jautis – karvė	*ox – cow*
šuo – kalė	*dog – bitch*
gaidys – višta	*rooster – hen*

More usually, however, we can form the two different sexes with suffixes:

1 from the feminine to the masculine, use the suffix **-inas**:

antis – antinas
avis – avinas
gulbė – gulbinas
katė – katinas
lapė – lapinas

2 from the masculine to the feminine, use the suffix **-ienė**:

gandras – gandrienė
ežys – ežienė

You can form some feminines just by changing the ending into **-ė**:

briedis – briedė
liūtas – liūtė
tigras – tigrė
vilkas – vilkė

When you talk about the same sort of animals, in general one noun is usually used for both sexes; the gender is not specified:

Mūsų kaimynė šeria visas benames <u>kates</u>.	*Our neighbour is feeding all the homeless cats.*
Ūkininkas laiko <u>arklius</u> ir karves.	*The farmer keeps horses and cows.*

The young of animals in Lithuanian are referred to by the masculine noun with a diminutive suffix:

ančiukas	*duckling*
ėriukas	*lamb*
kačiukas	*kitten*
kumeliukas	*foal*
paršiukas	*piglet*
šuniukas	*puppy*
viščiukas	*chicken*
veršiukas	*calf*
žąsiukas	*gosling*

Present active participles

We use the present active participles to indicate the characteristics of the 'agent' of the action:

einantis žmogus	*walking man*
tekanti upė	*flowing river*
skrendantis paukštis	*flying bird*
krentantis sniegas	*falling snow*

To form the present active participle, we use the stem of the present tense, drop the ending and add a suffix -**nt**- and masculine or feminine endings.

```
              Present active participle
                      Masculine
                                      Sing.       Pl.
  dirb-a      dirb + antis     →      dirbantis   dirbantys
  raš-o       raš + antis      →      rašantis    rašantys
  tyl-i       tyl + intis      →      tylintis    tylintys

                      Feminine        Sing.       Pl.
  dirb-a      dirb + anti      →      dirbanti    dirbančios
  raš-o       raš + anti       →      rašanti     rašančios
  tyl-i       tyl + intis      →      tylinti     tylinčios
```

Present active participles are declined in the same way as adjectives with -**is** (e.g. **medinis**), but the nominative and dative cases differ. Compare:

Nom. einant<u>ys</u> – medin<u>iai</u>
Dat. einant<u>iems</u> – medin<u>iams</u>

The feminine forms are declined as adjectives with -ia, but the singular nominative is different.

Gerunds

We use specific verb forms, known as gerunds, to express circumstances that arise from actions, e.g. **Lyjant** geriau sėdėti namie. (*When it rains, it is better to sit at home.*) **Palijus** buvo malonu pasivaikščioti. (*It was nice to go for a walk after the rain.*)

We use gerunds when there are two subjects in the sentence performing different actions, e.g.: **Saulei tekant, mes išėjome į mišką** (saulė tekėjo, mes išėjome) *The sun was rising when we set out for the forest.* (*The sun was rising, we were leaving*).

In this case the performer of the action, the *subject*, is expressed in the dative – **saulei.**

We also use gerunds when the action of the sentence is impersonal, when the subject is not expressed: **Lyjant** nemalonu vaikščioti lauke. (*It is not pleasant to walk outside when it rains*).

If the two actions are simultaneous, we use present gerund. It is formed from the 3rd person of the present tense, dropping the ending and adding **-ant** to the **-a** and **-o** verbs, **-int** to the **-i** type:

1 važiuoj-a + *ant* → **važiuojant**
2 tyl-*i*+ *int* → **tylint**
3 valg-*o* + *ant* → **valgant**

If the main action of the sentence is happening later, the past gerund is used. It is formed from the past tense, removing the ending and adding **-us** for **-a** and **-i** verbs and **-ius** for the **-o** type with the suffix **-yti** in the infinitive:

1 važiav-o + *us* → **važiavus**
2 tylėj-o+ *us* → **tylėjus**
3 valgo(valgyti) + *ius* → **valgius**

Expressing existence

In standard Lithuanian, alongside the forms of the verb **būti esu, esi, yra ...**, which you already know, other variants of **būti** are used:

aš	būnu		mes	būname
tu	būni		jūs	būnate
jis, ji	→	būna	jie, jos	

They differ from the forms **esu, yra** by a shade of meaning: they indicate a usual general being, existence of something. For wished or desired existence, archaic forms may be used **tebūnie** (*let it/there be*), **teesie** (*[hallowed] be [thy name]*).

Description of features

The names of places may be formed from adjectives with suffix -uma e.g.:

sausuma (← sausas *dry*) *continent, dry land*
aukštuma (← aukštas *high*) *heights, elevation*
žemuma (← žemas *low*) *lowland*
lyguma (← lygus *flat, plain*) *plain land*
dykuma (← dykas *waste*) *desert*

This suffix often implies something to do with space or the surface of the ground. Once you know this, you should be able to recognize the word by this suffix and understand it in its context.

Opinions

You can ask for an opinion by using phrases such as:

Kaip (tu) manai?/(jūs) manote? What do you think?
Kokia tavo (jūsų) nuomonė? What is your opinion?
Kaip sakai? What do you say? (informal)

You reply:

(Aš) manau, kad ...	*I think that ...*
Mano nuomone ...	*In my opinion ...*
Manyčiau, kad ...	*I would think that ...*
Pagal mane, ...	*According to me ...*

Lithuania is divided into four main geographic areas, commonly called ethnographic regions: Aukštaitija, Žemaitija, Dzūkija and Suvalkija. Each region has a distinct character expressed by differences in its folk culture, customs, ethnographic traditions and dialects. These regions also differ in their topography, flora and fauna. There are several national parks in Lithuania: Aukštaitija National Park, Kuršių Nerija National Park, Žemaitija National Park, Dzūkija National Park and Trakai National Historical Park. The national parks are excellent places for relaxation, fishing and sightseeing.

Nature, especially the forests, is extremely important and dear to the heart of Lithuanians. Most Lithuanians are in close contact with nature. Spring and summer festivals and feast days are celebrated in nature.

Exercises

1 Form five groups from the following words according to their meaning

spintelė, šaukštas, varškė, paltas, kiškis, mėsa, lėkštė, suknelė, lova, grietinė, liūtas, kelnės, kumpis, peilis, kojinės, bandelė, stalas, meška, sijonas, dešra, kėdė, puodelis, marškiniai, lapė, pienas, puodas, kilimas, šakutė, megztinis, stirna, lentyna, duona, fotelis, uodas, majonezas, šalikas, suolas, šaukštelis, gulbė, varna, keptuvė, grietinė, pirštinės, ožka, spinta, voverė, miltai, diržas, skruzdėlė.

2 Find the 23 hidden words

K	D	M	V	K	B	E	R	Ž	A	S	V
R	O	Ž	Ė	A	V	T	E	Ą	T	T	I
Ū	E	Ą	Ž	U	O	L	A	S	R	I	Š
M	R	G	Y	V	A	T	Ė	I	F	R	T
A	Ū	C	S	I	A	N	L	S	S	N	A
S	T	E	G	L	Ė	E	Š	U	O	A	U
E	A	Y	A	K	V	I	E	Č	I	A	I
P	O	D	R	A	M	B	L	Y	S	P	O
U	K	I	K	S	E	R	Ž	U	V	I	S
Š	A	I	L	A	P	Ė	O	B	E	M	K
I	T	A	Y	K	Z	K	L	E	V	A	S
S	Ė	V	S	M	U	S	Ė	N	R	I	T

3 Fill in the table

slidinėti	slidinėja	**slidinėja** snigo	**slidinėjant**
	žaibuoja		
			skaitant
šviesti			
		sodino	
	dainuoja		
			žaidžiant
	žiūri		

4 Insert the appropriate word

a)

1. Ar matei **skrendantį** gandrą?
2. Lietuvos miškuose yra _____ augalų.
3. Aš mėgstu žiūrėti ir į _____ sniegą.
4. Iš pietų _____ vėjai yra šilti.
5. Šiaurėje _____ gyvūnai būna baltos spalvos.
6. Žmonės, _____ gyvūnus, yra sveikesni.
7. Pažiūrėk į tą _____ vaikiną. Jis yra iš Pietų Afrikos.
8. Pajūryje visada daug _____ žmonių.

nykstančių
skrendantį
pučiantys
auginantys
atostogaujančių
skaitantį
krintantį
gyvenantys

b)

1. Saulei **tekant** visada šalčiau.
2. Man patinka pasivaikščioti _____.
3. _____ miške galima maloniai praleisti laiką.
4. _____ per dykumą, galima pamatyti vėžlių ir kitų dykumos gyvūnų.
5. Visiems _____ pradėjo lyti.

sningant
išvažiavus
grybaujant
tekant
keliaujant

5 Write the roots of the following words:

kačiukas: **katė**
gandriukas
vilkiukas
stirniukas
triušiukas
kiškiukas
žvirbliukas
lapiukas
tigriukas
varliukas
ruoniukas

6 Supply the correct form of the verb, following the example

stovėti _____ žmogus → **stovintis** žmogus

tekėti_____ saulė
kalbėti_____ papūga
ploti _____ žiūrovai
kristi_____ sniegas
šokti_____ jaunuolis
augti _____ medžiai
slidinėti_____ mergaitė

dainuoti_____ lietuviai
atostogauti_____ vyras
vaidinti_____ aktorės
žaisti_____ vaikai

7 Look at the map of Lithuania and write correct sentences, following the example

a Rokiškis yra Lietuvos **rytuose**.
b Klaipėda yra _____.
c Pasvalys yra _____.
d Zarasai yra _____.
e Druskininkai yra _____.
f Vilnius yra _____.
g Latvija yra _____.
h Baltijos jūra yra _____.

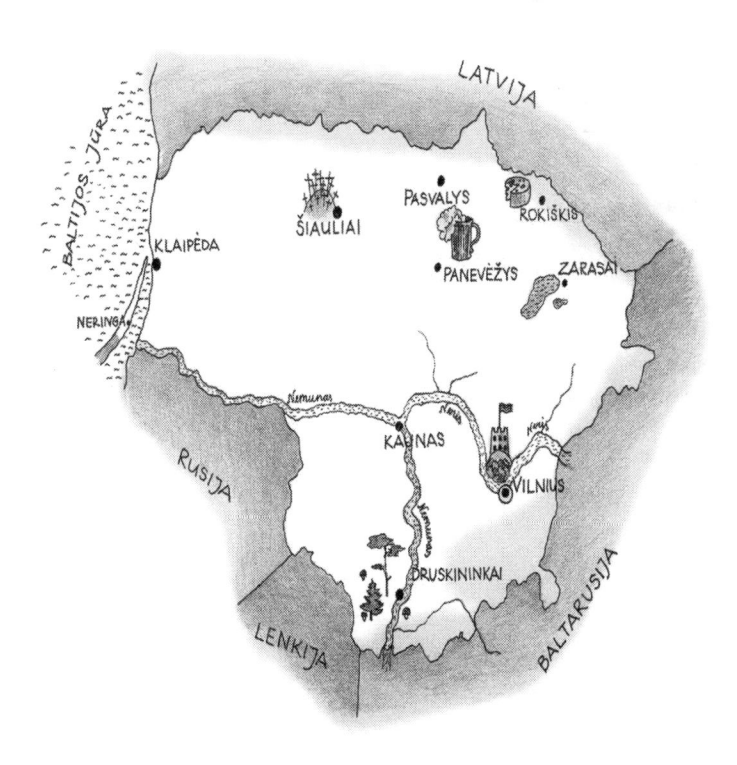

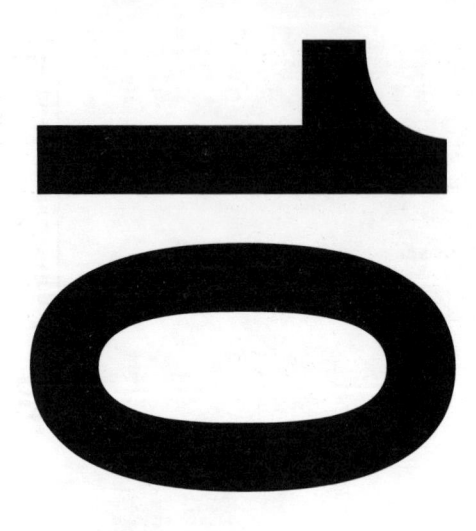

10 paprastai keliuosi anksti
I usually get up early

In this unit you will learn
- how to talk about your daily routine
- how to ask someone about their daily routine
- how to ask for daily services

Vilniaus centrinis paštas
Vilnius central post office
Photo by Eugenijus Stumbrys.

Paslaugos	Services
paslauga	*service*
grožio salonas	*beauty salon*
kirpykla	*hairdresser*
paštas	*post office*
vokas	*envelope*
pašto ženklas	*postage stamp*
laiškas	*letter*
registruotas laiškas	*registered letter*
atvirukas	*postcard*
vaizdas	*view*
siuntinys	*parcel*
skalbykla	*laundry*
valykla	*dry cleaning*
dėmė	*spot*
taisykla	*repair*
kvitas	*receipt*

gauti, gauna, gavo (ką?)	*to receive*
(iš)siųsti, siunčia, siuntė (ką?)	*to send*
(iš)skalbti, skalbia, skalbė (ką?)	*to wash clothes*
(su, pa)taisyti, taiso, taisė (ką?)	*to repair*
tvarkyti, tvarko, tvarkė (ką?)	*to tidy*
užsirašyti, užsirašo, užsirašė pas (ką?)	*to take down*
(iš)valyti, valo, valė (ką?)	*to clean*
veikti, veikia, veikė	*to function*
geras, -a	*good*
blogas, -a	*bad*
švarus, -i	*clean*

(ap)(nu)auti, auna, avė (ką?/kuo?) *to put on shoes*
(ap)(nu)autis, aunasi, avėsi (ką?/kuo?) *to put on shoes oneself*
(pa)baigtis, baigiasi, baigėsi *to end*
(nu, iš)dažyti, dažo, dažė (ką?) *to dye, to paint*
(nu, iš)dažytis, dažosi, dažėsi (ką?) *to make up, to dye*
(ap)džiaugtis, džiaugiasi, džiaugėsi (kuo?) *to be glad*
(at)gultis, gulasi, gulėsi *to lie*
jaudintis, jaudinasi, jaudinosi *to be excited*
juoktis, juokiasi, juokėsi *to laugh*
(pa)kelti, kelia, kėlė (ką?) *to raise*
(at)keltis, keliasi, kėlėsi *to get up*
(nu)(pa)kirpti, kerpa, kirpo (ką?) *to cut*
(nu)(pa)kirptis, kerpasi, kirposi (ką?) *to cut one's hair*
(iš)maudyti, maudo, maudė (ką?) *to bath*
(iš)maudytis, maudosi, maudėsi *to take a bath*
(pa)miegoti, miega, miegojo *to sleep*
(iš)mokyti, moko, mokė (ką?/ko?) *to teach*
(iš)mokytis, mokosi, mokėsi (ko?) *to study*
(pa)nervintis, nervinasi, nervinosi *to be nervous*
prasidėti, prasideda, prasidėjo *to start*
(nu)prausti, prausia, prausė (ką?) *to wash*
(nu)praustis, prausiasi, prausėsi (ką?) *to wash oneself*
(ap)(nu)rengti, rengia, rengė (ką?/kuo?) *to dress*
(ap)(nu)rengtis, rengiasi, rengėsi (ką?/kuo?) *to dress oneself*
(pa)ruošti, ruošia, ruošė (ką?/kam?) *to prepare*
(pa)ruoštis, ruošiasi, ruošėsi (kam?) *to prepare oneself*
(pa)rūpintis, rūpinasi, rūpinosi (kuo?) *to worry, to take care about*
(pa)sektis, sekasi, sekėsi *to fare*
(at)sėstis, sėdasi, sėdosi *to sit*
(nu)skusti, skuta, skuto (ką?) *to shave*

(nu)skustis, skutasi, skutosi (ką?) *to shave oneself*
(pa)stengtis, stengiasi, stengėsi *to do one's best*
(at)stotis, stojasi, stojosi *to stand*
(pa)sveikintis, sveikinasi, sveikinosi *to greet*
(nu)šypsotis, šypsosi, šypsojosi *to smile*
(su)šukuoti, šukuoja, šukavo (ką?) *to comb*
(su)šukuotis, šukuojasi, šukavosi (ką?) *to comb one's hair*
tikėtis, tikisi, tikėjosi (ko?) *to expect*
(iš)valyti, valo, valė (ką?) *to clean*
(iš)valytis, valosi, valėsi dantis (ką?) *to clean one's teeth*

▶ Dialogue 1

Ramūnas Labas, Linai!
Linas Labas, Ramūnai! Kaip seniai tave mačiau!
Ramūnas Aš tave taip pat, Linai. Dabar esu labai užsiėmęs: keliuos šeštą valandą. Ir bėgu bėgu. Kaip voverė rate: ruošiu vaikus į darželį, skubu į mokyklą – ten taip pat kalnai darbų, po darbo-į parduotuvę, namie verdu, kepu, padedu vaikams ruošti pamokas ... Kartais jaučiuos labai pavargęs.
Linas Tikrai daug darbų, Ramūnai! O žmona tau nepadeda rūpintis vaikais ir namais?
Ramūnas Žinoma, padeda, bet dabar ji išvažiavus į užsienį. Grįš tik po mėnesio.
Linas Kada ilsies?
Ramūnas Savaitgalį. Šeštadienį ir aš, ir vaikai miegam iki dešimtos. Papusryčiavę važiuojam į mišką prie ežero. Ten vaikščiojam, sportuojam, maudomės, žaidžiam ... Grįžtam tik vakare. Vaikai eina miegot. O aš guluos vėlai pažiūrėjęs porą filmų, perskaitęs visus laikraščius. Sekmadienis taip pat gera diena – nereikia niekur skubėt.
Linas Tai kada galėsim kartu nueiti į futbolo rungtynes?
Ramūnas Kai grįš mano žmona, tada būtinai nueisim. Paskambinsiu.
Linas Gerai. Iki.
Ramūnas Iki.

užsiėmęs, -usi	*busy*
kaip voverė rate	*very busy*
kalnai darbų	*many things to do*
užsienis, -io	*abroad*
ir aš, ir vaikai	*both me and children*
niekur	*nowhere*

▶ Dialogue 2

Valykloje. *At the dry-cleaner's.*

Klientas	Laba diena.
Valyklos darbuotoja	Laba diena.
Klientas	Ar galėtumėte per valandą išvalyti šį kaklaraištį?
Valyklos darbuotoja	Taip, prašom. Ar čia riebalų dėmė?
Klientas	Man atrodo, tai uogų dėmė.
Valyklos darbuotoja	Mokėsite dabar ar vėliau, kai ateisite atsiimti?
Klientas	Dabar.
Valyklos darbuotoja	Ar turite mūsų nuolaidų kortelę?
Klientas	Taip. Turiu 20 procentų nuolaidą.
Valyklos darbuotoja	4 litai.
Klientas	Prašom.
Valyklos darbuotoja	Ačiū. Prašom ateiti po valandos.
Klientas	Iki pasimatymo.
Valyklos darbuotoja	Iki pasimatymo.

▶ Dialogue 3

In a street.

Moteris	Laba diena
Policininkas	Laba diena. Kas atsitiko?
Moteris	Atsiprašau, aš labai jaudinuosi ... Pavogė mano dviratį.
Policininkas	Nesijaudinkite, ponia. Sėskitės čia. Pasakykite, kur buvo jūsų dviratis.
Moteris	Čia. Prie parduotuvės.
Policininkas	Kaip jis atrodė?
Moteris	Žalios spalvos naujas sportinis dviratis.
Policininkas	Gal jūsų dviratis ten, prie tvoros?
Moteris	Taip, tikrai. Tai mano dviratis. Labai atsiprašau. Aš pati jį pastačiau ten. Esu labai išsiblaškiusi ...
Policininkas	Nieko. Nesijaudinkite.
Moteris	Ačiū. Viso gero.
Policininkas	Viso gero.

(pa)vogti, vagia, vogė (ką?)   *to steal*

▶ Dialogue 4

Kirpykloje. *At the hairdresser's.*

Klientas	Laba diena.
Administratorė	Laba diena, pone. Ko norėtumėte?
Klientas	Norėčiau, pasikirpti plaukus. Kiek pas jus kainuoja kirpimas?
Administratorė	Penkiasdešimt litų.
Klientas	Ar būtų galima dabar?
Administratorė	Taip. Prašom.
Klientas	Laba diena.
Kirpėja	Laba diena. Prašom sėstis čia. Kaip norėtumėte, kad pakirpčiau?
Klientas	Čia, priekyje, trumpiau. O čia palikite ilgesnius.
Kirpėja	Gerai.

palikti, palieka, paliko (ką?)   *to leave, to keep*

▶ Dialogue 5

Pašte. *At the post office.*

Klientė	Laba diena.
Pašto darbuotojas	Laba diena.
Klientė	Norėčiau atsiimti siuntinį. Štai pranešimas.
Pašto darbuotojas	Prašom. Štai jūsų siuntinys. Ar dar ko nors norėtumėte?
Klientė	Prašom duoti dešimt vokų, du pašto ženklus siųsti laiškams į užsienį ir septynis – į Lietuvos miestus.
Pašto darbuotojas	Prašom. Viskas?
Klientė	Dar norėčiau tų penkių atvirukų su Lietuvos miestų vaizdais. Ir prašom išsiųsti registruotą laišką į Vengriją.
Pašto darbuotojas	Prašom.
Klientė	Kiek už viską turėčiau mokėti?
Pašto darbuotojas	Dvidešimt aštuonis litus ir penkiolika centų.
Klientė	Prašom.
Pašto darbuotojas	Ačiū.
Klientė	Labai ačiū. Viso gero.
Pašto darbuotojas	Viso gero.

pranešimas   *notice*

▶ Dialogue 6

A conversation on the telephone.

Administratorius	Taisykla.
Klientė	Laba diena.
Administratorius	Laba diena.
Klientė	Sugedo televizorius. Norėčiau išsikviesti meistrą.
Administratorius	Kas atsitiko?
Klientė	Dingo vaizdas.
Administratorius	Meistras galėtų ateiti rytoj po ketvirtos valandos.
Klientė	Atsiprašau, bet aš iki penktos dirbu. Namie būsiu po šeštos.
Administratorius	Gerai, meistras ateis apie septintą. Koks jūsų adresas?
Klientė	Tugaus aikštė trys, penktas butas.
Administratorius	Rytoj apie septintą laukite meistro.
Klientė	Ačiū. Viso gero.
Administratorius	Nėra už ką. Viso gero.

> **dingti, dingsta, dingo**   *to disappear*

Reading and listening

1 Put Irena's answers in the right order.

1
Kelintą valandą prasideda jūsų diena, ponia Irena?

A
Iki mano darbo yra apie penkis kilometrus. Iš namų išeinu anksčiau, apie septintą valandą, ir nueinu į darbą pėsčiomis. Kai rytą pavaikščioju, gerai jaučiuosi visą dieną.

2
Jūsų vaikai jau dideli. Ar patys neišsiverda valgyti?

B
Visi. Vyras dažnai nuperka maisto, sūnus ir dukterys išsiskalbia drabužius, sutvarko butą. Grįžę vakare namo kartu verdame vakarienę.

3
Kelintą valandą išeinate iš namų ir kaip važiuojate į darbą?

C
Pasibaigus darbo dienai dviračiais važiuojame už miesto. Žiemą savaitgaliais važiuojame slidinėti. O labiausiai už viską mėgstu skaityti knygas!

4

Gatvėse rytais daug automobilių. Ar iš tiesų malonu eiti pėsčiomis?

5

O kas daugiausia rūpinasi namais, ponia Irena? Vaikai, vyras ar jūs pati?

6

Kaip ilsitės?

7

Ačiū už pokalbį. Sudie.

D

Keliuosi anksti. Apie pusę šeštos. Man patinka rytas. Kol šeima dar miega, ramiai išgeriu puoduką kavos. Išverdu pusryčius vaikams ir vyrui.

E

Aš einu ramesnėmis gatvėmis. Ruošiuosi dienos darbams: galvoju, ką ir kada turėsiu padaryti, kam paskambinti. Aštuntą valandą jau sėduosi dirbti.

F

Ačiū jums. Sudie.

G

Nors jau ir nėra mažų vaikų šeimoje, visada ruošiu šiltus pusryčius. Dukterys ir sūnus mokosi, vyras daug dirba. Ne visada turi laiko papietauti valgykloje ar kavinėje.

jūs pati	*you yourself*	
iš tiesų	*really*	

1	2	3	4	5	6	7
D						

▶ 2 Read or listen to these anecdotes

Moteris skambina elektrikui:
– Vakar aš jūsų prašiau ateiti ir sutaisyti skambutį.
– Aš buvau pas jus! Atėjau, paskambinau, niekas man durų neatidarė ir išėjau.

skambutis	*bell*

– Tėti, pavogė mūsų mašiną!
– Ar įsiminei, kaip atrodė vagis?
– Ne, bet aš užsirašiau mašinos numerį.

vagis, -ies (masc.)	*thief*

3 Listen to Tomas and Agnė's dialogue. What are Tomas' plans?

6 Rugpjūtis	7 Rugpjūtis	8 Rugpjūtis
Penktadienis	Šeštadienis	Sekmadienis
08.00	08.00	08.00
09.00	09.00	09.00
10.00 **autoservisas**	10.00	10.00
11.00	11.00	11.00
12.00	12.00	12.00
13.00	13.00	13.00
14.00	14.00	14.00
15.00	15.00	15.00
16.00	16.00	16.00
17.00	17.00	17.00
18.00	18.00	18.00
19.00	19.00	19.00

Language points

Reflexive verbs

The characteristic feature of a reflexive verb is the specific ending with reflexive format **si**. Compare:

Verb	Reflexive verb
kelti, kelia, kėlė (*to raise*)	kelt**is**, kelia**si**, kėlė**si** (*to get up*)
tikėti, tiki, tikėjo (*to believe*)	tikė**tis**, tiki**si**, tikėjo**si** (*to hope*)
mokyti, moko, mokė (*to teach*)	mokyt**is**, moko**si**, mokė**si** (*to study*)

Reflexive verbs have one of the following meanings:

1. an action directed towards oneself: *rengtis, praustis, šukuotis* etc. (*to dress oneself, to wash oneself, to comb one's hair*)
2. mutual action: *kalbėtis* (*to talk to each other*)
3. a change of position: *stotis* (*to stand up*), *sėstis* (*to sit down*)
4. an action for one's own benefit: *pirktis* (*to buy for oneself*), *virtis*, (*to cook for oneself*)
5. a self-contained or spontaneous action: *baigtis* **pamoka baigiasi pirmą valandą** (*the lesson ends at one o'clock*)
6. to say an emotional state is changing: **jaudintis** (*to be excited*), **nervintis** (*to be nervous*).

Some verbs can only be used in the reflexive form: *džiaugtis* (*to be glad*), *šypsotis* (*to smile*), *juoktis* (*to laugh*), *elgtis* (*to behave*) etc.

If used with negation (*ne-*) or another prefix, the reflexive verb takes reflexive format after the prefix: *keltis – nesikelti, atsikelti* (*to get up – not to get up, to get up* meaning result), *mokytis – nesimokyti* (*to study – not to study*) etc.

Present tense of reflexive verbs

-a type
kalbėtis, <u>kalb-asi</u>, kalbėjosi (*to talk*)
praustis, <u>praus-iasi</u>, prausėsi (*to wash*)

aš (I)	**-(i)uosi**	mes (we)	**-(i)amės**
tu (you)	**-iesi**	jūs (you)	**-(i)atės**
jis (he), ji (she) →	**-(i)asi**	jie (they, masc.), jos (they, fem.) ←	

aš (I)	kalb**uosi** prausi**uosi**	mes (we)	kalb**amės** prausi**atės**
tu (you)	kalb**iesi** praus**iesi**	jūs (you)	kalb**atės** prausi**atės**
jis (he), ji (she) →	kalb**asi** prausi**asi**	jie (they, masc.), jos (they, fem.) ←	

-i type
ilsėtis, <u>ils-isi</u>, ilsėjosi

aš (I)	**-iuosi**	mes (we)	**-isi**
tu (you)	**-iesi**	jūs (you)	**-itės**
jis (he), ji (she) →	**-isi**	jie (they, masc.), jos (they, fem.) ←	

aš (I)	ils**iuosi**	mes (we)	ils**imės**
tu (you)	ils**iesi**	jūs (you)	ils**itės**
jis (he), ji (she) →	ils**isi**	jie (they, masc.), jos (they, fem.) ←	

-o type
mokytis, <u>mok-osi</u>, mokėsi

aš (I)	**-ausi**	mes (we)	**-omės**
tu (you)	**-aisi**	jūs (you)	**-otės**
jis (he), ji (she) →	**-osi**	jie (they, masc.), jos (they, fem.) ←	

aš (I)	mok**ausi**	mes (we)	mok**omės**
tu (you)	mok**aisi**	jūs (you)	mok**otės**
jis (he), ji (she) →	mok**osi**	jie (they, masc.), jos (they, fem.) ←	

We shorten the endings of the reflexive verbs present tense singular 1st, 2nd and 3rd persons and plural 3rd person: **aš džiaugiuos** (džiaugiuosi), **tu džiaugies** (džiaugiesi), **jis, ji, jie, jos džiaugias** (džiaugiasi).

Imperative mood of reflexive verbs

To form the imperative of reflexive verbs we use the infinitive of the verb and specific form of imperative **-k-**.

<u>kalbė-tis</u>, kalbasi, kalbėjosi (*to talk*)
<u>ilsė-tis</u>, ilsisi, ilsėjosi (*to rest*)
<u>moky-tis</u>, mokosi, mokėsi (*to study*)

```
aš (I)          --------           mes (we)        -k-imės
tu (you)        -k-is              jūs (you)       -k-itės
jis (he), ji (she)  →    tegu -asi
                         tegu -isi
                         tegu -osi  jie (they, masc.),
                                    jos (they, fem.)    ←
```

To make 3rd person of imperative we add **tegu** (let) to the present tense 3rd person verb:

```
aš (I)     ------                    mes (we)    mokykimės
tu (you)   mokykis                   jūs (you)   mokykitės
jis (he), ji (she)  →  tegu mokosi   jie (they, masc.),
                                     jos (they, fem.)   ←
```

How to tell the time using *kai* and *kol*

In subordinate clauses of time, we use conjunctions **kai** (*when*) and **kol** (*while*):

Kai pareinu namo, ilsiuos.	*When I come home I have a rest.*
Kol tu virei pietus, mes dirbome sode.	*While you were cooking dinner we were working in the garden.*

The subordinate clause of time can be at the beginning of the sentence or at the end. It is necessary to put a comma after the subordinate clause or before it: <u>**Kai pareinu namo,**</u> geriu arbatos = Geriu arbatos, <u>kai pareinu namo</u>.

Using *nes, kadangi, todėl* and *todėl, kad*?

nes = kadangi = todėl, kad (because); todėl (*therefore*).

Aš neateisiu šiandien, nes neturiu laiko.	*I will not come today because I am very busy.*
Aš neateisiu šiandien todėl, kad neturiu laiko.	*I will not come today because I am very busy.*
Kadangi neturiu laiko, šiandien neateisiu.	*As I am very busy, I will not come today.*
Aš neturiu laiko, todėl šiandien neateisiu.	*I am very busy, therefore I will not come today.*

Nes can be used only in the middle of the sentence.

Expressing concession

A clause of concession takes the conjunction **nors** (*although*): *Nors jis neturėjo laiko, bet padėjo man.* (*Although he didn't have time he helped me.*)

We place a comma before or after the subordinate clause.

Past active participle

We use the past active participles to describe people, things, phenomena: **pavargęs vyras** (*tired man*), **pavargusi moteris** (*tired woman*), **išsiblaškęs vyras** (*absent-minded man*), **sutrikusi mergaitė** (*confused girl*), **susirūpinę tėvai** (*worried parents*), **sugedęs automobilis** (*broken-down car*), **sugedusi skalbyklė** (*broken washing mashine*), **atšilęs oras** (*the weather that became warm*) etc. Past active participles, like adjectives, answer the same questions: *koks?, kokia?, kokie?, kokios?*.

In a sentence, past active participles and nouns are matched in gender, number and case. Past active participles take the same gender and number as the noun. The case of the past active participle and the noun depends on the case followed by the verb or preposition: **sugedusią skalbyklę vežu į taisyklą** (*I take the broken-down washing machine to be repaired*), **vakar mačiau tavo susirūpinusius tėvus** (*yesterday I saw your worried parents*), **vakar kalbėjau su tavo susirūpinusiais tėvais** (*yesterday I talked to your worried parents*).

Forming the past active participle

To form past active participles, we take the 3rd person of simple past tense verbs of **-a**, **-i** and **-o** types:

```
eiti, eina, ėj-o (to go)
turėti, turi, turėj-o (to have)
valgyti, valgo, valg-ė (to eat)
```

		Masculine		
Sing. nom.	ėj-o	ėj + **-ęs**	→	ėjęs
Pl. nom.	ėj-o	ėj + **-ę**	→	ėję
		Feminine		
Sing. nom.	ėj-o	ėj + **-usi**	→	ėjusi
Pl. nom.	ėj-o	ėj + **-usios**	→	ėjusios

It is important to note that to form singular and plural feminine past active participles, we use the endings **-iusi** and **-iusios** when the infinitive of the verb the feminine past active participle is made from ends with **-yti**: **valgyti – valgiusi, valgiusios, skaityti – skaičiusi, skaičiusios** etc.

We shorten the singular feminine nominative **ėjus** (**ėjusi**). The other case endings of past passive participle are shortened, similar to those of adjective case endings.

To make past active participles from reflexive verbs, we add reflexive format:

```
praustis, prausiasi, praus-ėsi (to wash)
ilsėtis, ilsisi, ilsėj-osi (to rest)
mokytis, mokosi, mok-ėsi (to study)
```

		Masculine		
Sing. nom.	praus-ėsi	praus + **-ęsis**	→	prausęsis
Pl. nom.	praus-ėsi	praus +**-ęsi**	→	prausęsi
		Feminine		
Sing. nom.	praus-ėsi	praus + **-usi**	→	praususis
Pl. nom.	praus-ėsi	praus + **-usios**	→	praususios

Past active participles are mainly used with prefixes of result **pa-, nu-, su-, par-, pri-** etc. to indicate that something has been achieved. The prefix of result takes the reflexive format **-si** after it when the past active participle is constructed from a reflexive verb: **nusiprausęs, nusiprausę, nusipraususi, nusipraususios.**

Declining the past active participle

We decline the past active participle like an adjective. The singular and plural masculine past active participles (**ėjęs** and **ėję**) are declined like singular and plural masculine adjectives **didelis, dideli** or **žalias, žali** (see Unit 5). What is the difference? We add **-us-** after **ėj-** before every case ending, for example:

Masculine singular	Masculine plural
ėj-ęs (nom.)	ėj-ę (nom.)
ėj + us + io → ėjusio (gen.)	ėj + us + ių → ėjusių (gen.)
ėj + us + iam → ėjusiam (dat.) etc.	ėj + us + iems → ėjusiems (dat.) etc.

Singular and plural feminine past active participles (**ėjusi** and **ėjusios**) are declined like singular and plural nouns with endings **-(i)a** and **-(i)os** (**vyšnia, vyšnios**) or feminine adjectives **žalia, žalios** (see Unit 5): **ėjusios – žalios** (sing. gen.), **ėjusiai – žaliai** (sing. dat.), **ėjusią – žalią** (sing. acc.) etc.

Use of past active participle to indicate what happened before

We use a past active participle to say what the person had done before his or her main action: **parėjęs namo jis skaitė knygą** (*having got home he read a book*). It is important to note that the main action of the person can be expressed by any tense in an indicative mood, by imperative or conditional mood: **parėjęs namo jis skaito knygą** (*having got home, he read a book*), **parėjęs namo jis skaitys knygą** (*having got home, he will read a book*), **parėjęs namo skaityk knygą** (*having got home, read a book*) etc.

We can use a subordinate clause of time with **kai** sentences in similar fashion: **parėjęs namo jis skaitė knygą = kai jis parėjo namo, skaitė knygą** (*when he came home, he read a book*).

Most offices in Lithuania start their workday at 7.30, 8.00 and 8.30 in the morning and finish at 4.30, 5.00 and 5.30 in the afternoon. We have 45 minutes to one hour to have our lunch. Many people have lunch at work (a cup of tea or coffee, a sandwich), some go to cafes or canteens. To have lunch (soup, main dish and a drink) in the centre of the biggest cities costs, on average, 20 litas (but not in the most luxurious cafes!).

Our biggest shopping centres are open from 8.00 am to midnight. Smaller ones are open from 8.00 am to 10.00 pm. In the biggest shopping centres, you can find many services (dry cleaning, bank offices, dressmaking etc.) and places to spend your leisure time (cinemas, cafes, ice rinks etc.). Shopping centres are open on Sundays too. Book stores, clothes and footwear shops etc. are usually open from 10.00 am to 7.00 pm.

Exercises

1 Make appropriate pairs

1 sveikintis
2 rūpintis
3 rengtis
4 šukuotis
5 autis
6 praustis
7 užsirašyti

A batus
B pas kirpėją
C veidą
D su draugais
E vaikais
F plaukus
G megztinį

1	2	3	4	5	6	7
D						

2 Pair the picture to its appropriate verb

1 Per atostogas katinui Rainiui patinka _____ jūroje.
   F maudytis
2 Mažiausiai pusvalandį katinas Rainis stovi priešais veidrodį ir _____. _____
3 Šiandien katinas Rainis _____ naujais marškiniais, nes eina į pasimatymą. _____
4 Katinas Rainis pirko naują žodyną. Jam patinka _____ kalbų. _____
5 Sunku katinui Rainiui _____ anksti rytą. Taip būtų gera dar pamiegoti. _____
6 Katinas Rainis mėgsta vandenį ir muilą. Jis _____ kasdien.

pasimatymas   *date*

3 Insert the appropriate word
   a Sekmadienį aš nedirbu ir nesimokau, aš **ilsiuosi**.
   b Rytą, kai pabundu, aš _____.
   c Kai yra mano gimtadienis, aš labai _____.
   d Kai noriu miegoti, aš _____.
   e Jeigu noriu daug žinoti, aš daug _____.
   f Jeigu noriu būti švarus, aš _____.
   g Jeigu noriu darbą padaryti gerai, aš _____.

   mokausi
   ilsiuosi
   stengiuosi
   guluosi
   keliuosi
   džiaugiuosi
   prausiuosi

4 Answer the questions, following the example
   a Ar jūs dabar mokotės ispanų kalbos? – Ne, **nesimokome**.
   b Ar tavo šeima keliasi anksti? – Ne, _____.
   c Ar tu vasarą maudaisi ežere? – Ne, _____.
   d Ar tu rengiesi šią striukę? – Ne, _____.
   e Ar tu perkiesi šiuos batus? – Ne, _____.
   f Ar tu kasdien verdiesi sriubą? – Ne, _____.

5 Fill in the missing forms

a	aš	maudausi	tu	**nesimaudai**
b	jūs	_____	mes	nesidžiaugiame
c	aš	sveikinuosi	tu	_____
d	Tomas	_____	aš	nesimokau
e	mes	kalbamės	jūs	_____
f	Rita	_____	tu	nesiilsi
g	jie	aunasi	jūs	_____

6 Insert simple verb or reflexive verb:

> kelti, keltis, maudyti, maudytis, mokyti, mokytis, rengti, rengtis

a Mama **keliasi** pusę septintos ir _____ mus septintą valandą.
b Mokytoja _____ mus kalbėti lietuviškai. Kristina nori kalbėti lietuviškai ir ji _____ lietuvių kalbos.
c Mama _____ savo mažą sūnų paltuku. Mes taip pat _____ šiltai, nes lauke šalta.
d Vasarą mes visada _____ jūroje. Tėvai _____ kūdikį.

7 Use the appropriate form

a Martynai, Justina, Audriau, daugiau **šypsokitės** (šypsotis) ir _____ (juoktis)!
b Gintarai, greičiau _____ (autis) batus ir einame!
c Rūta ir Regina, _____ (mokytis)!
d Vaikai, greičiau _____ (keltis)!
e Tėvai, _____ (rūpintis) vaikais!
f Onute, _____ (kirptis) šioje kirpykloje!
g Aleksandra, ši skalbykla labai gera. Drabužius _____ šioje skalbykloje.

8 Write a sentence, following the example

> kadangi, kai, kol, nes, nors, todėl, todėl, kad

1 Neturiu laiko. Negaliu šiandien eiti į teatrą. **Kadangi neturiu laiko, negaliu šiandien eiti į teatrą.**
2 Sugedo automobilis. Niekur nevažiuosime.
3 Ant švarko yra dėmė. Reikia nešti jį į valyklą.
4 Meistras taisė mano laikrodį. Aš skaičiau žurnalą.
5 Buvo blogas oras. Važiavome maudytis.

9 Make all possible pairs

atvykęs   pavalgę   grįžusi   parvažiavusios

sūnus, ...

> sesuo, sūnus, dukterys, dėdė, dėdės, mama, draugė, draugai, pusbrolis, merginos, vyrai, profesorius, šeima, Violeta, mokytojas, kaimynai, tėvas, žmogus, žmonės, moteris, studentės

10 Turn the words around to make correct sentences, following the example

a Moteris, kuri atėjo į darbą aštuntą valandą, atrakino duris.
Į darbą aštuntą valandą atėjusi moteris atrakino duris./ Moteris, į darbą atėjusi aštuntą valandą, atrakino duris.
b Berniukai, kurie visą dieną žaidė kieme, vakare grįžo namo.
_____.
c Merginos, kurios grįžo namo iš kelionės, norėjo ilsėtis.
_____.
d Žmogus, kuris dirbo banke, yra mano kaimynas.
_____.
e Žmonės, kurie dirbo su manimi, buvo labai draugiški ir mieli.
_____.

11 Insert the suitable words and forms

> kirpusią kirpėją, gyvenusios moters, gyvenusiems draugams, skambinusiai moteriai, atėjusius svečius, remontavusiam meistrui, gyvenusiu žmogumi

a Aš nepažinau tame name **gyvenusios moters**.
b _____ pasakiau, kad tu grįši po valandos.
c Dažnai rašiau laiškus Italijoje _____.
d Kalbėjau su tame name _____.
e Sumokėjau du šimtus litų automobilį _____.
f Norėčiau užsirašyti pas tave _____.
g _____ pakviečiau į vidų.

12 Write sentences, following the example

a Kai Tomas pareina namo, vakarieniauja. **Parėjęs namo Tomas vakarieniauja.**
b Kai Rasa ir Rimantė pavargsta, ilsisi. _____.
c Kai Petras grįžo iš mokyklos, žaidė futbolą. _____.
d Kai Marija grįš iš darbo, ilsėsis. _____.
e Kai Paulius pažiūrės filmą, žiūrėsi futbolo rungtynes. _____.
f Kai Regina gauna laišką, labai džiaugiasi. _____.

13 Construct all possible sentences

	A merginos gers arbatą.
	B mes pietausime.
1 Pavalgęs ____.	C Jonas skaitė laikraščius.
2 Grįžusi namo ____.	D skambinsiu tau.
3 Parėjusios iš darbo ____.	E Andrius išėjo į darbą.
	F ilsiuosi.
	G skaitysiu laikraštį.

1	2	3
C		

14 Select the appropriate form

a Man **parėjus, parėję** namo paskambino draugas.
b **Baigęs, Baigdamas** darbą eisiu pas tave.
c Broliui **grįžęs, grįžus** namo seserys labai džiaugėsi.
d **Pasisveikinusios, Pasisveikinus** su draugais merginos įėjo į kambarį.
e **Pavalgius, Pavalgę** mes kalbėjomės.
f Jiems **grįžtant, grįžęs** namo pradėjo lyti.

11 kaip jautiesi?
how are you feeling?

In this unit you will learn
- how to talk about health and illness
- how to wish someone good health
- how to say how old someone is

Kūno dalys Parts of the body

galva	*head*
veidas	*face*
nosis	*nose*
akis,-ies	*eye*
ausis, -ies	*ear*
burna	*mouth*
dantis, -ies (but masc.)	*tooth*
lūpos	*lips*
kakta	*forehead*
skruostas	*cheek*
smakras	*chin*
kaklas	*neck*
koja	*leg*
pėda	*foot*
kulnas	*heel*
ranka	*arm, hand*
delnas	*palm*
alkūnė	*elbow*
pirštas	*finger*
nagas	*nail*
plaukai	*hair*
ūsai	*moustache*
barzda	*beard*
nugara	*back*
pilvas	*stomach*
vidaus organai	*internal organs*
inkstai	*kidney*
kepenys	*liver*
plaučiai	*lungs*
širdis, -ies	*heart*
gerklė	*throat*
petys	*shoulder*
krūtinė	*chest*
sąnariai	*joints*
skrandis, -io	*stomach*
kraujas	*blood*
oda	*skin*
raumuo	*muscle*
stuburas	*spine*
smegenys	*brain*
klinika	*clinic*
sanatorija	*sanatorium*

gydytojas	medic, doctor
dantistas	dentist
vaistai	medicine, drugs
receptas	prescription
mikstūra	mixture (medical)
tabletės	tablet (medical)
kapsulės	capsule (medical)
lašai	drops
ampulė	ampoule
temperatūra/karštis	fever
gripas	flu, influenza
sloga	cold, the snuffles
angina	tonsillitis
uždegimas	inflammation
širdies priepuolis, -io	heart attack
kosulys	cough
žaizda	wound
tvarstis, -io	bandage
seselė/medicinos sesuo	nurse
slaugytojas	nurse
slaugė	nurse, tender
sanitaras	orderly, nurse
vaistininkas	pharmacist
sveikas	healthy
pacientas	patient
ligonis, -io	patient, sick
liga	illness, disease
ligotas, -a	sick
savijauta	(self) feeling
sveikata	health
skausmas	pain
jaustis, jaučiasi, jautėsi	to feel
(su)sirgti, serga, sirgo (kuo?)	to be ill

skaudėti, skauda, skaudėjo (ką?) to hurt, to ache
gulėti, guli, gulėjo to lie, to rest
gerti vaistus to take medicine
tepti, tepa tepė (ką?) to anoint
tepalas ointment, unguent, cream
(susi)laužyti, laužo, laužė (ką?) to break
pykinti, pykina, pykino to be sick, feel nauseous
skųstis, skundžiasi, skundėsi (kuo?) to complain
(pa)sveikti to recover, to get better
per/su-šalti, šąla, šalo to catch cold

kosėti, kosi, kosėjo *to cough*
čiaudėti, čiaudi, čiaudėjo *to sneeze*
nosis bėga *nose runs*
kraujas (bėga) *blood (flows, runs)*
kraujo spaudimas *blood pressure*
aukštas, -a/žemas, -a *high/low*
(pa)matuoti, matuoja, matavo (ką?) *to measure*
operacija *operation*
operuoti, operuoja, operavo (ką?) *to operate*

▶ Dialogue 1

Pas gydytoją. *At the doctor's.*

Pacientas Laba diena.
Gydytojas Laba diena. Prašom sėstis. Kuo skundžiatės?
Pacientas Labai skauda galvą, sąnarius. Kartais net pykina, vakarais turiu temperatūros.
Gydytojas Išsižiokite ir parodykite gerklę. Gerklės neskauda?
Pacientas Truputį skauda. Turbūt peršalau.
Gydytojas Pamatuosime temperatūrą. O! Trisdešimt aštuoni!
Pacientas Kaip jūs manote, kas čia man gali būti?
Gydytojas Turbūt gripas. Dabar daug kas serga gripu, tikriausiai užsikrėtėte. Išrašysiu jums receptą. Vaistus reikės gerti tris kartus per dieną. Gerkite daug arbatos, geriausiai – vaistažolių, skalaukite gerklę. Keletą dienų reikės pagulėti lovoje ir pasveiksite. Dar pasakykite, kiek jums metų.
Pacientas Jau septyniasdešimt. Esu gimęs tūkstantis devyni šimtai trisdešimt šeštais metais.

išsižioti, išsižioja, išsižiojo *to open one's mouth*
skalauti, skalauja, skalavo (ką?) *to gargle*
užsikrėsti, užsikrečia, užsikrėtė (kuo?) *to catch an illness*
išrašyti, išrašo, išrašė vaistų *to prescribe medicine*
vaistažolės *herbs*
keletas *several*

▶ Dialogue 2

A conversation on the telephone.

Greitoji pagalba	Alio!
Moteris	Čia greitoji pagalba?
Greitoji pagalba	Taip. Kas atsitiko?
Moteris	Berniukas kieme susižeidė, galbūt lūžo ranka.
Greitoji pagalba	Kiek vaikui metų?
Moteris	Penkeri.
Greitoji pagalba	Nesijaudinkite, greitoji tuojau atvažiuos. Paguldykite vaiką, tegu ramiai guli, kol atvažiuos gydytojas.

▶ Dialogue 3

Vaistinėje. *At the pharmacy.*

Vyras	Prašyčiau vaistų nuo kosulio.
Vaistininkė	Prašom mikstūros.
Vyras	Gal duotumėt kokių nors antibiotikų?
Vaistininkė	Ne, antibiotikų be recepto neparduodame. Reikės nueiti pas gydytoją.

▶ Dialogue 4

A conversation on the telephone.

Darius	Labas, seneli! Kaip gyveni? Kaip sveikata?
Senelis	Ačiū, man viskas gerai, tik močiutė vakar susirgo.
Darius	Kas jai atsitiko?
Senelis	Visą dieną jautėsi gerai, bet vakare pradėjo skaudėti nugarą.
Darius	Ar kvietėte gydytoją?
Senelis	Taip, išrašė įvairių vaistų. Ir gerti, ir tepti. Sakė, baigus gydymą, jai būtų labai gerai nuvažiuoti į sanatoriją. Masažai, vonios, speciali mankšta, baseinas būtų labai naudinga.
Darius	Gal jums abiem kartu reikėtų ten važiuoti?
Senelis	Ką tu! Kodėl? Juk aš niekada nesu sirgęs!
Darius	Bet juk būtų malonu kartu su močiute pailsėt sanatorijoj. Ar ne?
Senelis	Nežinau, nežinau.
Darius	Na gerai, pasakyk močiutei, kad linkiu jai kuo greičiau pasveikti.

linkėti, linki, linkėjo (ko?)	*to wish*
mankšta	*exercise*

Reading and listening

▶ 1 Read or listen to these anecdotes

– Aiste, vakarienei bus žuvų piršteliai. Kiek suvalgysi?
– O ar žuvys turi pirštelius?

Jonukas po devintos valandos vakaro nori valgyti.
– Jonuk, negalima po devynių valgyti, skrandį skaudės. – Prieštarauja mama.
– O iš kur mano skrandis žino kiek dabar laiko? – Klausia Jonukas.

| prieštarauti, prieštarauja, prieštaravo | to contradict, to object |

▶ 2 Listen to the text and fill in the gaps

Tradicinė sveikatos šventė „Palangos ruoniai"

Jau daug metų Palangoje vyksta „Palangos ruonių" šventės. Kiekvienais _____ vasario mėnesį lediniame Baltijos jūros vandenyje maudosi tūkstančiai žmonių. Šį renginį organizuoja Palangos _____ mokykla. Sveikuoliai atvyksta ne tik iš Lietuvos, bet ir iš kitų valstybių „ruonių" klubų.

Pirmą kartą žiemos maudynės Palangoje buvo surengtos _____ mėnesį. Daugiausia dalyvių „ruonių" maudynėse buvo _____. Tada į ledinę jūrą vienu metu šoko beveik pusantro _____ sveikuolių. Šios didžiausios žiemos maudynės šalyje buvo užfiksuotos Lietuvos rekordų knygoje.

Pagal sveikuolių filosofiją jau _____ metus gyvenantis vyriausias šventės dalyvis yra _____ ir _____ dienų sulaukęs Plungės gyventojas. Jauniausia maudynių dalyvė neseniai maudytis jūroje žiemą pradėjusi _____ metų mergaitė.

	šventė	holiday, feast, festival
	ledinis, -ė	icy, freezing
	maudynės	swimming
(į)šokti, šoka, šoko	to jump
	sveikuolis	a person consciously and actively living a healthy lifestyle
	pagal(ką?)	according

Language points

Talking about illness

The names of illnesses are not inflected in number but have <u>only a singular</u> or <u>only a plural</u> form:

Singular	Plural
angina (*tonsillitis*),	niežai (*scabies*),
džiova (*tuberculosis*),	raupai (*smallpox, variola*),
difteritas (*diphtheria*), gripas (*flu,*	tymai (*measles*)
influenza), sloga (*cold, snuffle*),	
šiltinė (*typhus*),	
vėžys (*cancer*)	

Ar jūsų sūnus sirgo <u>tymais</u>?	*Has your son been ill with measles?*
<u>Šiltinė</u> šiais laikais reta liga.	*Cabin-fever is a rare illness these days.*
Vaikas vėl serga <u>angina</u>.	*The child has tonsillitis again.*

Cardinal plural numbers

When we want to know a person's age we ask **Kiek tau/jums metų?** We use the dative case in both question and answer. When we express the age including numbers 1–9 we use special plural numbers which are only used with *countable nouns* that do not have singular (e.g., **vieneri vartai, dvejos durys, treji marškiniai**). This kind of plural number has the suffixes **-eji, -ejos** or **-eri, -erios**:

1 vieneri, vienerios or **vieni, vienos**
2 dveji, dvejos
3 treji, trejos
4 ketveri, ketverios
5 penkeri, penkerios
6 šešeri, šešerios
7 septyneri, septynerios
8 aštuoneri, aštuonerios
9 devyneri, devynerios

We use these when telling the age with the noun *metai*, which in the sense of 'year' is used only in its plural form:

Broliui dvidešimt treji metai.	*My brother is twenty three years old.*
Sesutei dveji metai.	*My sister is two years old.*

Good health!

In general, for example, as a toast when we wish good health, we say: **Geros sveikatos!** (*Good health!*) If the person is ill, however, we say instead: **Linkiu greit pasveikti!** (*I hope you get well soon!*)

Past tense of reflexive verbs

Reflexive verbs as well as normal verbs in the past tense are only inflected in two types, which can be identified by the third main form:

mokytis, mokosi, <u>mokėsi</u>
ilsėtis, ilsisi, <u>ilsėjosi</u>

aš (I)	-iausi		mes (we)	-ėmės
tu (you)	-eisi		jūs (you)	-ėtės
jis (he), ji (she)	→	-ėsi	jie (they, masc.), jos (they, fem.)	←

aš (I)	mokiausi		mes (we)	mokėmės
tu (you)	mokeisi		jūs (you)	mokėtės
jis (he), ji (she)	→	mokėsi	jie (they, masc.), jos (they, fem.)	←

aš (I)	-ausi		mes (we)	-omės
tu (you)	-aisi		jūs (you)	-otės
jis (he), ji (she)	→	-osi	jie (they, masc.), jos (they, fem.)	←

aš (I)	ilsėjausi		mes (we)	ilsėjomės
tu (you)	ilsėjaisi		jūs (you)	ilsėjotės
jis (he), ji (she)	→	ilsėjosi	jie (they, masc.), jos (they, fem.)	←

In spoken Lithuanian, we shorten the endings of the 1st and 2nd persons: **aš ilsėjaus, tu ilsėjais**.

Saying the date: what year is it?

When we say the year, we use ordinal numbers but only the last word has the form of an ordinal number. In official Lithuanian, we use the long pronominal form of it (more about this in Unit 13):

1812 **tūkstantis aštuoni šimtai dvylikti/dvyliktieji metai**

1998 tūkstantis devyni šimtai devyniasdešimt penkti/
penktieji metai
2006 du tūkstančiai šešti/šeštieji metai

In text, too, only the same last word takes the different forms of the cases:

Aš pradėjau dirbti universitete tūkstantis devyni šimtai septyniasdešimt **šeštais/šeštaisiais** metais.
I started work in the university in 1976.

Į Egiptą važiavome du tūkstančiai **penktų/penktųjų** metų žiemą.
We went to Egypt in the winter of 2005.

When we want to say a complete date we use this model:

2006-01-20 Šiandien yra du tūkstančiai **šeštų metų sausio** (genitive) **dvidešimta diena.**
Today is the 20th of January, 2006.

1979-09-16 Aš esu gimęs tūkstantis devyni šimtai septyniasdešimt **devintųjų metų rugsėjo** (genitive) šešioliktą dieną.
I was born on the 16th of September, 1979.

To keep it short we write the date like this: 2006-01-20. The abbrevation for year is **m**.

In what year did something happen?

When we want to say what happened in what year we use the instrumental case:

Išvažiavau į Suomiją tūkstantis devyni šimtai devyniasdešimt **penktais (metais).**
I left for Finland in (year) 1995.

Du tūkstančiai pirmais (metais) visa mano šeima sirgo gripu.
In 2001 all my family had flu.

The word **metais** may be omitted.

Past action with visible results in the present

In this case, compound verb forms are used which are made with the auxiliary verb **būti** and the active past participles that are matched by gender and number:

Tėvas yra gimęs Sibire. *Father was born in Siberia.*
Teta yra gimusi tūkstantis *Aunty was born in 1935.*
  devyni šimtai trisdešimt
  penktais metais.

| Mes abu esame gimę Lietuvoje. | *We were both born in Lithuania.* |
| Jos abi yra buvusios Amerikoje. | *They have both been to America.* |

i Folk medicine and herbal healing are popular in Lithuania. People, especially the older ones, gather different herbs in summer to be able to have herbal tea in the winter, which (they claim!) will ward off various illnesses.

When you go to visit someone in hospital, you would usually take something along for the patient, e.g. fruit, sweets, juice or flowers.

Lithuanians are quite shy people. Taboo subjects in Lithuania are the body and sex: these things are not usually discussed.

Exercises

1 Add more words
   galva, koja _____
   gripas, angina _____
   penkeri, devyneri _____
   širdis, inkstai _____
   esu matęs, yra buvęs _____
   prausiausi, džiaugiausi _____

2 Find the words

```
A R N M S V E I K A T A S A
V T A B L E T Ė S Ū B N E V
M I Č V A I S T A I E Š N Ū
S V K E U Ž D E G I M A S K
E S L O G A Ž M A N G I N A
G Ą I G Ė I V P Į Ų Ė Y Š P
R Ū N N Š Z R E C E P T A S
I L I G A D K R A U J A S U
P C K U L A Š A I Č Ą D Ė L
A N A M I K S T Ū R A Į Ž Ė
S Š R Į Ų N L Ū D E U Z O S
Ž Ą T B T V A R S T I S B Š
G Y D Y T O J A S Ę C S V Ą
```

3 Write in words the age of these people

mama, 62→ mamai šešiasdešimt dveji metai
tėvas, 70→ tėvui septyniasdešimt metų

mokytojas, 45 _____
dėdė, 89 _____
direktorius, 47 _____
teta, 31 _____
anūkas, 13 _____
proanūkė, 3 _____
pusbrolis, 19 _____
prezidentas, 58 _____
sūnus, 24 _____
prosenelė, 100 _____

4 Write out the sentences, following the example

a Visada rytais verduosi stiprią kavą. **Vakar taip pat viriausi.**
b Vyras visada keliasi anksti. Vakar taip pat _____.
c Brolis klausosi muzikos. Vakar jis taip pat _____.
d Aš visada jaučiuosi gerai. Vakar taip pat _____.
e Tėvas visada prausiasi šaltu vandeniu. Vakar jis taip pat _____.
f Ligonis jaučiasi gerai. Vakar jis taip pat _____.
g Ji labai daug mokosi. Vakar taip pat _____.
h Mama visada džiaugiasi dovanomis. Vakar ji taip pat _____.

5 Insert the appropriate word

a	Ar tavo sūnus **yra matęs** liūtą?	yra matęs
b	Mano senelė _____ Paryžiuje.	esi buvęs
c	Ar tu _____ Afrikoje?	yra grojęs
d	Ji _____ Suomijoje.	nesu matęs
e	Šis pianistas _____ daugelyje pasaulio šalių.	esi gulėjęs
		esame buvę
f	Mes _____ Kuršių nerijoje.	nėra sirgęs
g	Ne, aš _____ žirafos.	nėra buvęs
h	Džonai, ar tu _____ didžkukulių?	yra mačiusi
i	Ar ji _____ banginį?	yra gyvenusi
j	Ar tu _____ ligoninėje?	yra gimusi
k	Jis _____ širdies ligomis.	esi valgęs

6 Fill in the gaps with the appropriate words

> vaistai, ligoniams, gydyti, nugaros, gydytojai, ligomis, gripu, kraujo

Geriausi – **gydytojai** – naminiai gyvūnai

Nuo seno žinoma, kad gyvūnai gerai veikia žmogų. Šunys, paukščiai, žuvys gali padėti _____ ligas. Pastebėta, kad tų žmonių, kurie namie laiko naminių gyvūnų, _____ spaudimas yra mažesnis negu tų, kurie neturi šuns ar katės. Žmonės, namuose laikantys šunį ar katę, rečiau skundžiasi galvos, _____ skausmais, rečiau serga _____. Naminiai gyvuliai teigiamą poveikį daro _____, sergantiems širdies, kraujo apytakos, psichinėmis ir kitomis _____. Sakoma, kad naminiai gyvūnai – pigiausi _____.

pastebėti, pastebi, pastebėjo (ką?)	*to notice*
teigiamas, -a	*positive*
poveikis, -o	*impact*
apytaka	*circulation*
kitas, -a	*other*

▶ 7 Listen to the recording and write down the date

1 _____
2 _____
3 _____
4 _____
5 _____
6 _____

12
aš dirbu ir mokausi
I work and study

In this unit you will learn
- how to talk about your job
- how to talk about your studies

Petro Repšio fresko Vilniaus universitete
Fresco by Petras Repšys at Vilnius University

Photo by Eugenijus Stumbrys.

Išsilavinimas	Education
mokslas	*science, study*
aukštasis išsilavinimas	*higher education*
vidurinis išsilavinimas	*secondary education*
mokslo metai	*school year*
trimestras	*trimester*
semestras	*semester*
pradžia	*start*
pabaiga	*end*
stipendija	*scholarship*
pamoka	*lesson*
paskaita	*lecture*
seminaras	*seminar*
egzaminas	*examination*
egzaminas raštu	*written examination*
egzaminas žodžiu	*oral examination*
klaida	*mistake*
testas	*test*

pranešimas	*report*
pažymys	*mark*
taškas	*point*
vadovėlis, -io	*textbook*
sąsiuvinis, -io	*copybook*
uždavinys	*task*
pratimas	*exercise*
dalykas	*discipline*
kalba	*language*
gimtoji kalba	*mother tongue*
užsienio kalba	*foreign language*
lietuvių kalba	*Lithuanian language*
anglų kalba	*English language*
istorija	*history*
matematika	*mathematics*
fizika	*physics*
biologija	*biology*
geografija	*geography*
chemija	*chemistry*
auditorija	*auditorium*
klasė	*class*
lenta	*board*
Darbas	job
įmonė	*company*
darbovietė	*workplace*
darbdavys, -a	*employer*
darbuotojas, -a	*employee*
bendradarbis, -io; -ė	*colleague*
bedarbis, -io; -ė	*unemployed*
pavaduotojas, -a	*assistant*
tarnautojas, -a	*official*
valdininkas, -ė	*clerk*
viršininkas, -ė	*boss*
alga	*salary*
gyvenimo aprašymas	*CV*
patirtis, -ies	*experience*
prašymas	*request*
sutartis, -ies	*contract*
posėdis, -io	*sitting*
susirinkimas	*meeting, social*

susitikimas	*meeting*
darbo diena	*working day*
darbo laikas	*working time*
pietų pertrauka	*lunch break*
klijai	*glue*
liniuotė	*rule*
pieštukas	*pencil*
trintukas	*rubber*
tušinukas	*pen*
kompiuteris, -io	*computer*
žirklės	*scissors*
elektroninis paštas	*email*
internetas	*internet*
interneto svetainė	*home page*
eta (kilputė, rožytė)	*@*

atleisti, atleidžia, atleido *to discharge*
atlikti, atlieka, atliko *to do the task*
atsiminti, atsimena, atsiminė (ką?) *to remember*
(pa)domėtis, domisi, domėjosi (kuo?) *to be interested in*
(pa)elgtis, elgiasi, elgėsi *to behave*
išlaikyti, išlaiko, išlaikė (ką?) egzaminą *to pass an examination*
išmokti, išmoksta, išmoko *to learn*
laikyti, laiko, laikė egzaminą *to take an examination*
mokėti, moka, mokėjo (ką?) *to know how to, to be able*
(pa)naudotis, naudojasi, naudojosi (kuo?) *to use*
(pa)sakyti paraidžiui *to spell*
(pa)pasakoti, pasakoja, pasakojo (ką?) *to narrate, to tell*
pasirašyti, pasirašo, pasirašė (ką?) *to sign*
priimti, priima, priėmė (ką?) (į)darbinti, darbina, darbino (ką?) *to take on, to employ*
(į)stoti, stoja, stojo *to enter*
(iš)tarti, taria, tarė (ką?) *to pronounce*
(pa)teirautis, teiraujasi, teiravosi (ką?/ko?) *to inquire*
(pa)tingėti, tingi, tingėjo *to be lazy*
(pa)vėluoti, vėluoja, vėlavo *to be late*
užmiršti, užmiršta, užmiršo (ką?) *to forget*
žinoti, žino, žinojo (ką?) *to know*
(su)(pri)klijuoti, klijuoja, klijavo (ką?) *to glue*
(pa)matuoti, matuoja, matavo (ką?) *to measure*
naršyti, naršo, naršė *to surf the internet*
(iš, nu)trinti, trina, trynė (ką?)) *to rub*

aiškus, -i	clear
darbštus, -i	diligent
ypatingas, -a	special
lengvas, -a	easy
naudingas, -a	useful
protingas, -a	smart
reikalingas, -a	necessary
sudėtingas, -a	complicated
sunkus, -i	difficult
svarbus, -i	important
tylus, -i	silent

▶ Dialogue 1

Biure. *At the office.*

Klientas Laba diena.
Sekretorė Laba diena.
Klientas Aš esu Vidmanats Keršys iš Senamiesčio vidurinės mokyklos. Ar direktorius yra?
Sekretorė Jo dabar nėra. Prašom sėstis ir truputį palaukti. Direktorius tuoj ateis.
Klientas Laba diena.
Direktorius Laba diena. Jūs laukiate manęs?
Klientas Taip. Aš esu Vidmantas Keršys.
Direktorius Labai malonu, pone Keršy. Labai atsiprašau, kad vėluoju.
Klientas Nieko tokio.
Direktorius Prašom užeiti į kabinetą.
Klientas Ačiū.

▶ Dialogue 2

A conversation on the telephone.

Sekretorė Biblioteka.
Dominykas Katinas Laba diena.
Sekretorė Laba diena.
Dominykas Katinas Čia skambina Dominykas Katinas iš Italų kultūros centro. Norėčiau kalbėti su ponu Laimonu Ilginiu.
Sekretorė Direktorius dabar užsiėmęs. Vyksta posėdis. Prašom paskambinti vėliau, po trečios.

Dominykas Katinas	Labai atsiprašau, neišgirdau. Prašom pakartoti. Kelintą valandą galėčiau skambinti?
Sekretorė	Prašom skambinti po trečios.
Dominykas Katinas	Labai ačiū. Viso gero.
Sekretorė	Nėra už ką. Viso gero.

▶ Dialogue 3

A conversation on the telephone.

Sekretorė	Įmonė „Lietuvos keliai".
Saulius Gulbinas	Labas rytas.
Sekretorė	Labas rytas.
Saulius Gulbinas	Aš esu Saulius Gulbinas. Skambinu dėl darbo skelbimo.
Sekretorė	Labai malonu, pone Gulbinai. Direktorius norėtų su jumis pasikalbėti. Ar galėtumėte ateiti rytoj dešimtą valandą?
Saulius Gulbinas	Taip. Ar reikia kokių nors dokumentų?
Sekretorė	Atsineškite gyvenimo aprašymą ir pasą.
Saulius Gulbinas	Ačiū. Iki rytojaus.
Sekretorė	Nėra už ką. Iki rytojaus.

▶ Dialogue 4

Markas	Sveika, Egle.
Eglė	Sveikas, Markai. Kiek gavai iš lietuvių kalbos egzamino?
Markas	Žodžiu gavau dešimt, o egzamino raštu rezultatai bus rytoj. Nežinojau, kaip lietuviškai *abroad*.
Eglė	Užsienis.
Markas	Pasakyk paraidžiui.
Eglė	U trumpoji, žė, es, i trumpoji, e, en, i trumpoji ir es.
Markas	Aaa, aišku.
Eglė	Ar dar nori ko nors paklausti, Markai?
Markas	Noriu paklausti, kaip tau sekasi egzaminai, Egle?
Eglė	Aną savaitę laikiau informatikos egzaminą. Gavau dešimt.
Markas	O! Šaunuolė, Egle!
Eglė	Bėgu ruoštis kitiem egzaminam. Dar du yra šią savaitę.
Markas	Sėkmės, Egle! Iki!
Eglė	Ir tau, Markai, sėkmės! Iki!

▶ Dialogue 5

Algirdas	Ramune, kokie dalykai mokykloje tau labiausiai sekasi?
Ramunė	Man labiausiai patinka ir labiausiai sekasi kalbos.

Algirdas Tai baigusi mokyklą tu ir stosi mokytis kalbų?
Ramunė Tikriausiai. Norėčiau išmokti japonų kalbą ir studijuoti Rytų šalių kultūrą. O kokie tavo planai?
Algirdas Mano svajonė – studijos dailės akademijoje. Nuo vaikystės mėgstu piešti.

tikriausiai	*probably*
dailės akademija	*academy of art*

Reading and listening

1 Read the advertisements and indicate which jobs could be offered to whom

Ieško darbo

1

Esu gėlininkė. Stažavausi Švedijoje. Galiu prižiūrėti gėlyną arba dirbti gėlių parduotuvėje.
Tel. 8 68 22 45 61

2

Mergina, baigusi Vilniaus pedagoginį universitetą, ieško mokytojos darbo. Galėtų prižiūrėti vaikus. Turi pedagoginio darbo patirties.
Tel. 8 85 73 11

3

Gaminu labai skaniai. Kepu tortus, pyragaičius. Norėčiau darbo kavinėje arba restorane.
Tel. 8 61 21 7 27

4

25 m. ir 28 m. vyrai norėtų įsidarbinti užsienyje.
Tel. 8 68 71 02

Siūlo darbą

A

Kviečiame dirbti aukle šeimoje, kurioje yra 1,8 m. mergaitė.
Vilnius, 2778945

B

Ūkininkas kviečia skinti braškių ir juodųjų serbentų. Ukmergės rajonas,
tel. 8 61 11 37 23

C

Reikalingas žmogus, galintis prižiūrėti rožyną.
Tel. 8 68 59 10

D

Vasaros kavinei Klaipėdoje reikia padavėjų.
Skambinti 8 65 89 74 22

5
Studentai ieško darbo liepos
ir rugpjūčio mėnesiais.
Darbo ūkyje nesiūlyti.
Tel. 8 86 86 77 21.

E
Nuo spalio mėnesio reikalingi
miško darbininkai Norvegijoje.
Įdarbiname ir apgyvendiname
nemokamai.
Kaunas, tel. (8-37) 42 25 55

F
Reikalingas virėjas (-a), galintis
ruošti pokylius.
Vilnius, tel. 2 68 55 14

gaminti, gamina, gamino (ką?)	*to cook, produce*
rožynas	*rose garden*
pokylis	*feast, ball*

1	2	3	4	5
C				

▶ 2 Read or listen to the anecdote

Mokytoja:
– Jonuk, ką gali pasakyti apie gandrus?
– O, tai labai protingi paukščiai! Dar neprasidėjus mokslo metams jie išskrenda į šiltuosius kraštus.

Vilnius University. Photo by Eugenijus Stumbrys.

▶ 3 Listen to the reading and insert the missing numbers

Šiek tiek apie Vilniaus universitetą

Vilniaus universitetas yra viena seniausių ir žymiausių Rytų Europos aukštųjų mokyklų. Universitetas įkurtas **1579** metais. Astronomijos observatorija, įkurta _____ metais, yra seniausia Rytų Europoje.

Dabar Vilniaus universitete mokosi _____ studentai. Jiems dėsto _____ universiteto darbuotojų.

Vilniaus universitete yra seniausia Lietuvoje biblioteka, _____ fakultetų, _____ institutai, _____ universitetinės ligoninės, astronomijos observatorija, botanikos sodas, skaičiavimo centras ir Šv. Jonų bažnyčia.

Vilniaus universiteto rūmų ansamblį, esantį Senamiestyje, kovo – spalio mėnesiais galite aplankyti nuo 9 iki _____ valandos, lapkričio – vasario mėnesiais nuo 9 iki _____ valandos. Universiteto rūmų ansamblyje yra _____ kiemų su _____ pastatų, Šv. Jonų bažnyčia ir varpinė.

varpinė	belfry
šv. (abbreviation of) **šventų**	saint
rūmai	palace

▶ 4 Listen to the information about the language school then fill in the gaps

Kalbų mokykla „Šnekutis"

kursai	studentams ir **mokiniams**
pradžia	birželio _____ d.
šeštadieniais pamokos vyks nuo	_____ val.
registracija	nuo _____ d. iki birželio 3 d.
registracijos mokestis	_____ Lt
telefonas	_____
elektroninis paštas	_____
adresas	Mokyklos g. _____ , Panevėžys

Language points

Future tense of reflexive verbs

To form the future tense we use the infinitive:

<u>kalbė-tis</u>, kalbasi, kalbėjosi (*to talk*)
<u>tikė-tis</u>, tikisi, tikėjosi (*to expect*)
<u>moky-tis</u>, mokosi, mokėsi (*to study*)

aš (I)	**-s-iuosi**	mes (we)	**-s-imės**
tu (you)	**-s-iesi**	jūs (you)	**-s-itės**
jis (he), ji (she) →	**-s-is**	jie (they, masc.), jos (they, fem.)	←
aš (I)	moky**siuosi**	mes (we)	moky**simės**
tu (you)	moky**siesi**	jūs (you)	moky**sitės**
jis (he), ji (she) →	moky**sis**	jie (they, masc.), jos (they, fem.)	←

We shorten the endings of the reflexive verb future tense singular 1st and 2nd persons: **aš kalbėsiuos (kalbėsiuosi), tu kalbėsies (kalbėsiesi).**

Conditional mood of reflexive verbs

To form the conditional mood, we use infinitive, conditional format -t- and ending:

<u>kalbė-tis</u>, kalbasi, kalbėjosi (*to talk*)
<u>tikė-tis</u>, tikisi, tikėjosi (*to expect*)
<u>moky-tis</u>, mokosi, mokėsi (*to study*)

aš (I)	**-t/č-iausi**	mes (we)	**-t-umės/ -t-umėmės**
tu (you)	**-t-umeisi**	jūs (you)	**-t-utės/ -t-umėtės**
jis (he), ji (she) →	**-t-ųsi**	jie (they, masc.), jos (they, fem.)	←
aš (I)	moky**čiausi**	mes (we)	moky**tumės**/ mokty**tumėmės**
tu (you)	moky**tumeisi**	jūs (you)	moky**tutės**/ moky**tumėtės**
jis (he), ji (she) →	moky**tųsi**	jie (they, masc.), jos (they, fem.)	←

We shorten the endings of the conditional mood reflexive verbs 1st, 2nd and 3rd persons singular and 3rd person plural: **aš kalbėčiaus (kalbėčiausi), tu kalbėtumeis (kalbėtumeisi), jis, ji, jie, jos kalbėtųs (kalbėtųsi).**

Actions performed simultaneously by the same person

An adverbial participle is used to indicate that a secondary action is carried out at the same time as the main action *by the same person*: **Eidama iš darbo namo ji užėjo pas draugę.** (*On her way home from work she visited her friend.*) The main action of the person can be expressed by any tense of indicative mood, by imperative or conditional mood: **Eidama iš darbo namo ji dažnai užeina pas draugę.** (*On her way home from work she visits her friend often.*) **Eidama iš darbo namo ji užeis pas draugę.** (*On her way home from work she will visit her friend.*) **Eidama iš darbo namo užeik pas draugę.** (*On your way home from work, visit your friend.*)

Adverbial participle

To make an adverbial participle we use the infinitive. We drop -**ti** of -**a**, -**i** and -**o** type verbs and add endings typical of singular and plural masculine and feminine adverbial participles:

---

studijuo-ti, studijuo**ja**, studijuo**vo** (*to study*)
turė-ti, tur**i**, turėj**o** (*to have*)
moky-ti, mok**o**, mokė (*to eat*)

Masculine

| Sing. | studijuo-ti | studijuo + **-damas** | → | studijuo**damas** |
| Pl. | studijuo-ti | studijuo + **-dami** | → | studijuo**dami** |

Feminine

| Sing. | studijuo-ti | studijuo + **-dama** | → | studijuo**dama** |
| Pl. | studijuo-ti | studijuo + **-damos** | → | studijuo**damos** |

To form an adverbial participle from a reflexive verb, we add the reflexive formant:

```
kalbė-tis, kalbasi, kalbėjosi (to talk)
tikė-tis, tikisi, tikėjosi (to expect)
moky-tis, mokosi, mokėsi (to study)
```

Masculine

Sing.	moky-tis	moky + -damasis	→	mokydamasis
Pl.	moky-tis	moky + -damiesi	→	mokydamiesi

Feminine

Sing.	moky-tis	moky + -damasi	→	mokydamasi
Pl.	moky-tis	moky + -damosi	→	mokydamosi

It is common to use the prefix **be-** with an adverbial participle formed from a reflexive form of the verb: **besimokydamas = mokydamasis, besimokydami = mokydamiesi, besimokydama = mokydamasi, besimokydamos = mokydamosi.**

We match adverbial participle and noun in gender and number.

How to say that you work as a driver

We use the instrumental case: **aš dirbu vairuotoju** (*I work as a driver*). To ask the question about somebody's occupation, we start with the question word in the instrumental case **kuo**: **Aš dirbu gydytoja. Kuo jūs dirbate?** (*I work as a doctor. And you?*): **Kuo tu dirbi mokykloje?** (*What is your role at school?*).

i If we are talking about a diligent person in Lithuanian, we say that he is 'like a bee', very much as we do in English, when we refer to someone as a 'busy bee' (*darbštus kaip bitė*).

Children go to school when they are seven years old. They spend four years in the primary school. Children study for ten years to get their basic education and a further two years if they wish to obtain a secondary education. Most children attend state secondary schools. Private secondary schools are not popular in Lithuania. There are some private primary schools in the bigger cities.

It is compulsory to study two foreign languages at secondary school. The most popular foreign languages studied at school are English, German, French and Russian. There are schools where foreign language teaching starts in the first school year.

Many older people speak Russian. Increasing numbers of Lithuanians aged 40–45 have started learning foreign languages, especially English, because people need it for their job and holiday trips.

Exercises

1 Group the words, following the example

darbas　　　　mokslas
priimti į darbą　pamoka

> priimti į darbą, pamoka, paskaita, darbdavys, mokinys, lenta, gyvenimo aprašymas, pažymys, darbo valandos, egzaminas, darbo sutartis, klasė, studentas, studijuoti, alga, vadovėlis, atleisti iš darbo, stipendija

2 Make pairs

1 pieštukas　　　　A trinti
2 trintukas　　　　B matuoti
3 žirklės　　　　　C rašyti
4 liniuotė　　　　　D klijuoti
5 klijai　　　　　　E skambinti
6 telefonas　　　　F kirpti

1	2	3	4	5	6
C					

3 Write the appropriate word

a Egzaminą mes _____.

| L | A | I | K | O | M | E |

b Dokumentą mes _____.

| P | | | R | | Š | | |

c Į darbą mus _____.

| P | | I | | |

d Į universitetą mes _____.

| S | | | J | | | |

e Istorija, matematika, muzika mes _____.

| D | | M | | M | | |

4 Group the words following the example

mokysiuosi, džiaugėsi, domėjomės, elgsiesi, džiaugiausi, mokiausi, ilsėsimės, seksis, elgėsi, sveikinsitės, tikėsiesi, ilsėsiuosi, kalbėjomės, domėjosi, teirausis, tikėjotės, kalbėjaisi, elgėmės, mokeisi

vakar	rytoj
džiaugėsi	

5 Use the appropriate forms of the reflexive verbs

		dabar	vakar	rytoj
1	aš	**maudausi**	**maudžiausi**	maudysiuosi
2	jūs	keliatės	_____	_____
3	studentai	_____	_____	mokysis
4	Tomas	_____	domėjosi	_____
5	mes	_____	džiaugėmės	_____
6	aš	ilsiuosi	_____	_____

6 Pair the correct halves of the sentence

1 Tu džiaugtumeisi,
2 Tu nervintumeisi,
3 Bendradarbės ilsėtųsi,
4 Visi stengtųsi dirbti geriau,
5 Man sektųsi geriau,
6 Tu teirautumeisi telefono numerio,

A jeigu būtų pavargusios.
B jeigu išlaikytum egzaminą.
C jeigu viršininkas džiaugtųsi jų darbo rezultatais.
D jeigu jo nešinotum.
E jeigu neišlaikytum egzamino.
F jeigu jūs man padėtumėte.

1	2	3	4	5	6
B					

7 Group the words following the example

vaikinas	vaikinai	mergina	merginos
kalbėdamas			

eidama, kalbėdamas, rašydami, skaitydamos, šypsodamasi, mokydamas, džiaugdamiesi, norėdami, besimokydami, dirbdami, domėdamasis, skaičiuodamos, piešdamas, studijuodama, piešdami, eidamos

8 Write the sentences following the example

a Kai Vilius ėjo iš darbo namo, susitiko draugą.
   Eidamas iš darbo namo Vilius susitiko draugą.

b Kai brolis teiravosi informacijos, pamiršo paklausti apie biuro darbo laiką.
   _____.

c Kai Marija rašė pranešimą, padarė klaidų.
   _____.

d Kai jūs siuntėte laišką, pamiršote užklijuoti pašto ženklą.
   _____.

e Kai Paulius pasitiko svečius, kalbėjosi su jais angliškai.
   _____.

f Kai mokiniai laikė egzaminą, visiškai nesinervino.
   _____.

9 Select the appropriate form

a Irenai ~~įstojusi~~, įstojus į universitetą jos sesuo labai džiaugėsi.
b **Stojant, Stodama** į universitetą Lina truputį nervinosi.
c **Baigus, Baigęs** darbą eisiu pas draugą.
d Andriui **baigęs, baigus** kalbėti telefonu į kabinetą užėjo bendradarbis.
e **Studijuodami, Studijuojant** užsienyje Joana ir Dainius pasiilgo draugų.
f **Mokantis, Pasimokiusi** tris valandas Regina nuėjo pas draugę.

10 Fill in the spaces following the example

Aš esu ..	Aš dirbu ...
mokytojas	**mokytoju**
_____	vadybininke
direktorius	
_____	siuvėja
vairuotojas	
_____	statybininku
sekretorė	_____

11 Insert the appropriate question words

a **Ką** tu veiksi baigęs vidurinę mokyklą? – Stosiu į universitetą.
b _____ metais tu baigei universitetą? – 1989 metais.
c _____ dalykas mokykloje tau labiausiai patinka? – Geografija.
d _____ tu norėtum studijuoti? – Fiziką.
e _____ užsienio kalbų tu norėtum mokytis? – Ispanų, italų ir vokiečių.
f _____ norėtum dirbti baigęs universitetą? – Mokytoju.

12 Fill in the application form

```
                        Anketa

Vardas          _____
Pavardė         _____
Gimimo data     _____
Šeiminė padėtis _____
Išsilavinimas   _____
Užsienio kalbos _____
Ankstesnės darbovietės _____
                _____
Adresas         _____
Telefonas       _____
El. paštas      _____
Parašas         _____
```

13
sveikinu!
congratulations!

In this unit you will learn
- how to congratulate someone
- how to express good wishes
- how to say happy birthday
- how to wish someone success

Photos by Ainė Ramonaitė.

Šventės High days and holidays

šventė	holiday, feast
apeiga	ritual
šeimos šventės	family holidays, celebrations
gimimo diena/gimtadienis	birthday
krikštynos	christening
vardo diena/vardadienis/ vardinės	nameday
vestuvės	wedding
sužadėtuvės	engagement
sužadėtinis, -io	fiancé
sužadėtinė	fiancée
krikšto tėvai	godparents
krikštatėvis, -io	godfather
krikštamotė	godmother
jaunasis, -ojo	groom
jaunoji	bride
vesti, veda, vedė (ką?)	to marry, to wed
(iš)tekėti, teka, tekėjo už (ko?)	to marry (for female)
(su)tuoktis, tuokiasi, tuokėsi	to marry
laidotuvės	funeral
(pa)laidoti, laidoja, laidojo (ką?)	to bury
metinės	anniversary (of funeral)
įkurtuvės,	moving in (party)
išleistuvės	sending off (party)
pabaigtuvės	ending (party)

vakaras/vakarėlis	*party, evening*
išvakarės	*eve*

Kalendorinės, religinės ir valstybinės šventės
calendar, religious and state holidays

Kūčios	*Christmas Eve*
šv.Kalėdos	*Christmas*
šventas, -a	*holy, sacred*
Naujieji metai	*New Year*
Užgavėnės	*Shrove Tuesday, Mardi Gras*
šv.Velykos	*Easter*
Joninės	*St John's day*
Vėlinės	*All Souls' day*
Nepriklausomybės diena	*Independence Day*
paprotys	*custom*
tradicija	*tradition*
pobūvis, -io/pokylis, -io	*party, ball*
vaišės	*regale*
dovana	*present*
(gėlių) puokštė	*bouquet, bunch (of flowers)*
(pa)dovanoti, dovanoja, dovanojo (ką?)	*to present, to give*
(at)švęsti, švenčia, šventė (ką?)	*to celebrate*
(pa)sveikinti, sveikina, sveikino (ką?)	*to congratulate, to welcome*
(pa)linkėti, linki, linkėjo (ko?)	*to wish*
linkėjimai	*wishes*
laimė	*luck, fortune*
meilė	*love*

▶ Dialogue 1

Remigijus Sveikinu su gimtadieniu, Jule. Sėkmės tau visuose darbuose, laimės ir džiaugsmo!

Julė Ačiū, Remigijau. Ateik šiandien į gimtadienio vakarėlį, pakviečiau daug savo senų draugų, padainuosim, pašoksim. Bus linksma.

Remigijus Ačiū, žinoma, ateisiu.

◘ Dialogue 2

Zita Linksmų Kalėdų, gerų, laimingų Naujųjų metų!
Arūnas Ačiū. Tau taip pat. Kur būsi per šventes?
Zita Kūčioms, Kalėdoms, kaip visada, važiuojam pas tėvus į kaimą. Ten visada susirenka visa mūsų šeima, suvažiuojam visi su vaikais. Man atrodo, labai svarbu išlaikyti senas savo tradicijas. Be to, Kūčios ir Kalėdos kaime – visai kas kita negu mieste. Ten ir tekančią vakarinę žvaigždę gali pamatyti, ir tikrą miško eglės kvapą pajusti. Mano močiutė dar atsimena įvairių būrimų, vaikai visada tikisi išgirst, kaip Kūčių naktį žmonių kalba kalbasi gyvuliai. Ne tik vaikams, bet ir suaugusiems Kūčių vakaras ten yra kitoks, paslaptingesnis negu čia, mieste. Be to, smagu parvažiuot į savo gimtąjį kaimą.
Arūnas Žinoma. Gerai, kad jūs turit kaimą. O mes būsim namie, Vilniuj. Bet vis tiek visas pasirengimas Kūčioms, tas dvylikos ypatingų valgių gaminimas, viskas nuteikia labai savitai, šventiškai, paslaptingai. Man tai pačios svarbiausios metų šventės.

(pa)justi, junta, juto (ką?)	to sense, to taste
įvairus, -i	various
paslaptingas, -a	mysterious
ypatingas, -a	special
nuteikti, nuteikia, nuteikė	to impress

◘ Dialogue 3

Direktorius Su šventėm!
Bendradarbis Jus taip pat!
Direktorius Linkėjimai jūsų žmonai!

◘ Dialogue 4

Martynas Su vardadieniu, Jonai! Būk sveikas ir drūtas!
Jonas Ačiū! Ar atvažiuosi pas mus į Jonines? Kaip visada, kūrensim laužus, leisim vainikėlius, dainuosim dainas.
Martynas Ačiū už kvietimą, būtinai atvažiuosiu.

Jonas	Būtinai pasiimk su savim žmoną ir vaikus. Kaip žinai, pas mus visi atvažiuoja su savo vaikais, jiems visada Joninės pas mus labai patinka.
Martynas	Gerai, atvažiuosim visi kartu.

> **laimingas, -a**   *happy*

Reading

1 Read the text and fill in the gaps

> švęsdavo, šventė, vandens, sakydavo, Kūčių, palinki, vakarienėje, pradėdavo, paragauti, mėsiškų, staltiese, mirusiojo, Kalėdų, žuvis, būdavo, apeiga

Kūčios

Kūčios – trumpiausios dienos ir ilgiausios nakties laikas, nuo seno lietuvių švenčiama _____. Kūčioms ruošiamasi visą dieną. Valomi namai, ruošiami valgiai, gaminamas maistas ir pirmajai _____ dienai. Lietuviai laikosi tradicijos Kūčių dieną nevalgyti _____ ir pieniškų valgių. Seniau būdavo sakoma, kad Kūčių dieną galima suvalgyti tik saują virtų žirnių ir atsigerti _____. Tik maži vaikai, ligoniai ir seni senutėliai galėdavo kiek daugiau valgyti.

Kūčias visada _____ namie, šeimoje. Ir dabar Kūčių vakarienei visi šeimos nariai stengiasi susirinkti į namus. Tai ne tiek vakarienė, kiek šventa šeimos _____, suartinanti šeimos narius, stiprinanti šiltus šeimyninius ryšius. Jeigu tais metais kuris šeimos narys yra miręs arba negali _____ dalyvauti, paliekama tuščia vieta prie stalo. Ant stalo vis tiek dedama lėkštė, pristatoma kėdė. Tikima, kad _____ šeimos nario vėlė dalyvauja Kūčiose kartu su visais.

Prieš _____ vakarienę visi šeimos nariai būtinai išsimaudydavo, persirengdavo švariais drabužiais. Stalas užtiesiamas balta _____. Kūčioms nuo seno gamindavo 12 valgių. Visi valgiai yra tik pasninko valgiai: įvairiais būdais paruošta _____, silkė, kūčiukai su aguonų pienu, kisielius, džiovintų vaisių sriuba, žieminių ir džiovintų daržovių mišrainė, grybai, virtos bulvės, raugintikopūstai, duona.

Kūčias _____ valgyti užtekėjus Vakarinei žvaigždei. Vyriausias šeimos narys pasveikina visus sulaukus dar vienų Kūčių, visi vieni kitiems _____ sveikatos, laimės, sėkmės. Tikima, kad šio vakaro linkėjimai būtinai išsipildys. Kūčių vakarienė visada rami, rimta, prie stalo per daug nekalbama, nejuokaujama, negeriama alkoholinių gėrimų. Labai svarbu bent _____ kiekvieno valgio.

Senovėje Kūčių naktis laikyta stebuklinga. Po vakarienės prasidėdavo įvairūs būrimai. Žmonės įvairiais būdais spėliodavo apie ateinančius metus, sveikatą, laimę, meilę. _____ kalbama, kad per patį vidurnaktį, lygiai dvyliktą valandą, vanduo šuliniuose sekundei virsta vynu, kurio išgėręs žmogus tampa visažinis. _____, kad Kūčių naktį gyvuliai ir bitės prašneka žmonių kalba ir išpranašauja ateitį. Tik negalima jų klausytis, nes tai gali atnešti nelaimę.

vėlė	soul, ghost
spėlioti, spėlioja, spėliojo	to guess
būrimai	fortune telling
stebuklingas, -a	magic
prašnekti, prašneka, prašneko	to start talking
(iš)pranašauti, pranašauja, pranašavo (ką?)	to predict
visažinis, -ė	know-all
tik	only
leisti, leidžia leido (ką?)	to float
būtinai	certainly, necessary
pasninkas	fast
ramus, -i	quiet, calm
būdas	way
laikyti, laiko, laikė	to consider
virsti, virsta, virto (kuo?)	to convert
tapti, tampa, tapo (kuo?)	to become

Some names of holidays, rituals are formed with suffixes:

-inės *Joninės, Vėlinės, vardinės*
-ynos *krikštynos*
-tuvės *įkurtuvės, išleistuvės, laidotuvės, sužadėtuvės, pabaigtuvės*

As you can see from these examples, the names of holidays in Lithuanian often occur only in the plural form: *Kalėdos, Kūčios, Joninės, Naujieji metai.*

Language points

Congratulating an occasion

When we congratulate someone on an occasion, we say something like this, as appropriate:

Sveikinu/sveikiname ... (gen.) proga (neutral and formal)

Sveikiname (tave/jus) jubiliejaus proga.	*We congratulate you on the occasion of your jubilee/anniversary.*
Sveikinu gimimo dienos proga.	*I congratulate you on the occasion of (your) birthday.*
Sveikinu švenčių proga.	*I congratulate you on the occasion of the holidays.*

Sveikinu su ... (instr.) (neutral and informal)

Su ... (inst.) (informal)

Sveikinu su vardadieniu!	*Congratulations for your nameday!*
Su Naujaisiais metais!	*Happy New Year!*
Su šventėm!	*Happy holidays!*
Su gimimo diena!/Su gimtadieniu!	*Happy birthday!*

When we congratulate, we often express wishes with which we must use the genitive case:

Linksmų švenčių!
Linksmų šventų Kalėdų ir laimingų Naujųjų metų!
Linkiu daug laimės, džiaugsmo, sveikatos! Linkiu sėkmės!

Or simply use the imperative:

Būk laimingas!

Pronominal forms of adjectives, numbers and participles

In Unit 4 you learned about the long pronominal forms. Adjectives with **-as**, **-us**, participles and ordinal numbers can have them. Using these forms, things are distinguished and specified according to some particular feature; the thing is stressed and indicated at the same time that the object is made known and the type or species is marked. The formation of the nominative forms is not complicated:

	Masculine		Feminine	
ger-as	→	ger-**asis**	ger-a	→	ger-**oji**
graž-us	→	graž-**usis**	graž-i	→	graž-**ioji**

Adjectives with -is do not have the pronominal form, except didel-is → didysis, didelė → didžioj:

Susirinkome į didžiąją auditoriją.	We gathered into the big auditorium/classroom.
Apsirenk gerąjį paltą.	Put on the good coat.
Naujieji papročiai gerokai skiriasi nuo senųjų.	The new customs differ noticeably from the old ones.
Šalta dabar ne tik didžiajame kambaryje, bet ir dukters kambarėlyje.	It is cold now not only in the big room but also in my small daughter's room.
Paduok baltąjį puodelį.	Give me the white cup.

Often the pronominal forms of adjectives are used to indicate the feature of type/species; they occur commonly in the terminology of different sciences, eg.:

lengvoji/sunkioji pramonė	heavy/light industry
raudonieji/juodieji serbentai	red/blackcurrant
juodoji/žalioji arbata	black/green tea
kartieji/saldieji pipirai	bitter/sweet pepper
dėmėtoji šiltinė	typhus, spotted fever
baltasis gandras	white stalk
ilgieji ir trumpieji balsiai	long and short vowels
intensyvieji metodai	intensive methods
viešoji politika	public politics
kietieji kūnai	solids
pailgosios smegenys	medulla oblongata

Some proper nouns also have the pronominal form, e.g.:

Mažoji Lietuva, Didžioji Lietuva, Didžioji Britanija
Didžioji gatvė, Raudonoji jūra, Žalieji ežerai, Baltasis tiltas
Šventasis Kazimieras, Vytautas Didysis, Petras Pirmasis

The declension of pronominal forms, is unfortunately, not such a simple operation:

The declension of pronominal adjectives

Singular

	Masculine	Feminine
Nom. (kas?)	gerasis, šlapiasis, didysis, gražusis	geroji, šlapioji, didžioji, gražioji
Gen. (ko?)	gerojo, šlapiojo, didžiojo, gražiojo	gerosios, šlapiosios, didžiosios, gražiosios
Dat. (kam?)	gerajam, šlapiajam, didžiajam, gražiajam	gerajai, šlapiajai, didžiajai, gražiajai
Acc. (ką?)	gerąjį, šlapiąjį, didįjį, gražųjį	gerąją, šlapiąją, didžiąją, gražiąją
Inst. (kuo?)	geruoju, šlapiuoju, didžiuoju, gražiuoju	gerąja, šlapiąja, didžiąja, gražiąja
Loc. (kur? kame?)	gerajame, šlapiajame, didžiajame, gražiajame	gerojoje, šlapiojoje, didžiojoje, gražiojoje

Plural

	Masculine	Feminine
Nom. (kas?)	gerieji, šlapieji, didieji, gražieji	gerosios, šlapiosios, didžiosios, gražiosios
Gen. (ko?)	gerųjų, šlapiųjų, didžiųjų, gražiųjų	gerųjų, šlapiųjų, didžiųjų, gražiųjų
Dat. (kam?)	geriesiems, šlapiesiems, didiesiems, gražiesiems	gerosioms, šlapiosioms, didžiosioms, gražiosioms
Acc. (ką?)	geruosius, šlapiuosius, didžiuosius, gražiuosius	gerąsias, šlapiąsias, didžiąsias, gražiąsias
Inst. (kuo?)	geraisiais, šlapiaisiais, didžiaisiais, gražiaisiais	gerosiomis, šlapiosiomis, didžiosiomis, gražiosiomis
Loc. (kur? kame?)	geruosiuose, šlapiuosiuose, didžiuosiuose, gražiuosiuose	gerosiose, šlapiosiose, didžiosiose, gražiosiose

Not only do adjectives take pronominal forms, but also some participles and ordinal numbers:

miegamas → **miegamasis (kambarys)** *sleeping room = bedroom*

valgomas → **valgomasis šaukštas** *eating spoon = not a teaspoon*

steigiamas → **steigiamasis susirinkimas** *constituent assembly*

esamas → **esamasis laikas** *present tense*

lyginama → **lyginamoji politika** *comparative politics*

taikoma → **taikomoji kalbotyra** *applied linguistics*

dirbantis → **dirbantysis** *working person*

tikintis → **tikintysis** *religious, believing person*

pirmas → **pirmasis mokytojas** *first teacher*

dvidešimt pirmas → **dvidešimt pirmasis amžius** *the twenty-first century*

Fractions

In everyday life, when we want to say a part of something, i.e. not a full number, we usually use such words as **pusė, trečdalis, ketvirtis, penktadalis ir pan** (*half, one-third, one-quarter, one fifth* etc.) When we want to express the partial number very precisely, usually in mathematical language, we use a fraction, formed from the cardinal number and a feminine ordinal number pronominal form:

1/2 **viena antroji**
2/3 **dvi trečiosios**
3/5 **trys penktosios**
5/6 **penkios šeštosios**

Past frequentative tense

Lithuanian verbs have a special tense showing the action in the past happened many times. It is formed very simply and is the same for all types of verb: you take the infinitive, drop the **-ti** and add the suffix **-dav-** and the endings of persons in past tense:

ei-**ti** → **ei** + -**dav**- + **au** →**aš** ei-**dav**-**au** *I used to go*

aš (I)	-dav-au		mes (we)	-dav-ome
tu (you)	-dav-ai		jūs (you)	-dav-ote
jis (he), ji (she)	→	-dav-o	jie (they, masc.), jos (they, fem.)	←

aš (I)	eidavau		mes (we)	eidavome
tu (you)	eidavai		jūs (you)	eidavote
jis (he), ji (she)	→	eidavo	jie (they, masc.), jos (they, fem.)	←

Reflexive pronoun *savęs*

The reflexive pronoun **savęs** indicates the relation of 1st, 2nd or 3rd person with itself:

Jis pats savęs nepažįsta.	He doesn't know himself.
Berniukas labai nepasitiki savimi.	The boy doesn't trust himself.
Negaliu sau niekuo padėti.	I cannot help myself in any way.
Jis savęs negaili.	He is not sorry for himself.
Ar matai save veidrodyje?	Do you see yourself in a mirror?

The reflexive pronoun **savęs** does not have different gender forms and is used to indicate both masculine and feminine person.

Declension of the reflexive pronoun

Nom. (kas?)	–
Gen. (ko?)	savęs
Dat. (kam?)	sau
Acc. (ką?)	save
Inst. (kuo?)	savimi
Loc. (kur? kame?)	savyje

The pronoun **savęs** does not have a nominative case. Although it has only a singular form, it can have both singular and plural meanings:

Jis savęs nesigaili. **Jie savęs** nesigaili.	He is not sorry for himself. They are not sorry for themselves.

Possessive pronoun *savo*

In addition to the possessive pronouns you already know, there is one more pronoun in Lithuanian: a non-inflected pronoun

savo, which does not exist in English and is not something that foreigners find easy to learn. It indicates possession by the subject of the sentence:

Aš myliu savo žmoną.	I love my wife.
Jis myli savo žmoną.	He loves his wife.
Mes mylime savo kraštą.	We love our country.
Jie remontuoja savo butą.	They are renovating their flat.
Ar tu turi savo mašiną?	Do you have your (own) car?

Compare:

Pasakyk savo vardą.	Give your name.
Pasakyk mano vardą.	Give my name.
Pasakyk jo vardą.	Tell his name.
Pasakyk jos vardą.	Tell her name.

Here are the state holidays in Lithuania; a state holiday means we don't have to go to work!

Sausio 1 d.	Naujųjų metų diena *New Year's Day*
Vasario 16 d.	Lietuvos valstybės atkūrimo diena *The Day of the Restoration of the State of Lithuania*
Kovo 11 d.	Lietuvos Nepriklausomybės atkūrimo diena *The Day of the Restoration of Independent Lithuania*
Sekmadienis ir pirmadienis (pagal vakarietiškąją tradiciją) *(according to the western tradition)*	Velykos *Easter*
Pirmasis gegužės mėnesio sekmadienis *The first Sunday of May*	Motinos diena *Mother's day*
Gegužės 1 d.	Tarptautinė darbo diena *International Workers' day*
Birželio 24 d.	Joninės *St John's Day*
Liepos 6 d.	Mindaugo karūnavimo – Valstybės diena *The Day of the Coronation of Mindaugas – State Day*

Rugpjūčio 15 d.	Žolinė *Assumption*
Lapkričio 1 d.	Visų Šventųjų ir mirusiųjų minėjimo (Vėlinių) diena *All Saints' Day and All Souls' day*
Gruodžio 25 ir 26 d.	Šventos Kalėdos *Christmas*

Lithuanians still maintain ancient traditions of family and calendar feasts. At the beginning of March, the feast and fair of St Casimir, the patron saint of Lithuania, takes place in Vilnius. Also in Vilnius a traditional folk festival „Skamba skamba kankliai" takes place during the last week of May every year. Also famous are the traditional celebrations of **Užgavėnės** (Shrove Tuesday, Mardi Gras) celebrated all over Lithuania with masks; the region of Žemaitija celebrates in an especially traditional way. There are over 4,000 amateur folk groups in Lithuania, which participate in various feasts and festivals all over the country. Folk festivals are organized in big cities and in the provinces where there are many people of different ages who participate: they sing, dance, play and cherish folk music.

All Saints' and All Souls' Day are very special in Lithuania when most Lithuanians go to the cemeteries to visit their relatives, tidy the graves and decorate them with flowers and light candles on the graves. During this period roads in Lithuania are full of cars because people also go to cemeteries that are scattered across the country and into the furthest corners of Lithuania. If some people do not have tombs of close ones to visit, they go to the cemetery anyway and light candles on the graves of famous people and even unfamiliar graves. Candles are also lit on abandoned graves, ones that are not taken care of by anybody.

In Lithuania there is usually no formal invitation given or sent out to a funeral; the knowledge of it is communicated through an informal grapevine to relatives, colleagues and friends. Flowers are always brought to the funeral; it is usual for a bouquet to contain an even number of blossoms. Funeral dress is discreet colour clothes that do not attract attention. If it is the funeral of a relative, one dresses in black or at least in dark colours. To express condolences to relatives of the deceased, phrases such as **užuojauta/užjaučiu** are used.

Exercises

1 Select the appropriate form
   a Ar tu turi ~~tavo~~, **savo** knygą?
   b Šiandien jo gimtadienis. Jis visada švenčia **jo, savo** gimtadienį namie.

c Vasarą buvo Donato ir Marijos vestuvės. Jie atskrido į **jų, savo** vestuves oro balionais.
d Petro vardadienis yra birželio mėnesį, o **savo, jo** žmonos Onos – liepos mėnesį.
e Vakar buvo jų tėvų auksinės vestuvės. Jie sveikino **jų, savo** tėvus auksinių vestuvių proga.
f Aš sutikau **savo, mano** brolį, grįžusį iš Amerikos.
g Mes visi mylime **mūsų, savo** vaikus.
h Petras ir **jo, savo** sesuo gyvena kaime.
i Žiūrėjome nuotraukas, prisiminėme **savo, mūsų** vestuves.
j Mano draugai Kalėdas visada švenčia pas **jų, savo** senelius.

2 Select the appropriate words

viena, ketvirtosios, trys, septintoji, devintosios, dvi, dešimtoji, septynios, septintosios, ketvirtoji, penktoji, antroji, penktosios

3/4 **trys ketvirtosios**
1/4
2/5
1/5
3/7
1/10
7/9
1/2
1/7

3 Insert the appropriate words

a Restoranas yra **Didžiojoje** gatvėje.
b Per _____ metus buvome Kuršių nerijoje.
c Mano draugė yra _____ Britanijos pilietė.
d Lietuvoje gyvena daug _____ gandrų.
e Lietuvoje ypatinga diena yra Vėlinės – _____ pagerbimo diena.
f Aš nevalgau _____ serbentų.
g Gal žinai, kada atsirado pirmos _____ mašinos?
h Kokia yra tavo _____ kalba?
i Mes atostogavome prie _____ jūros.

baltųjų
Didžiosios
Didžiojoje
juodųjų
Naujuosius
Juodosios
gimtoji
mirusiųjų
lengvosios

4 Fill in the correct form of the pronoun **savęs**
   a Berniukas labai nepasitiki **savimi**.
   b Reikia mylėti _____.
   c Ar tu kada nors skiri laiko _____, ar tik kitiems?
   d Pasižiūrėk į _____.
   e Ji per daug reikli _____.
   f Pasitikėk _____ ir viskas bus gerai.
   g Neužmiršk ir _____.
   h Jie visada kalba tik apie _____.
   i Su kuo tu čia kalbiesi? Su _____?

reiklus, -i	*strict, demanding*
skirti, skiria, skyrė	*to devote*
pasitikėti, pasitiki, pasitikėjo	*to rely*

5 Fill in the appropriate form of the past frequentative tense
   a Lietuviai **švęsdavo** (švęsti) vardadienius.
   b Prieš Kalėdas mes kasmet _____ (susitikti) su savo draugėmis.
   c Per Jonines jie visada _____ (važiuoti) į kaimą.
   d Anksčiau aš visada prieš miegą _____ (skaityti) kokį nors romaną.
   e Kai buvau mažas, labai _____ (mėgti) savo gimtadienius.
   f Kai ilgiausia diena ir trumpiausia naktis, mes anksčiau _____ (švęsti) ir dabar švenčiame Jonines.
   g Mokiniai _____ (sveikinti) savo pirmąjį mokytoją su Kalėdom ir artėjančiais Naujaisiais Metais.
   h Ar savo tėvų namuose Kūčioms jūs visada _____ (gaminti) dvylika valgių?

… # key to the exercises

Unit 1

Reading and listening
1 1 Vilniaus, 2 Budapešto, 3 vengriškai, 4 lietuviškai.
2 Marija +,+, +, −, +, Karstenas +, +, +, +, −.

Exercises
1 *vertically*: vardas, ar, danė ko, rusė, ji, jie, iš, ne, ir, ji, jie, ir, ačiū, suomis, Švedija, mes; *horizontally*: Vokietija, aš, anglas, ponas, labas, ponia, ar, suprantu, tu, yra, jos, ne, ar, pavardė. 2 *masculine*: Viktoras, italas, Vilnius, švedas, Tomas, amerikietis, estas, Talinas, lietuvis, lenkas, baltarusis, Londonas, Paulius, vokietis; *feminine*: japonė, danė, rusė, Diana, Kroatija, anglė, Varšuva, Agnė, slovakė, Kristina, prancūzė. 3 a jūs, b aš, c jis, d ji, e tu, f mes. 4 a kalbu, b suprantate, c nesupranta, d kalbame, e yra, f esi, g esate.
5 1–C, 2–D, 3–F, 4–A, 5–B, 6–E. 6 1–E, 2–A, 3–F, 4–B, 5–C, 6–D.
7 a Koks, b Ar, c Kas, d Iš kur, e Kokia. 9 1 Laba diena, Mano vardas Lina, Ne/Taip, Ar jūs kalbate vokiškai. 2 Labas rytas, Ne, Nieko tokio.

Unit 2

Reading
1 1 Vilniuje, 2 visada/rytą, vakare, žiemą, vasarą. 3 prie prezidentūros, 4 senamiestyje.

Exercises
1 į miestą, parduotuvę, muziejų, bažnyčią, Helsinkį, Ispaniją, kavinę, paštą, Lenkiją; prie miesto, parduotuvės, muziejaus,

bažnyčios, Helsinkio, Ispanijos, kavinės, pašto, Lenkijos.
2 mieste, vaistinėje, Maskvoje, Berlyne, Briuselyje, kirpykloje, turguje, Vilniuje, stotyje, restorane, gatvėje, muziejuje, Pasvalyje, knygyne, banke. 3 Prancūzijoje, Londone, Paryžiuje, centre, Lenkijoje, viešbutyje, Kinijoje. 4 1–D, 2–F, 3–H, 4–G, 5–B, 6–I, 7–A, 8–C, 9–E.
5 būti, yra, būk, būkime, būkite; kalbėti, kalba, kalbėk, kalbėkime, kalbėkite; pasukti, pasuka, pasuk, pasukime, pasukite; važiuoti, važiuoja, važiuok, važiuokime, važiuokite. 6 1–B, 2–A, 3–B, 4–C, 5–B. 7 a Saulių b senamiestį, sankryžos, dešinę, c prezidentūros, d knygynę, gatvėje e stotį, f biblioteką, muziejaus g Paryžių, Vokietiją, h prospekte. 8 2687215, 869904526, 862212634, 845151328, 2415890.

Unit 3

Reading and listening

1 *true*: 1, 3, 5; *false*: 2, 4, 6. 2 1–D, 2–A, 3–E, 4–C, 5–B. 3 *true*: 1, 4, 5, 6; *false*: 2, 3.

Exercises

1 a senelė, b teta, c tėvai, d dėdė, e pusbrolis, f pusseserė.
2 a sėdime, b turime, c turite, d turi, e turiu, f sėdi, g sėdžiu.
3 a seserį, sesers, b brolį, brolio, c senelį, senelio, d žmoną, žmonos.
4 vienas brolis, dėdė, narys, pusbrolis, senelis, tėvas, žmogus; viena mama, senelė, šeima, teta; keturi dėdės, pusbroliai, seneliai, žmonės; keturios giminaitės, pusseserės, šeimos. 5 a tetų, b brolių, c seserų, d senelių, e pusseserių, f pusbrolių. 6 a dvi seseris, b du brolius, c keturis senelius, d devynis pusbrolius, e vieną sūnų, f penkis vaikus. 7 a draugo, b dukterų, c brolio, d studentų, e šeimos, f Viktorijos. 8 a jų, b jo, c jos, d Mūsų, e jūsų, f Jų. 9 mamos, Tėvo, sesers, Jos, universiteto, Jų, šeimos. 10 Operos ir baleto teatrą, Operos ir baleto teatro, Operos ir baleto teatre; Laisvės gatvėje, Laisvės gatvę, Laisvės gatvė; Danijos ambasadoje, Danijos ambasados, Danijos ambasadą. 11 a Jo, b Džono, c Anos, d Tėvų, e Jos, f Brolio. 12 a mėgstu, b mėgstame, c mėgsta, d mėgsti, e mėgstate. 13 a Ar, b Kur, c Koks, d Kieno, e Kiek, f Ar, g Ką.

Unit 4

Reading and listening

1 *true*: 2, 4, 5; *false*: 1, 3, 6 2 pyrago; skanaus; pyrago; 100; pusė; pusantros; 250; 150; 2; 1; cukraus.

Exercises

1 *vertically*: tortas, žuvis, mėsa, pietūs, vynas, arbata, kumpis, sūris; *horizontally*: triušiena, obuolys, kava, alus, pienas, sviestas. 2 dešra,

rytas, kiaušinis, šaltibarščiai, vakarienė, bulvė, vyšnia, varškė. **3** 1–E, 2–I, 3–H, 4–F, 5–A, 6–D, 7–B, 8–C, 9–G. **4 a** valgome **b** mėgsti **c** geriate **d** nemėgsti **e** mėgstu **f** geriame **g** nevalgau **h** valgyk **i** valgo. **5** A few examples: kava su pienu, be pieno; sriuba su grybais, be grybų; mėsa su bulvėmis, be bulvių; salotos su pomidorais, be pomidorų; ledai su vaisiais, be vaisių; pyragas su varške, be varškės; blynai su uogiene, be uogienės; makaronai su padažu, be padažo; dešrelės su daržovėmis, be daržovių. **6 b Ko** jis nemėgsta? **c Kas** valgo ledus? **d Ką** jūs valgote? **e Kiek** obuolių tu turi? **f Kieno** sūnus nevalgo žuvies? **g Ko** nemėgsta močiutė? **h Kada** jūs valgote sriubą? **7** sveikas, sveikiau, sveikiausia; skanus, skani, skaniausia; gražus, graži, gražiau. **8** 1–G, 2–D, 3–A, 4–B, 5–L, 6–E, 7–J, 8–C, 9–F, 10–H, 11–I, 12–K. **9** 48 eurai, 12 latų, 93 doleriai, 24 centai, 60 kronų, 51 litas, 80 eurų, 76 centai, 1000 litų. **10 a** arbatos, **b** Mariau, **c** Padavėjau, **d** Algiuk, **e** Tadai, vaisių, kriaušių ir apelsinų **f** Vairuotojau **g** Jurgi, varškė, varškės **h** veršienos, dešrelių, kilogramo. **11 a** valgo, **b** valgau, **c** geriame, **d** nevalgai, **e** valgome, **f** valgo, **g** valgote, **h** negeria, **i** valgo, geria.

Unit 5

Reading and listening

1 *true*: 2, 4, 7; *false*: 1, 3, *no inf.*: 5, 6 **2** Džonui – C, Sarai – A, Frėjai – D, Nikui – B.

Exercises

1 1–E, 2–A, 3–F, 4–B, 5–G, 6–D, 7–C. **2** 1–C, 2–D, 3–E, 4–G, 5–A, 6–B, 7–F. **3 a** ši spalva, **b** šias baltas basutes, **c** tie mėlyni marškinėliai, **d** šį languotą paltą, **e** šiltą vilnonį megztinį, **f** vienspalvius marškinius, **g** šiltų drabužių. **4** 1–D, 2–A, 3–G, 4–E, 5–B, 6–C, 7–F. **5 a** ši žalia striukė, **b** tą gėlėtą skarelę, **c** šiose parduotuvėse, **d** tuos dryžuotus marškinius, **e** šis kostiumas, **f** tuose skyriuose, **g** baltą spalvą. **6 a** man, **b** Pauliui, **c** jai, **d** jums, **e** mums, **f** Vyrui, sūnums, **g** Marijai, Eglei. **7 a** gražesnė, gražiausia, **b** šiltesnis, šilčiausias, **c** madingesni, madingiausi. **8 a** Kiek, **b** Kokių, **c** Kam, **d** Kokie, **e** Ar, **f** Kokio, **g** Kam. **9** 1–B, 2–C, 3–B, 4–C, 5–C, 6–A.

Unit 6

Reading and listening

1 *possible answers*: **a** naujame bute, netoli centro, Užupyje, trečiame aukšte, **b** sofa, du foteliai, mažas staliukas, didelis stalas, **c** televizoriaus, **d** spintelę, lentyną, viryklę, šaldytuvą, **e** skalbimo mašinos, **f** mažas vidinis kiemelis, **g** medis ir keletas suoliukų, **h** televizorių. **2** 1–E, 2–C, 3–D, 4–A, 5–B.

Exercises

1 *possible answers*: šampanas: taurė; tortas: lėkštutė, šaukštelis; arbata: puodelis, stiklinė; salotos: lėkštė, šakutė; vynas: taurė; uogienė: šaukštelis; degtinė: taurelė; sultys: stiklinė; medus: šaukštelis; alus: bokalas; sriuba: lėkštė, šaukštas. 2 possible answers: spinta: ***didelė, medinė, šviesi;*** butas: didelis, šviesus, brangus; šaldytuvas: baltas, didelis, naujas; svetainė: šviesi, graži, jauki; miegamasis: jaukus, mažas, gražus; lova: didelė, plati, medinė; kilimas: vienspalvis, raštuotas, vilnonis; pirtis: karšta, maža, sena; lėkštutė: maža, balta, stiklinė; virtuvė: nauja, didelė, šviesi; puodas: mažas, didelis, senas; paveikslas: gražus, brangus, ryškus. 3 brolis; trečia, diena; puodas; šaukštas; Jonas; paveikslas; sesuo; penkta, diena; stotis, stalas; arbatinis. 4 a norėčiau b norėtumėt c gyvenčiau, turėčiau d turėtum e pirktume f pirktumėt, g atvažiuotum. 5 viryklė, namas, kiemas, spintelė, kriauklė, pirmadienis. 6 a auginčiau sodą/turėčiau daug gėlių... b pirkčiau namą kaime/važiuočiau į Egiptą/... c galėtume eiti į teatrą/galėtume susitikti/važiuotume į kaimą/... d pirktum didelį namą/važiuotum aplink pasaulį/... e dažnai eitų į operą/galėtų dažnai susitikti su draugais/... f būtų patogu/dažnai ateičiau pas jus į svečius. 7 a kurioję, b kuriame, c kuris, d kuris, e kuri, f kurie, g kurį, h kurioje. 8 a sueina, b privažiuoja, c parvažiuoji, d ateikite, e suėjo, f pareik, g išvažiavo, h apeik. 9 aštuntas, dvidešimt pirmas, keturioliktas, trisdešimt trečias, šimtas septintas, devynioliktas, devyniasdešimt ketvirtas, du šimtai antras, šešiasdešimt penktas. 10 Grietinė ir sviestas yra šaldytuve. Marytė turi šaldytuvą, televizorių, lovą, spintelę. Tėvai perka naują šaldytuvą. Bute nėra telefono ir televizoriaus. Seneliai parduoda seną butą. Mes gyvename septintame aukšte. Jeigu aš turėčiau pinigų, pirkčiau nešiojamą kompiuterį. 11 langas prie durų, šulinys tarp tvoros ir garažo, lempa ant stalo, puodas ant viryklės, kilimas po lova, pagalvė ant sofos, šaldytuvas tarp spintos ir lango, šiukšlių dėžė po stalu, fotelis prieš televizorių.

Unit 7

Reading and listening

1 possible answers: 1550 Lt, 10 parų, sausio 19 d., „Atostogos", Ukmergės g. 41, Vilnius, Taip / Taip, 2 72 41 47 2 1–B, 2–A, 3–C, 4–B, 5–A. 3 a autobuso, 12 Lt, b vardas, pavardė, c pigesnė, d nuolaida, e pigiau, 55 centus. 4 7.00, 18, 7.12, 11, 7.22, 20. 5 1–C, 2–B, 3–C, 4–A.

Exercises

1 a važiuosime, b paskambinsiu, c važiuos, d susitiksite, e paskambinsi, f keliausite, g eisiu. 2 possible answers: a antra valanda, b pusė penktos, c be penkiolikos minučių dvylikta valanda,

d pirma valanda, e be dvidešimt minučių devinta valanda, f be penkių minučių ketvirta valanda, g penkios minutės po penktos valandos. 3 possible answers: a vienuoliktą valandą, b pirmą valandą, c pusę trečios, d dvidešimt minučių po šeštos valandos, e penkios minutės po septintos valandos, f be penkių minučių vienuoliktą valandą. 4 a Birželio penktą dieną, b Sausio dvidešimt antrą dieną, c Liepos penkioliktą dieną, d Rugpjūčio aštuntą dieną, e Balandžio dvidešimt šeštą dieną, f Lapkričio trisdešimtą dieną. 5 a Po, b per, c po, d nuo, iki, e per, f iki, g apie. 6 a lėktuvu, b tramvajumi, c traukiniu, d mašina, e keltu, f dviračiais. 7 a Vilniaus, Kauno, b viešbučio, oro uosto, c Rygos, Talino, d stoties, prieplaukos. 8 a toli, toliau, b labiau, labiausiai, c arti, arčiausiai, d gerai, geriau. 9 keturias dienas, keturioms dienoms; septintai valandai, keturias valandas; kovo pirmai dienai, kovo pirmą dieną. 10 a Kuo, b Kelintą, c Kiek, d Kiek, e Ar, f Kada, g Kuriam.

Unit 8

Reading and listening

1 possible answers: Spektakliai vyks gruodžio 31 dieną ir vasario 4, 6, 12, 14 dieną; Anglijos nacionalinė opera; Violetą dainuos Asmik Grigorian; Kasos šeštadienį dirba iki šeštos; Taip/Bilietus galime užsisakyti internetu www.opera.lt arba paskambinti. 2 merginas ir vaikinus, 6, 7, 18.30, 62, 2 81 95 39 3 1 Folkloro festivalis, 15 d., 2 Senamiesčio galerijoje, 16 val., 3 Nacionalinėje bibliotekoje, 22 d., 4 Senosios muzikos ansamblio koncertas, 19 val., 5 Vaikų teatre, 12 val.

Exercises

1 1–B, 2–E, 3–F, 4–G, 5–C, 6–A, 7–D. 2 a piešia, b mezga, c dainuoja, d šoka, e skaito, f slidinėja, g groja. 3 atostogavome, atostogausime, atostogausite; slidinėjai, slidinės, slidinėji; žiūrėjo, žiūrės, žiūri; skaitau; skaitei. 4 a futbolą, krepšinį, tenisą, b šachmatais, šaškėmis, c fortepijonu, gitara. 5 a mėnesį, b dviejų savaičių, c tris savaites, d du mėnesius, e savaitę, f koncertą. 6 a Vakarais, b Rytais, c Šiltomis vasaros dienomis, d Naktimis, e Savaitgaliais, f Sekmadieniais, g Laisvalaikiu. 7 a plaukioja, b plaukia, c plaukioti, d jodinėti, e josiu, f bėgioja, g bėk. 8 possible answers: 1 važiuosime, jūros, 2 važiavome, į, 3 bėgioju, parką, 4 keliavote, po, 5 eini, draugą, 6 važiuos, į. 9 a Kažkas, b Kažkodėl, c Bet kas, d kur nors, e Kažkur, f Kažkada, g kada nors. 10 a įkurtas, b pastatytas, c pastatyta, d pastatytas, e atidarytos, f nutapyti, g rekonstruota. 11 a Kokį, b Su kuo, c Kokią, d Kokia, e Kokią, f Koks. 12 1–B, 2–D, 3–C, 4–A, 5–F, 6–E. 13 possible answers: Labas, Tadai; Šiaip sau, kitą savaitę egzaminas; Puiku; Kelintą valandą ir kur susitinkame; Gerai; Iki vakaro.

Unit 9

Reading and listening

1 orai, sniegas, Plikledis, vėjo, krituliai, šalčio, šilumos, apsiniaukę, šalčio, plikledis, pasnigs, pūga, šiaurės rytų šalčio, rūkas, lijundra. 2 *true*: 4, 5, 7; *false*: 2, 3, 6.

Exercises

1 1 spintelė, lova, stalas, kėdė, kilimas, lentyna, fotelis, suolas, spinta, 2 šaukštas, lėkštė, peilis, puodelis, puodas, šakutė, šaukštelis, keptuvė, 3 varškė, mėsa, grietinė, kumpis, bandelė, dešra, pienas, duona, majonezas, grietinė, miltai, 4 paltas, suknelė, kelnės, kojinės, marškiniai, sijonas, megztinis, šalikas, pirštinės, diržas, 5 kiškis, liūtas, meška, lapė, stirna, uodas, gulbė, varna, ožka, voverė, skruzdėlė. 2 *vertically*: krūmas, pušis, rūta, katė, vėžys, arklys, vilkas, žolė, žąsis, stirna, višta; *horizontally*: beržas, rožė, ąžuolas, gyvatė, eglė, šuo, kviečiai, dramblys, žuvis, lapė, klevas, musė. 3 snigti, sninga, sningant; žaibuoti, žaibavo, žaibuojant; skaityti, skaito, skaitė; šviečia, švietė, šviečiant; sodinti, sodina, sodinant; dainuoti, dainavo, dainuojant; žaisti, žaidžia, žaidė; žiūrėti, žiūrėjo, žiūrint. 4 a) 2 nykstančių 3 krintantį 4 pučiantys 5 gyvenantys 6 auginantys 7 skaitantį 8 atostogaujančių; b) 2 sningant 3 grybaujant 4 keliaujant 5 išvažiavus. 5 gandras, vilkas, stirna, triušis, kiškis, žvirblis, lapė, tigras, varlė, ruonis. 6 tekanti, kalbanti, plojantys, krintantis, šokantis, augantys, slidinėjanti, dainuojantys, atostogaujantis, vaidinančios, žaidžiantys. 7 b Lietuvos vakaruose; c Lietuvos šiaurėje; d Lietuvos šiaurės rytuose; e Lietuvos pietuose; f Lietuvos pietryčiuose; g Lietuvos šiaurėje; h Lietuvos vakaruose.

Unit 10

Reading and listening

1 1–D, 2–G, 3–A, 4–E, 5–B, 6–C, 7–F. 3 Penktadienis: 10.00 – autoservisas, 13.00 – baseinas, 17.00 Viktoro gimtadienis, restoranas „Vakaras"; šeštadienis: 10.00 – parduotuvė, 14 00 – pietūs pas tėvus; 17.00 – oro uostas, 19.00 – kinas; sekmadienis: 16.00 – pietūs pas Agnę.

Exercises

1 1–D, 2–E, 3–G, 4–F, 5–A, 6–C, 7–B. 2 1–F maudytis, 2–B šukuojasi, 3–C rengiasi, 4–A mokytis, 5–E keltis, 6–D prausiasi. 3 a ilsiuosi, b keliuosi, c džiaugiuosi, d guluosi, e mokausi, f prausiuosi, g stengiuosi. 4 a nesimokome, b nesikelia, c nesimaudau, d nesirengiu, e nesiperku, f nesiverdu. 5 a nesimaudai, b džiaugiatės, c nesisveikini, d mokosi, e nesikalbate, f ilsisi, g nesiaunate. 6 a kelia, b moko, mokosi, c rengia, rengiamės, d maudomės, maudo. 7 a šypsokitės, juokitės, b aukis, c mokykitės, d kelkitės, e rūpinkitės,

f kirpkis, **g** skalbkis. **8** possible answers: Kadangi neturiu laiko, negaliu šiandien eiti į teatrą, **2** Niekur nevažiuosime, nes sugedo automobilis, **3** Ant švarko yra dėmė, todėl reikia jį nešti į valyklą, **4** Kol meistras taisė mano laikrodį, aš skaičiau žurnalą, **5** Nors buvo blogas oras, važiavome maudytis. **9** atvykęs sūnus, dėdė, pusbrolis, profesorius, mokytojas, tėvas, žmogus; pavalgę dėdės, draugai, vyrai, žmonės, kaimynai, grįžusi sesuo, mama, draugė, šeima, Violeta, moteris; parvažiavusios dukterys, merginos, studentės. **10** possible answers: **a** Į darbą aštuntą valandą atėjusi moteris atrakino duris, **b** Berniukai, visą dieną žaidę kieme, vakare grįžo namo, **c** Grįžusios iš kelionės merginos norėjo ilsėtis, **d** Žmogus, dirbęs banke, yra mano kaimynas, **e** Su manimi dirbę žmonės buvo labai draugiški ir mieli. **11 a** gyvenusios moters, **b** skambinusiai moteriai, **c** gyvenusiems draugams, **d** gyvenusiu žmogumi, **e** remontavusiam meistrui, **f** kirpusią kirpėją, **g** Atėjusius svečius. **12 a** Parėjęs namo Tomas vakarieniauja, **b** pavargusios Rasa ir Rimantė ilsisi, **c** Grįžęs iš mokyklos Petras žaidė futbolą, **d** Grįžusi iš darbo Marija ilsėsis, **e** Pažiūrėjęs filmą Paulius žiūrės futbolo rungtynes, **f** Gavusi laišką Regina labai džiaugiasi. **13** 1–C, D, E, F, G; 2–D, F, G; 3–A, B. **14 a** parėjus, **b** Baigęs, **c** grįžus, **d** Pasisveikinusios, **e** Pavalgę, **f** grįžtant.

Unit 11

Reading and listening

2 metais, sveikatos, 1987 metų gruodžio, 1995 metais, tūkstančio, 35, 150, šešerių.

Exercises

1 possible answers: ranka, pilvas; sloga, plaučių uždegimas; šešeri, aštuoneri; kepenys, plaučiai; esu valgęs, yra gyvenęs; juokiausi, mokiausi. **2** *vertically:* gripas, klinika, slaugė, žaizda, temperatūra, kapsulės; *horizontally:* sveikata, tabletės, vaistai, uždegimas, sloga, angina, receptas, liga, kraujas, lašai, mikstūra, tvarstis, gydytojas. **3** mokytojui keturiasdešimt penkeri metai; dėdei aštuoniasdešimt devyneri metai; direktoriui keturiasdešimt septyneri metai; tetai trisdešimt vieneri/vieni metai; anūkui trylika metų; proanūkei treji metai; pusbroliui devyniolika metų; prezidentui penkiasdešimt aštuoneri metai; sūnui dvidešimt ketveri metai; prosenelei šimtas metų. **4 b** kėlėsi anksti, **c** klausėsi muzikos, **d** jaučiuosi gerai, **e** prausėsi šaltu vandeniu, **f** jautėsi gerai, **g** daug mokėsi, **h** džiaugėsi. **5 b** yra gimusi, **c** esi buvęs, **d** yra gyvenusi, **e** yra grojęs, **f** esame buvę, **g** nesu matęs, **h** esi valgęs, **i** yra mačiusi, **j** esi gulėjęs, **k** nėra sirgęs. **6** gydyti, kraujo, nugaros, gripu, ligoniams, ligomis, vaistai. **7** **1** 1996 metais, **2** 1951 metais, **3** 1946 metų balandžio 4 diena/ 1946-04-04, **4** 1928 vasario 28 dieną/1928-02-28, **5** 1982 metų rugsėjo mėnesį, **6** 1875 metų kovo 3 dieną/1875-03-02.

Unit 12

Reading and listening

1 1–C, 2–A, 3–F, 4–E, 5–D. 3 1579, 1753, 23788, 2740, 12, 8, 3, 18, 17, 13, 13 4 mokiniams, 4, 11, gegužės 30, 50, 2685294, kalbos@mokykla.lt, 19

Exercises

1 darbas: priimti į darbą, darbdavys, gyvenimo aprašymas, darbo valandos, darbo sutartis, alga, atleisti iš darbo; mokslas: pamoka, paskaita, mokinys, lenta, pažymys, egzaminas, klasė, studentas, studijuoti, vadovėlis, stipendija. 2 1–C, 2–A, 3–F, 4–B, 5–D, 6–E.
3 a laikome, b pasirašome, c priima, d stojame, e domimės. 4 vakar džiaugėsi, domėjomės, džiaugiausi, mokiausi, elgėsi, kalbėjomės, domėjosi, tikėjotės, kalbėjaisi, elgėmės, mokeisi: rytoj mokysiuosi, elgsiesi, ilsėsimės, seksis, sveikinsitės, tikėsiesi, ilsėsiuosi, teirausis.
5 a maudausi, maudžiausi, b kėlėtės, kelsitės, c mokosi, mokėsi, d domisi, domėsis, e džiaugiamės, džiaugsimės, f ilsėjausi, ilsėsiuosi.
6 1–B, 2–E, 3–A, 4–C, 5–F, 6–D. 7 vaikinas kalbėdamas, mokydamas, domėdamasis, piešdamas; vaikinai rašydami, džiaugdamiesi, norėdami, besimokydami, dirbdami, piešdami; mergina eidama, šypsodamasi, studijuodama; merginos skaitydamos, skaičiuodamos, eidamos. 8 a Eidamas iš darbo namo Vilius susitiko draugą, b Teiraudamasis informacijos brolis pamiršo paklausti apie biuro darbo laiką, c Rašydama pranešimą Marija padarė klaidų, d Siųsdami laišką jūs pamiršote užklijuoti pašto ženklą, e Pasitikdamas svečius Paulius kalbėjosi su jais angliškai, f Laikydami egzaminą mokiniai visiškai nesinervino. 9 a įstojus, b Stodama, c Baigęs, d baigus, e Studijuodami, f Pasimokiusi. 10 Aš esu vadybininkė, siuvėja, statybininkas; Aš dirbu mokytoju, direktoriumi, vairuotoju, sekretore. 11 a Ką, b Kelintais, c Koks, d Ką, e Kokių, f Kuo.

Unit 13

Reading

1 šventė, Kalėdų, mėsiškų, vandens, švęsdavo, apeiga, vakarienėje, mirusiojo, Kūčių, staltiese, žuvis, pradėdavo, palinki, paragauti, Būdavo, Sakydavo.

Exercises

1 b savo, c savo, d jo, e savo, f savo, g savo, h jo, i savo, j savo. 2 viena ketvirtoji, dvi penktosios, viena penktoji, trys septintosios, viena dešimtoji, septynios devintosios, viena antroji, viena septintoji.
3 b Naujuosius, c Didžiosios, d baltųjų, e mirusiųjų, f juodųjų, g lengvosios, h gimtoji, i Juodosios. 4 b save, c sau, d save, e sau, f savimi, g savęs, h save, i savimi 5 b susitikdavome, c važiuodavo, d skaitydavau, e mėgdavau, f švęsdavome, g sveikindavo, h gamindavote.

Unit 1

2 Listen to the dialogue. Mark with + the languages Marija and Karstenas speak and with − the languages they do not speak

Andrius Monika, ar Marija kalba lietuviškai?
Monika Taip, Andriau, Marija gerai kalba lietuviškai, angliškai ir rusiškai.
Andrius O prancūziškai?
Monika Ne, ji prancūziškai nekalba.
Andrius Ar Marija kalba vokiškai?
Monika Truputį kalba vokiškai.
Andrius O Karstenas? Ar jis supranta vokiškai?
Monika Karstenas yra iš Vokietijos. Jis vokietis. Jis labai gerai kalba vokiškai.
Andrius Ar Karstenas kalba lietuviškai?
Monika Ne, jis nekalba lietuviškai.
Andrius O prancūziškai?
Monika Karstenas gerai kalba prancūziškai ir angliškai. Truputį kalba rusiškai.

Unit 2

8 Listen to the phone numbers and write them down

2687215   du, šeši, aštuoni, septyni, du, vienas, penki
869904526   aštuoni, šeši, devyni, devyni, nulis, keturi, penki, du, šeši

862212634	aštuoni, šeši, du, du, vienas, du, šeši, trys, keturi
845151328	aštuoni, keturi, penki, vienas, penki, vienas, trys, du, aštuoni
2415890	du, keturi, vienas, penki, aštuoni, devyni, nulis

Unit 3

3 Listen to Jonas and Milda's dialogue and indicate which statements are true and which are false

Jonas Labas, Milda.
Milda Labas, Jonai. Kaip sekasi?
Jonas Ačiū, gerai.
Milda O tau?
Jonas Puikiai. Aš jau turiu anūką!
Milda Kaip puiku, Jonai! Tavo sūnus jau turi sūnų!
Jonas Ne, ne Tomas. Tai ne Tomo sūnus!
Milda Ritos?!
Jonas Taip, mano duktė Rita turi sūnų! O Tomas dar nevedęs.
Milda Koks berniuko vardas?
Jonas Anūko vardas Andrius.
Milda Kur dabar gyvena tavo duktė?
Jonas Ji dabar gyvena Vilniuje.

Unit 4

2 Read the dialogue then listen to the phone conversation and fill in the missing information

Dėdė Jonas Alio!
Živilė Labas vakaras, dėde. Ar yra teta Jūratė? Noriu paprašyti jos pyrago recepto. Rytoj pas mus ateina svečių, noriu iškepti ką nors skanaus.
Dėdė Jonas Tuoj pakviesiu ją prie telefono.
Teta Jūratė Klausau, Živile.
Živilė Labas, teta. Noriu tavo pyrago recepto. Ar gali pasakyti?
Teta Jūratė Žinoma, vaikeli. Rašyk:
100g sviesto
pusė stiklinės cukraus

	1 kiaušinis
	pusantros stiklinės miltų
	Įdaras:
	250g varškės
	150ml grietinėlės (riebios)
	2 kiaušiniai
	nepilna stiklinė cukraus
	1 šaukštas citrinos sulčių
	1 šaukštelis vanilinio cukraus
	2 obuoliai
	1 šaukštelis cinamono.
Živilė	Aišku, ačiū. Taigi aš padarau tešlą, tada sumaišau įdaro produktus. O obuolius?
Teta Jūratė	Obuolius supjaustyk skiltelėmis ir dėk ant viršaus. Ir dar pabarstyk cinamonu.

Unit 5

2 Listen to Tomas and Rita's dialogue. What gifts is Tomas going to buy for his friends?

Rita	Sveikas, Tomai!
Tomas	Sveika, Rita!
Rita	Kada važiuoji į Londoną?
Tomas	Poryt.
Rita	Ar turi dabar laiko? Gal einam į koncertą?
Tomas	Visiškai neturiu laiko, Rita. Reikia draugams Londone nupirkti dovanų.
Rita	Ką nori pirkti?
Tomas	Džonui noriu nupirkti marškinėlius su Vilniaus universiteto simbolika. Sara labai mėgsta apyrankes.
Rita	Tada nupirk jai gintarinę apyrankę.
Tomas	Būtinai. Sara sakė, kad jai patinka gintaras. Gintarinės apyrankės ji neturi. Dar nežinau, ką pirkti Saros seseriai Frėjai.
Rita	Visoms merginoms patinka papuošalai. Jai taip pat nupirk gintarinį papuošalą.
Tomas	Saros sesuo dar maža. Ji mėgsta žaisti su lėlėmis. Jai įdomios tik lėlės ir jų drabužiai.
Rita	Nupirk jai lėlę su lietuvių tautiniais drabužiais!
Tomas	Gera mintis, Rita. Frėja mėgsta lėles su tautiniais darbužiais. O ką pirkti Nikui?

Rita	Žinau, kad Nikui labai patinka lietuviški vilnoniai megztiniai.
Tomas	Lietuvišką vilnonį rankų darbo megztinį jis jau turi. Jam reikia nupirkti šiltas vilnones raštuotas pirštines.
Rita	Žiemą Nikas nori atvažiuoti į Lietuvą. Mūsų žiemos šaltos. Pirštinės – tikrai gera dovana Nikui.
Tomas	O dabar bėgu į parduotuves. Ačiū už patarimus. Iki, Rita!
Rita	Iki, Tomai!

Unit 6

2 Read the advertisements and listen to the recording. Indicate which advertisement fits which request

1 Perku namą centre arba netoli centro.
2 Norėčiau nuomoti vieno kambario butą centre.
3 Važiuojame atostogų prie jūros. Reikia nuomotis namą arba butą.
4 Norėčiau naujo namo užmiestyje. Būtų labai gerai prie upės arba ežero.
5 Dabar gyvenu Kaune ir planuoju pirkti naują butą. Reikia didelio, nes turiu didelę šeimą, mažų vaikų.

Unit 7

4 Listen to the information about the trips. Fill in the missing information: the time of departure of the buses and the bay number

Keleivių dėmesiui
Gerbiami keleiviai, Autobusas Vilnius–Klaipėdą išvyksta septintą valandą iš trisdešimtos aikštelės.
Autobusas Vilnius–Ryga išvyksta septintą valandą septynios minutės iš aštuonioliktos aikštelės.
Autobusas Vilnius–Rokiškis išvyksta septintą valandą dvylika minučių iš trisdešimt antros aikštelės.
Autobusas Vilnius–Šiauliai išvyksta septintą valandą penkiolika minutės iš vienuoliktos aikštelės.
Autobusas Vilnius–Trakai išvyksta septintą valandą dvidešimt dvi minutės iš dvidešimt penktos aikštelės.

Autobusas Vilnius–Druskininkai išvyksta septintą valandą trisdešimt minučių iš dvidešimtos aikštelės.

5 Where might you hear the following? Choose the right answer

1 Ar kitoje stotelėje išlipsite?
2 Prašom sustoti čia.
3 Prašom parodyti bilietą.
4 Gal galite pažymėti bilietą?

Unit 8

2 Listen to the information about the new dance group. Fill in the missing information

Šokių grupė „Linksmuolis"
Šokių grupė „Linksmuolis" kviečia merginas ir vaikinus į šokių grupes. Šoksite hiphopo, džiazo, disko ir Lotynų Amerikos stilių šokius. Dalyvausite įvairiuose televizijos projektuose, koncertuose, festivaliuose.

Merginos ir vaikinai, laukiame jūsų rugsėjo šeštą ir septintą dienomis. Aštuonioliktą valandą trisdešimt minučių Muzikos mokykloje. Mūsų adresas Parko gatvė šešiasdešimt du.

Informacija telefonu du, aštuoni vienas, devyni penki, trys devyni.

3 Listen to the information about cultural events in Vilnius. Fill in the missing information

Gegužės mėnesio kultūriniai renginiai Vilniuje
Mieli vilniečiai ir sostinės svečiai, gegužės mėnesį sostinėje prasideda kasmetinis Folkloro festivalis. Festivalio atidarymas vyks Kalnų parke gegužės penkioliktą dieną aštuonioliktą valandą. Festivalyje koncertuos ne tik folkloro ansambliai iš įvairių Lietuvos miestų, bet ir svečiai iš Baltarusijos, Lenkijos, Airijos, Čekijos, Norvegijos.

Jaunųjų dailininkų darbų parodos atidarymas Senamiesčio galerijoje gegužės devynioliktą dieną šešioliktą valandą. Parodoje dalyvauja skulptoriai, tapytojai, keramikai.

Fotografijos mėgėjus į senosios fotografijos parodos atidarymą Nacionalinė biblioteka kviečia gegužės dvidešimt antrą dieną septynioliktą valandą.

Senosios muzikos ansamblio koncertas vyks Taikomosios dailės muziejuje sekmadienį, gegužės dvidešimt trečią dieną. Koncerto pradžia devynioliktą valandą.

Spektaklį „Du gaideliai" Vaikų teatras mažiesiems žiūrovams parodys gegužės dvidešimt trečią dieną, dvyliktą valandą. Bus linksma ir įdomu ne tik vaikams, bet ir jų tėveliams.

Unit 9

1 Listen to the weather forecast and fill in the missing words

Orai

Paskutinėmis metų dienomis Lietuvoje vyraus permainingi orai. Rytoj numatomas sniegas, šlapdriba ir lijundra. Penktadienio naktį be žymesnių kritulių. Plikledis. Pajūryje pietų vėjo gūsiai 15–17 metrų per sekundę. Žemiausia temperatūra 3–8 laipsniai šalčio. Antroje dienos pusėje krituliai, šlapdriba, pereinanti į lietų. Lijundra. Temperatūra nuo 4 laipsnių šalčio iki 1 laipsnio šilumos.

Šeštadienio naktį Lietuvoje numatomi apsiniaukę su šlapdriba ir lietumi orai. Kai kur sniegas, lijundra. Temperatūra pirmoje nakties pusėje nuo 1 laipsnio šilumos iki 4 laipsnių šalčio, rytą atšils iki 0–3 laipsnių šilumos. Šeštadienio dieną daugelyje rajonų nedideli krituliai, vakare plikledis. Aukščiausia temperatūra 0–4 laipsniai šilumos, vakare atšals iki 0–4 laipsnių šalčio.

Sekmadienį daug kur truputį pasnigs. Vietomis trumpa pūga, lijundra, plikledis. Vėjas šiaurės rytų, rytų, 7–12 metrų per sekundę, kai kur gūsiai 15–18 metrų per sekundę. Temperatūra naktį 0–5 laipsniai šalčio, dieną nuo 2 laipsnių šilumos iki 3 laipsnių šalčio.

Pirmadienį – daugelyje rajonų sniegas, šlapdriba. Kai kur rūkas, lijundra. Temperatūra naktį nuo 1 laipsnio šilumos iki 4 laipsnių šalčio, dieną apie 0 laipsnių.

Unit 10

3 Listen to Tomas and Agnė's dialogue. What are Tomas' plans?

Tomas Klausau.
Agnė Labas, Tomai.

Tomas	Sveika, Agnė.
Agnė	Kaip gyvenate?
Tomas	Ačiū. Puikiai. O kaip tu ir tavo šeima?
Agnė	Labai gerai. Norėtume tave su žmona pakviesti į svečius. Išvirčiau cepelinų, iškepčiau obuolių pyragą.
Tomas	Mielai.
Agnė	Gal galėtumėte ateiti penktadienį vakare?
Tomas	Palauk, pažiūrėsiu į užrašų knygelę.
Agnė	Na, kaip?
Tomas	Penktadienis nelengva diena. Dešimtą važiuoju į autoservisą. Reikia truputį paremontuoti mašiną. Pirmą valandą su vaikais važiuoju į baseiną. Rugpjūčio septintą – mano pusbrolio Viktoro gimtadienis. Penktą valandą einame į restoraną „Vakaras". Penktadienį tikrai neturėsiu laiko.
Agnė	Suprantu. O gal galėsite ateiti šeštadienį?
Tomas	Jau taip pat turime planų: rytą apie dešimtą valandą važiuojame į parduotuvę. Antrą valandą pietausime pas mano tėvus. Penktą jau turiu būti oro uoste, sūnus grįžta iš Vokietijos. Nupirkau į kiną bilietus septintai valandai. Gaila, bet šeštadienį taip pat negalėsime pas jus ateiti.
Agnė	O sekmadienį?
Tomas	Sekmadienį mielai ateisime.
Agnė	Apie ketvirtą. Gerai?
Tomas	Gerai. Labai ačiū. Būtinai ateisime.
Agnė	Iki sekmadienio! Labai džiaugiuosi, kad ateisite.
Tomas	Iki!

Unit 11

2 Listen to the text and fill in the gaps

Tradicinė sveikatos šventė „Palangos ruoniai"
Jau daug metų Palangoje vyksta „Palangos ruonių" šventės. Kiekvienais metais vasario mėnesį lediniame Baltijos jūros vandenyje maudosi tūkstančiai žmonių. Šį renginį organizuoja Palangos sveikatos mokykla. Sveikuoliai atvyksta ne tik iš Lietuvos, bet ir iš kitų valstybių „ruonių" klubų. Pirmą kartą žiemos maudynės Palangoje buvo surengtos 1987 (tūkstantis devyni šimtai aštuoniasdešimt septintų) metų gruodžio mėnesį. Daugiausia dalyvių „ruonių" maudynėse buvo 1995 (tūkstantis devyni šimtai devyniasdešimt penktais) metais. Tada į ledinę jūrą vienu metu šoko beveik pusantro tūkstančio sveikuolių. Šios didžiausios žiemos maudynės šalyje buvo užfiksuotos

Lietuvos rekordų knygoje. Pagal sveikuolių filosofiją jau 35 (trisdešimt penkerius) metus gyvenantis vyriausias šventės dalyvis yra šimto metų ir šimto penkiasdešimt dienų sulaukęs Plungės gyventojas. Jauniausia maudynių dalyvė neseniai maudytis jūroje žiemą pradėjusi šešerių metų mergaitė.

7 Listen to the recording and write down the date

1 Jis susirgo 1996 metais.
2 Pradėjau dirbti 1951 metais.
3 Tai buvo 1946 metų balandžio 4 diena.
4 Mama gimė 1928 vasario 28 dieną.
5 Namą pastatė 1982 metų rugsėjo mėnesį.
6 Senelis gimė 1875 metų kovo 3 dieną.

Unit 12

3 Listen to the text and insert the missing numbers

Šiek tiek apie Vilniaus universitetą

Vilniaus universitetas yra viena seniausių ir žymiausių Rytų Europos aukštųjų mokyklų. Universitetas įkurtas tūkstantis penki šimtai septyniasdešimt devintaisiais metais. Astronomijos observatorija, įkurta tūkstantis septyni šimtai penkiasdešimt trečiaisiais metais, yra seniausia Rytų Europoje.

Dabar Vilniaus universitete mokosi dvidešimt trys tūkstančiai septyni šimtai aštuoniasdešimt aštuoni studentai. Jiems dėsto du tūkstančiai septyni šimtai keturiasdešimt universiteto darbuotojų.

Vilniaus universitete yra seniausia Lietuvoje biblioteka, dvylika fakultetų, aštuoni institutai, trys universitetinės ligoninės, astronomijos observatorija, botanikos sodas, skaičiavimo centras ir Šv. Jonų bažnyčia.

Vilniaus universiteto rūmų ansamblį, esantį Senamiestyje, kovo – spalio mėnesiais galite aplankyti nuo devintos iki aštuonioliktos valandos, lapkričio – vasario mėnesiais nuo devintos iki septynioliktos valandos. Universiteto rūmų ansamblyje yra trylika kiemų su trylika pastatų, Šventų Jonų bažnyčia ir varpinė.

4 Listen to the information about the language school, then fill in the gaps

Kalbų mokykla „Šnekutis"

Kviečiame į italų kalbos kursus. Rengiame mėnesio kursus studentams ir mokiniams. Kursai prasideda birželio ketvirtą dieną. Pamokos vyks pirmadieniais, trečiadieniais ir penkta-dieniais nuo septynioliktos valandos. Šeštadieniais nuo vienuoliktos valandos. Bus grupių tiems mokiniams, kurie tik pradeda mokytis, ir jau kalbantiems itališkai.

Į kursus registruojame nuo gegužės trisdešimtos dienos iki birželio trečios dienos. Registracijos mokestis – penkiasdešimt litų. Registruotis ir teirautis informacijos galite telefonu du, šeši, aštuoni, penki, du, devyni, keturi darbo dienomis nuo aštuntos iki septynioliktos valandos. Elektroninio pašto adresas kalbos@mokykla.lt. Mūsų adresas Mokyklos gatvė devyniolika, Panevėžys.

appendix: stress

Stress (accent) in Lithuanian is free; it can fall on almost any syllable of the word. In the glossaries that follow, you will find the accent mark on the dictionary form of the word but when we change the form of the word, the accent very often changes as well. The rules of accent are really rather complicated, so try to imitate when you listen to the recording. On the recording you will hear the first nominal word of each group read out in full to give you an idea of the accentuation.

In Lithuanian, both long and short syllables can be accented. The accentuation of long syllables is not the same, i.e. the beginning of the syllable (indicated with an acute accent sign) or the end (indicated with a tilde) may be more stressed. Short accented syllables are always accentuated in the same way (indicated with a grave sign).

You will find the type of accentuation of nominal words (1, 2, 3 or 4) indicated in the glossary. The tables that follow show how the stress changes across the four types of nominal words.

If the word belongs to the third type of accentuation and the accented syllable is at the beginning of the word, it is marked 3^a in the glossaries. If the end of the syllable is more stressed or if the syllable is short, it is marked 3^b in the glossaries. The tables also contain the 3^a and 3^b nominal word models of accentuation.

A small number of nominal words of the third accentuation type draw the accent from the end of the fourth syllable. Such words are marked 3^{4a} and 3^{4b} in the appendix. These types of accentuation are quite rare and, because of this rarity, we have included no noun of the 3^{4a} type in the glossaries.

Type 1

Singular

Nom.	brólis	pavãsaris	geriáusias	vienúolikta	kitóks	klaũsomas
Gen.	brólio	pavãsario	geriáusio	vienúoliktos	kitókio	klaũsomo
Dat.	bróliui	pavãsariui	geriáusiam	vienúoliktai	kitókiam	klaũsomam
Acc.	brólį	pavãsarį	geriáusią	vienúoliktą	kitókį	klaũsomą
Inst.	bróliu	pavãsariu	geriáusiu	vienúolikta	kitókiu	klaũsomu
Loc.	brólyje	pavãsaryje	geriáusiame	vienúoliktoje	kitókiame	klaũsomame
Voc.	bróli	pavãsari	geriáusias	vienúolikta	kitóks	klaũsomas

Plural

Nom.	bróliai	pavãsariai	geriáusi	vienúoliktos	kitókie	klaũsomi
Gen.	brólių	pavãsarių	geriáusių	vienúoliktų	kitókių	klaũsomų
Dat.	bróliams	pavãsariams	geriáusiems	vienúoliktoms	kitókiems	klaũsomiems
Acc.	brólius	pavãsarius	geriáusius	vienúoliktas	kitókius	klaũsomus
Inst.	bróliais	pavãsariais	geriáusiais	vienúoliktomis	kitókiais	klaũsomais
Loc.	bróliuose	pavãsariuose	geriáusiuose	vienúoliktose	kitókiuose	klaũsomuose
Voc.	bróliai	pavãsariai	geriáusi	vienúoliktos	kitókie	klaũsomi

Type 2

Singular

Nom.	rãštas	rankà	vaikìnas	auksìnis	auksìnė	niẽkas
Gen.	rãšto	rañkos	vaikìno	auksìnio	auksìnės	niẽko
Dat.	rãštui	rañkai	vaikìnui	auksìniam	auksìnei	niẽkam
Acc.	rãštą	rañką	vaikìną	auksìnį	auksìnę	niẽką
Inst.	rãštu	rankà	vaikìnu	auksìniu	auksìne	niekù
Loc.	rãšte	rañkoje	vaikìnė	auksìniame	auksìnėje	niẽkė
Voc.	rãšte	rañka	vaikìne	auksìni	auksine	niẽke

Plural

Nom.	rãštai	rañkos	vaikìnai	auksìniai	auksìnės	
Gen.	rãštų	rañkų	vaikìnų	auksìnių	auksìnių	
Dat.	rãštams	rañkoms	vaikìnams	auksìniams	auksìnėms	
Acc.	rãštus	rankàs	vaikinùs	auksinìus	auksìnes	
Inst.	rãštais	rañkomis	vaikìnais	auksìniais	auksìnėmis	
Loc.	rãštuose	rañkose	vaikìnuose	auksìniuose	auksìnėse	
Voc.	rãštai	rañkos	vaikìnai	auksìniai	auksìnės	

Type 3

Singular

Nom.	láiškas	galvà	traukinỹs	šáltas	šaltà	kóks	kokià
Gen.	láiško	galvõs	tráukinio	šálto	šaltõs	kókio	kokiõs
Dat.	láiškui	gálvai	tráukiniui	šaltám	šáltai	kokiám	kókiai
Acc.	láišką	gálvą	tráukinį	šáltą	šáltą	kókį	kókią
Inst.	láišku	gálva	tráukiniu	šáltu	šálta	kókiu	kókia
Loc.	laiškè	galvojè	traukinyjè	šaltamè	šaltojè	kokiamè	kokiojè
Voc.	láiške	gálva	traukinỹ	šáltas	šálta	—	—

Plural

Nom.	laiškái	gálvos	traukiniái	šaltì	šáltos	kokiẽ	kókios
Gen.	laiškų̃	galvų̃	traukinių̃	šaltų̃	šaltų̃	kokių̃	kokių̃
Dat.	laiškáms	galvóms	traukiniáms	šaltíems	šaltóms	kokíems	kokióms
Acc.	láiškus	gálvas	tráukinius	šáltus	šáltas	kókius	kókias
Inst.	laiškaĩs	galvomìs	traukiniaĩs	šaltaĩs	šaltomìs	kokiaĩs	kokiomìs
Loc.	laiškuosè	galvosè	traukiniuosè	šaltuosè	šaltosè	kokiuosè	kokiosè
Voc.	laiškái	gálvos	traukiniaĩ	šaltì	šáltos	—	—

Type 3ᵃ

Singular

Nom.	áugalas	mokinỹs	álkanas	alkanà
Gen.	áugalo	mókinio	álkano	alkanõs
Dat.	áugalui	mókiniui	alkanám	álkanai
Acc.	áugalą	mókinį	álkaną	álkaną
Inst.	áugalu	mókiniu	álkanu	álkana
Loc.	augalė̃	mokinyjè	alkanamè	alkanojè
Voc.	áugale	mokinỹ	álkanas	alkanà

Plural

Nom.	augalaĩ	mokiniaĩ	álkani	alkanì
Gen.	augalų̃	mokinių̃	álkanų	alkanų̃
Dat.	augaláms	mokiniáms	alkaníems	alkaníoms
Acc.	mókinius	mókinius	álkanus	álkanas
Inst.	augalaĩs	mokiniaĩs	álkanais	alkanomìs
Loc.	augaluosè	mokiniuosè	alkanuosè	alkanosè
Voc.	augalaĩ	mokiniaĩ	álkani	álkanos

Type 3⁴ᵃ

Singular

Nom.	kalnakasỹs
Gen.	kálnakasio
Dat.	kálnakasiui
Acc.	kálnakasį
Inst.	kálnakasiu
Loc.	kalnakasyjè
Voc.	kalnakasỹ

	kalnakasẽ
	kálnakasės
	kálnakasei
	kálnakasę
	kálnakase
	kalnakasėjè
	kálnakase

Plural

Nom.	kalnakasiaĩ
Gen.	kalnakasių̃
Dat.	kalnakasiáms
Acc.	kálnakasius
Inst.	kalnakasiaĩs
Loc.	kalnakasiuosè
Voc.	kalnakasiaĩ

	kálnakasės
	kalnakasių̃
	kalnakasėms
	kálnakases
	kalnakasėmìs
	kalnakasėsè
	kálnakasės

Type 3ᵇ

Singular

Nom.	kãtinas	kambarỹs	pamokà	svẽtimas	svetimà	dìdelis	didelė̃
Gen.	kãtino	kam̃bario	pamokõs	svẽtimo	svetimõs	dìdelio	didelė̃s
Dat.	kãtinui	kam̃bariui	pãmokai	svetìmam	svẽtimai	dideliam	dìdelei
Acc.	kãtiną	kam̃barį	pãmoką	svẽtimą	svẽtimą	dìdelį	dìdelę
Inst.	kãtinu	kam̃bariu	pãmoka	svẽtimu	svẽtima	dìdeliu	dìdele
Loc.	katinè	kambaryjè	pamokojè	svetimamè	svetimojè	dideliamè	didelėjè
Voc.	kãtine	kambarỹ	pãmoka	svẽtimas	svẽtima	dìdelis	dìdele

Plural

Nom.	katinaĩ	kambariaĩ	pãmokos	svetimì	svẽtimos	dìdeli	dìdelės
Gen.	katinų̃	kambarių̃	pamokų̃	svetimų̃	svetimų̃	dìdelių	dìdelių
Dat.	katinámms	kambariáms	pamokóms	svetimíems	svetimóms	dìdeliems	didelė́ms
Acc.	kãtinus	kam̃barius	pãmokas	svẽtimus	svẽtimas	dìdelius	dìdeles
Inst.	katinaĩs	kambariaĩs	pamokomìs	svetimaĩs	svetimomìs	dìdeliais	didelėmìs
Loc.	katinuosè	kambariuosè	pamokosè	svetimuosè	svetimosè	dìdeliuosè	didelėsè
Voc.	katiniaĩ	kambariaĩ	pãmokos	svetimì	svẽtimos	dìdeli	dìdelės

Type 3[4b]

Singular

Nom.	uždavinỹs	pãtiekalas	ìštikimas
Gen.	uždavinio	pãtiekalo	ištikimo
Dat.	uždaviniui	pãtiekalui	ištikimám
Acc.	uždavinį	pãtiekalą	ìštikimą
Inst.	uždaviniu	pãtiekalu	ìštikimu
Loc.	uždavinyjè	patiekalè	ištikimamè
Voc.	uždavinỹ	pãtiekale	ìštikimas

Plural

Nom.	uždaviniaĩ	patiekalaĩ	ištikimì
Gen.	uždavinių̃	patiekalų̃	ištikimų̃
Dat.	uždaviniáms	patiekaláms	ištikimíems
Acc.	ùždavinius	pãtiekalus	ištikimùs
Inst.	uždaviniaĩs	patiekalaĩs	ištikimaĩs
Loc.	uždaviniuosè	patiekaluosè	ištikimuõse
Voc.	uždaviniaĩ	patiekalaĩ	ištikimì

Singular (feminine)

Nom.	ištikimà
Gen.	ištikomõs
Dat.	ištikimai
Acc.	ìštikimą
Inst.	ìštikima
Loc.	ištikimojè
Voc.	ìštikima

Plural (feminine)

Nom.	ìštikimos
Gen.	ištikimų̃
Dat.	ištikimóms
Acc.	ìštikimas
Inst.	ištikimomìs
Loc.	ištikimosè
Voc.	ìštikimos

Type 4

Singular

Nom.	nãmas	dainà	gražùs	gražì	vìsas	visà
Gen.	nãmo	dainõs	gražaũs	gražiõs	vìso	visõs
Dat.	nãmui	dáinai	gražiám	grãžiai	vìsám	vìsai
Acc.	nãmą	daĩną	grãžų	grãžią	vìsą	vìsą
Inst.	namù	dainà	gražiù	gražià	visù	visà
Loc.	namè	dainojè	gražiamè	gražiojè	visamè	visojè
Voc.	nãme	dáina	gražùs	gražì	—	—

Plural

Nom.	namaĩ	dãinos	grãžūs	grãžios	vìsi	vìsos
Gen.	namų̃	dainų̃	gražių̃	gražių̃	visų̃	visų̃
Dat.	namáms	dainóms	gražíems	gražióms	vìsíems	visóms
Acc.	namùs	dainàs	gražiùs	gražiàs	visùs	visàs
Inst.	namaĩs	dainomìs	gražiaĩs	gražiomìs	visaĩs	visomìs
Loc.	namuosè	dainosè	gražiuosè	gražiosè	visuosè	visosè
Voc.	namaĩ	dãinos	grãžūs	grãžios	—	—

Lithuanian–English vocabulary

The words in this glossary are listed in Lithuanian alphabetical order, as follows: a, ą, b, c, č, d, e, ę, ė, f, g, h, i, į, y, j, k, l, m, n, o, p, r, s, š, t, u, ų, ū, v, z, ž
See p.250 for an explanation of the stress marks and groups.

abiém *for both*
ãčiū *thank you*
administrãtorius, -ė (1) *administrator*
advokãtas, -ė (2) *lawyer*
aguřkas (2) *cucumber*
aikštẽ (3) *square*
aikštẽlė (2) *platform*
Aĩrija (1) *Ireland*
aĩris, -io; -ė (2) *Irishman, Irishwoman*
áiškus, -i (3) *clear*
akiniaĩ (3ᵇ) *glasses*
akìs,-iẽs (4) *eye*
ãktorius, -ė (1) *actor, actress*
algà (4) *salary*
aliéjus (2) *oil*
alkohòliniai gérimai (1)(1) *alcoholic drinks*
alkohòlis, -io (2) *alcohol*
alkū́nė (1) *elbow*
alùs (4) *beer*
ambasadà (2) *embassy*
Amèrika (1) *America, United States of America*
amerikiẽtis, -io; -ė (2) *American*
ámpulė (1) *ampoule*
Ámsterdamas (1) *Amsterdam*
anginà (2) *angina*
ánglas, -ė (1) *Englishman, Englishwoman*
Ánglija (1) *Great Britain, England*
ánglų kalbà (1)(4) *English language*
Ankarà (4) *Ankara*
anksti *early*
antiéna (1) *duck (meat)*
ántis, -ies (1) *duck*
añtklodė (1) *blanket*
antrãdienis,-io (1) *Tuesday*
anū̃kas (2) *grandson*
anū̃kė (2) *granddaughter*
apeigà (3ᵇ) *ritual*
apelsinas (2) *orange*
apýkaklė (1) *collar*
apýrankė (1) *bracelet*
apýtaka (1) *circulation*
apsãkymas (1) *story*

apsilankýti, apsilañko, apsilañkė *visit*
apsiniáukęs, -usi (1) *overcast*
aptarnáuti, aptarnáuja, aptarnãvo (*ką?*) *serve*
arbà *or*
arbatà (2) *tea*
arbãtpinigiai (1) *tip*
arklỹs (3) *horse*
artì *close*
asmuõ (3ᵇ) *person*
Aténai (1) *Athens*
atléisti, atléidžia, atléido (*ką?*) *discharge*
atlìkti, atliẽka, atlìko (*ką?*) *do the task*
atostogáuti, atostogáuja, atostogãvo *holiday (be on holiday)*
atóstogos (1) *holiday*
atródyti, atródo, atródė *look, seem*
atsiim̃ti, atsìima, atsiẽmė (*ką?*) *take*
atsimiñti, atsìmena, atsìminė (*ką?*) *remember*
atsiprašaũ *sorry*
ãtskiras, -à (3ᵇ) *separate*
atvirùkas (2) *postcard*
atvykìmas (2) *arrival*
auditòrija (1) *auditorium*
audrà (4) *storm*
áugalas (3ª) *plant*
augìnti, augìna, augìno (*ką?*) *grow something*
áuksas (3) *gold*
auksìnis, -ė (2) *golden*
aukštaĩ *high*
aũkštas (2) *floor, storey*
áukštas, -à (3) *high*
aukštàsis išsilãvinimas (1) *higher education*
aukštumà (3ª) *heights, elevation*

ausìs, -iẽs (4) *ear*
aũskaras (3ᵇ) *earring*
áustras, -ė (1) *Austrian*
Áustrija (1) *Austria*
aũti, aũna, ãvė (*ką?/kuo?*) *put on shoes*
aũtis, aũnasi, ãvėsi (*ką?/kuo?*) *put on your own shoes*
autobùsas (2) *bus*
autobùsų stotẽlė (2)(2) *bus stop*
autobùsų stotìs, -iẽs (2)(4) *bus station*
automobìlio dokumeñtai (2)(2) *vehicle registration*
automobìlis, -io (2) *car*
autosèrvisas (1) *garage*
ãvalynė (1) *footwear*
avė́ti, ãvi avė́jo (*ką?/kuo?*) *wear (shoes)*
aviena (1) *mutton, lamb*
aviẽtė (2) *raspberry*
avìs, -iẽs (4) *sheep*
ãvižos (3ᵇ) *oat (cereal)*
ą́žuolas (3ª) *oak (tree)*

bagãžas (2) *luggage*
bagãžo sáugojimo kãmera (2)(1)(1) *luggage office*
baidãrė (2) *canoe*
baĩgtis, baĩgiasi, baĩgėsi *end*
baisiai *terribly*
balà (2) *puddle*
balañdis, -io (2) *April, pigeon*
balètas (2) *ballet*
balkònas (2) *balcony*
Baltarùsija (1) *Belarus*
baltarùsis, -io; -ė (2) *Belorussian*
báltas, -à (3) *white*
banãnas (2) *banana*
bandẽlė (2) *bun, roll*
bangà (4) *wave*
bangìnis, -io (2) *whale*

bánkas (1) *bank*
bāras (2) *bar*
barstýti, bar̃sto, bar̃stė (*ką?*) *sprinkle*
barzdà (4) *beard*
baseĩnas (2) *swimming pool*
basùtė (2) *slingback*
bātas (2) *shoe*
batẽlis, -io (2) *shoe (for women)*
batònas (2) *bread (French)*
baudà (4) *fine*
bažnýčia (1) *church*
bedar̃bis, -io; -ė (2) *unemployed*
bėgióti, bėgiója, bėgiójo *run*
belgas, -ė (2) *Belgian*
Belgija (1) *Belgium*
bendrãbutis, -io (1) *dormitory*
bendradar̃bis, -io; -ė (2) *colleague*
benzìnas (2) *benzine, petrol*
Berlýnas (1) *Berlin*
Bèrnas (1) *Bern*
berniùkas (2) *boy*
béržas (3) *birch (tree)*
bèt kadà *whenever*
bevéik *almost*
bibliotekà (2) *library*
bìlietas (1, 3ᵇ) *ticket*
bìlietų kasà (1, 3ᵇ)(4) *booking office*
biològija (1) *biology*
biržẽlis, -io (2) *June*
blỹnas (2) *pancake*
blõgas, -à (4) *bad*
bóbų vāsara (1)(1) *Indian summer*
bokālas (2) *tumbler (of beer)*
bókštas (1) *tower*
brangùs, -ì (3) *expensive*
brãškė (2) *strawberry*
Bratislavà (2) *Bratislava*
briedis, -io (1) *elk, moose*
Briúselis, -io (1) *Brussels*

brólis, -io (1) *brother*
Budapèštas (2) *Budapest*
bū̃das (2) *way*
bū̃gnas (2) *drum*
buhálteris, -io; -ė (1) *bookkeeper*
Bukarèštas (2) *Bucharest*
bulgāras, -ė (2) *Bulgarian*
Bulgārija (1) *Bulgaria*
bùlvė (1) *potato*
būrìmas (2) *fortune telling*
burnà (3) *mouth*
burokẽlis, -io (2) *beet*
bùtas (2) *apartment*
bùtelis, -io (1) *bottle*
bū́ti, yrà, bùvo *be*
būtinaĩ *certainly, necessary, definitely*

ceñtas (2) *cent*
ceñtras (2) *centre*
chalātas (2) *robe*
chèmija (1) *chemistry*
chòras (2) *choir*
citrinà (2) *lemon*
cùkrus (2) *sugar*

čèkas, -ė (2) *Czech*
Čèkija (1) *Czech Republic*
česnãkas (2) *garlic*
čià *here*
čiáudėti, čiáudi, čiáudėjo *sneeze*
čiuožinėti, čiuožinėja, čiuožinėjo *skate*

dabar̃ *now*
dailė̃ (4) *fine arts*
daininiñkas, -ė (2) *singer*
dainúoti, dainúoja, dainãvo (*ką?*) *sing*
dalỹkas (2) *discipline*
dalyváuti, dalyváuja, dalyvãvo *participate*

261 Lithuanian-English vocabulary

dãnas, -ė (2) *Dane*
dangùs (4) *sky*
Dãnija (1) *Denmark*
dantìs, -iẽs (masc.) (4) *tooth*
dantìstas (2) *dentist*
dantų̃ šepetẽlis, -io (4)(2) *toothbrush*
dár *more, still*
dárbas (3) *work*
darbdavỹs, -ė̃ (3ª) *employer*
darbiniñkas, -ė (2) *worker*
dárbinti, dárbina, dárbino (ką?) *take on*
dárbo dienà (3)(4) *working day*
dárbo kambarỹs (3)(3ᵇ) *workroom, study*
dárbo laĩkas (3)(4) *working time*
darbóvietė (1) *workplace*
darbúotojas, -a (1) *employee*
darýti, dãro, dãrė (ką?) *do, make*
daržóvė (1) *vegetable*
daũg *much, many*
daũgelis (1) *many*
daugiaaũkštis, -io (pastatas) (2) (3ᵇ) *multistorey (building)*
daugiabùtis, -io (namas) (2) (4) *block of flats*
dažýti, dãžo, dãžė (ką?) *colour*
dažýtis, dãžosi, dãžėsi (ką?) *colour up*
dažnaĩ *often*
debesìs, -ies (3ᵇ) (masc.) *cloud*
debesúota (1) *cloudy*
dė̃dė (2) *uncle*
degalaĩ (3ᵇ) *fuel*
degtìnė (2) *vodka*
dė́kui *thank you*
dė̃l *concerning*
Dèlis (2) *Delhi*
délnas (3) *palm*
dėmė̃ (4) *spot*
dėmė́toji šiltìnė (1) *typhus, spotted fever*
dė́stytojas, -a (1) *university or college teacher*
dešinė̃ (3ᵇ) *right*
dešrà (4) *sausage*
dešrẽlės (2) *sausages*
dė́ti, dẽda, dė́jo (ką?) *put*
dėvė́ti, dė̃vi, dėvė́jo (ką?/kuo?) *wear (clothes)*
dėžė̃ (4) *box*
dìdelis, -ė (3ᵇ) *big*
Didžióji Britãnija (1) *Great Britain*
dìdžkukulis, -io (1) *dumpling*
dienà (4) *day*
diñgti, diñgsta, diñgo *disappear*
dirèktorius, -ė (1) *director*
dirigeñtas, -ė (2) *conductor*
dirigúoti, dirigúoja, dirigãvo *conduct*
dir̃žas (4) *belt*
dỹdis, -io (2) *size*
dykumà (3ᵇ) *desert*
dyzelìnas (2) *diesel*
dóleris (1) *dollar*
domė́tis, dõmisi, domė́josi (kuo?) *interested (be interested) in*
dovanà (3ª) *gift, present*
dovanóti, dovanója, dovanójo (ką) *present, give*
drabùžis, -io (2) *cloth, dress, garment*
dramblỹs (4) *elephant*
draũgas, -ė (4) *friend*
draũgiškas, -a (1) *friendly*
drė́gnas, -a (3) *moist*
dryžúotas, -a (1) *striped*
druskà (2) *salt*
Dùblinas (1) *Dublin*

dubuõ (3ᵇ) *bowl*
dùgnas (4) *bottom*
dùjos (2) *gas*
duktė̃ (3ᵇ) *daughter*
dúona (1) *bread*
dúoti, dúoda, dãvė (ką?) *give*
dùrys (2) *door*
dùšas (2) *shower*
dvìratis, -io (1) *bicycle*
dvynỹs, -ė̃ (4) *twin*
džiaũgtis, džiaũgiasi, džiaũgėsi (kuo?) *glad (be glad)*
džiãzas (2) *jazz*
džìnsai (1) *jeans*

ẽglė (2) *fir (tree)*
egzãminas (1, 3ᵇ) *examination*
egzãminas raštù (1, 3ᵇ) *written examination*
egzãminas žodžiù (1, 3ᵇ) *oral examination*
eĩlė̃ (4) *row*
eĩti, eĩna, ė̃jo *go (on foot)*
eksponãtas (2) *exhibit*
elektròninis pãštas (1)(2) *email*
el̃gtis, el̃giasi, el̃gėsi *behave*
élnias (1, 3) *deer*
erdvė̃ (4) *space*
erdvùs, -ì (4) *spacious, roomy*
esamàsis laĩkas (4) *present tense*
èstas, -ė (2) *Estonian*
Èstija (1) *Estonia*
età (2)(kilpùtė (2), rožýtė (1)) *@*
èuras (1) *euro*
ẽžeras (3ᵇ) *lake*

festivãlis, -io (2) *festival*
fìlmas suáugusiems (1)(1) *film for adults*
fìlmas (1) *film*
fìzika (1) *physics*
fleità (2) *flute*

folklòras (2) *folklore*
fortepijõnas (2) *piano*
fòtelis, -io, krė́slas (1) (3) *armchair*
fotogrãfas, -ė (2) *photographer*
fotogrãfija (1) *photography, photo*
fùtbolas (1) *football*

gaidỹs (4) *cock*
galė́ti, gãli, galė́jo *able (be able)*
gãlima *it is possible*
galvà (3) *head*
galvóti, galvója, galvójo (apie ką?) *think about*
gamìnti, gamìna, gamìno (ką?) *cook, produce*
gamtà (4) *nature*
gamtóvaizdis, -io (1) *landscape*
ganà *quite*
gañdras (2) *stork*
garãžas (2) *garage*
gãtvė (2) *street*
gáuti, gáuna, gãvo (ką?) *receive*
gazúotas (1) *with gas (i.e sparkling, of drink)*
gegužė̃ (3ᵇ) *May*
gėlė̃ (4) *flower*
gėlė́tas, -a (1) *flowery*
geležìnkelio stotìs, -ies (1)(4) *railway station*
geltónas, -a (1) *yellow*
geogrãfija (1) *geography*
gẽras, -à (4) *good*
gėrìmas (1) *drink, beverage*
gerklė̃ (3) *through*
gérti váistus (1) *take medicine*
gérti, gẽria gė́rė (ką?) *drink*
gèsti, geñda, gẽdo *break*

263 Lithuanian–English vocabulary

gimìmo dienà (2)(4),
  gimtādienis, -io (1)
  birthday
gimináitis, -io; -ė (1) *relative*
gimtóji kalbà (4) *mother
  tongue*
giñtaras (3[b]) *amber*
gintarìnis, -ė (2) *amber*
girdéti, gir̃di, girdéjo (*ką?*)
  hear
gitarà (2) *guitar*
gýdytojas, -a (1) *doctor,
  medic*
gyvātė (2) *snake*
gyvēnimo aprāšymas (1)(1)
  CV
gyvénti, gyvẽna, gyvẽno *live*
gyvéntojas, -a (1) *inhabitant*
gyvulỹs (3[a]) *animal
  (domestic)*
gyvū́nas (2) *animal*
glaũdės (2) *boxer shorts*
grāfika (1) *graphic (designer)*
grāfikas, -ė (1) *graphic*
graĩkas, -ė (2) *Greek*
Graĩkija (1) *Greece*
grãmas (2) *gram*
grandinė̃lė (2) *chain*
grąžà (4) *change*
gražùs, -ì (4) *beautiful, nice*
greĩtas, -à (4) *fast*
greĩtkelis, -io (1) *expressway*
griáusti, griáudžia, griáudė
  thunder
griaustìnis, -io (2) *thunder*
grietinė̃ (2) *sour cream*
grietinė̃lė (2) *cream*
griñdys (4) *floor*
grìpas (2) *flu, influenza*
grį̃žti, grį̃žta, grį̃žo *return*
grỹbai (2) *mushrooms*
grybáuti, grybáuja, grybãvo
  pick mushrooms
gróti, grója, grójo (*ką?*) *play
  (music)*

grõžio salònas (2)(2) *beauty
  salon*
grúodis, -io (1) *December*
gulbė̃ (2) *swan*
guléti, gùli, guléjo *lie, rest*
gul̃tis, gùlasi, gùlėsi *lie*
gū̃sis, -io (vė́jo) (2) (1) *waft*
gvazdìkas (2) *dianthus*

Hèlsinkis, -io (1) *Helsinki*

ikì *until*
ìlgas, -à (3) *long*
ilgàsis bal̃sis (2) *long vowel*
im̃ti, ìma, ė̃mė (*ką?*) *take*
ìndas, -ė (1) *Indian*
Ìndija (1) *India*
ìnkstai (1) *kidney*
internètas (2) *internet*
internèto svetaĩnė (2)(2) *home
  page*
inžiniẽrius, -ė (2) *engineer*
ir̃ *and*
ispãnas, -ė (2) *Spaniard*
Ispãnija (1) *Spain*
istòrija (1) *history*
ìš tiesų̃ *really*
iškar̃t *right away*
išleistùvės (2) *sending off
  (party)*
išmókti, išmóksta, išmóko
  (*ką?*) *learn*
išrašýti, išrãšo, išrãšė (*ką?*)
  prescribe
išsilãvinimas (1) *education*
išsiskýręs, -usi (1) *divorced*
išsižióti, išsižiója, išsižiójo
  open one's mouth
ištekė́jusi (1) *married
  (woman)*
ištekė́ti, tẽka, tekė́jo (*už ko?*)
  marry (for female)
ìšvakarės (1) *eve*
išvykìmas (2) *departure*

itãlas, -ė (2) *Italian*
Itãlija (1) *Italy*
Izraèlis, -io (2) *Israel*

įdaras (3ª) *filling*
įdomùs, -i (4) *interesting*
įkurtùvės (2) *housewarming party*
įmonė (1) *company*
įranga (1) *equipment*
įsigýti, įsigỹja, įsigìjo (*ką?*) *get, buy*
įvairùs, -ì (4) *various*
įvartis, -io (1) *goal*

ypatìngas, -a (1) *special*

japònas, -ė (2) *Japanese*
Japònija (1) *Japan*
jaũ *already*
jáudintis, jáudinasi, jáudinosi (*dėl ko?*) *excited (be excited)*
jaukùs, -ì (4) *cosy*
jaunàsis, -ojo *groom*
jaunóji *bride*
jaũstis, jaũčiasi, jaũtėsi *feel*
jáutiena (1) *beef*
jáutis, -io (1) *ox*
javaĩ (4) *cereal, grain, crop*
jodinėti, jodinėja, jodinėjo *ride (a horse)*
jogùrtas (1) *yoghurt*
Jõninės (1) *St John's day*
jóti, jója, jójo *ride (a horse)*
Jungtìnės Amèrikos Valstìjos (JAV) (2)(1)(2) *United States of America (USA), America*
júodas, -à (3) *black*
juodiéji serbeñtai (2) *blackcurrant*
juõktis, juõkiasi, juõkėsi *laugh*
jūra (1) *sea*
jūrininkas, -ė (1) *sailor*
jurìstas, -ė (2) *lawyer*

ką nórs skanaũs *something tasty/good*
kailiniai (3ª) *fur coat*
kailìnis, -ė (2) *furry*
káilis, -io (1) *fur*
káimas (1) *village*
kaimýnas, -ė (1) *neighbour*
káina (1) *price*
kainúoti, kainúoja, kaināvo (*kas? ką?*) *cost*
kairė̃ (4) *left*
kajùtė (2) *cabin*
kaklãraištis, -io (1) *necktie*
kãklas (4) *neck*
kaktà (4) *forehead*
kalbà (4) *language*
kalbė́ti, kalba, kalbė́jo *speak*
Kalė̃dos (2) *Christmas*
kálnas (3) *mountain*
kalvà (4) *hill*
kambarỹs (3ᵇ) *room*
kamuolỹs (3ᵇ) *ball*
Kanadà (2) *Canada*
kanadiẽtis, -io; -ė (2) *Canadian*
kãpinės (3ᵇ) *graveyard*
kãpsulė (1) *capsule (medical)*
karõliai (2) *necklace*
kárštas pātiekalas (3)(3⁴ᵇ) *main course*
karštis, -io (2) *fever*
kařtais *sometimes*
kartù *together*
kartùs, -ì (3, 4) *bitter*
kárvė (1) *cow*
kasmẽt *every year*
kaštõnas (2) *conker (tree)*
katė̃ (4) *cat*
kavà (4) *coffee*
kavìnė (2) *coffee shop, cafe*
kėdė̃ (4) *chair*

265 Lithuanian–English vocabulary

kefỹras (2) *sour milk*
keleĩvis, -io; -ė (2) *passenger*
kẽletas (1) *several*
kẽlias (4) *road*
keliáuti autostopù (2) *hitchhiking*
keliáuti, keliáuja, keliãvo *travel*
keliõnė (2) *trip*
kelių polìcija (4)(1) *traffic police*
kelnáitės (1) *pants*
kélnės (1) *trousers*
kéltas (1) *ferry*
kélti, kẽlia, kėlė (ką?) *cause, make, raise*
kéltis, kẽliasi, kėlėsi *get up*
kẽpenys (3ᵇ) *liver*
kepsnỹs (4) *roast meat*
kẽptas, -à (4) *roast*
kèpti, kẽpa, kẽpė (ką?) *fry, roast, bake*
keptùvė (2) *pan*
kepùrė (2) *cap*
kerãmika (1) *ceramics*
kerãmikas, -ė (1) *ceramicist*
ketvirtādienis, -io (1) *Thursday*
kiaũlė (2) *pig*
kiaulíena (1) *pork*
kiaušìnis, -io (2) *egg*
kiẽmas (4) *yard*
Kìjevas (1) *Kiev*
kìlimas (1) *carpet*
kilogrãmas (2) *kilogram*
kilomètras (2) *kilometre*
kìnas (2) *cinema*
kìnas, -ė (2) *Chinese*
Kinija (1) *China*
kiòskas (2) *kiosk, newspaper stand*
kirmėlẽ (3ᵇ) *worm*
kirpėjas, -a (1) *hairdresser*
kirpyklà (2) *hairdresser's*
kir̃pti, ker̃pa, kir̃po (ką?) *cut*
kir̃ptis, ker̃pasi, kir̃posi (ką?) *cut one's hair*
kišẽnė (2) *pocket*
Kišiniòvas (2) *Kishinev*
kiškis, -io (2) *hare, rabbit*
kìtą kar̃tą *another time, next time*
kìtas, -à (4) *other*
kitóks, -ia (1) *different*
klaidà (4) *mistake*
klãsė (2) *class*
klasikìnė mùzika (2)(1) *classical music*
klausýti, klaũso, klaũsė (ko?) *listen*
kláusti, kláusia, kláusė (ko?, ką?) *ask*
klẽvas (4) *maple (tree)*
klieñtas, -ė (2) *client*
klijaĩ (4) *glue*
klijúoti, klijúoja, klijãvo (ką?) *glue*
klìmatas (1) *climate*
klìnika (1) *clinic*
knygà (2) *book*
knygýnas (1) *bookshop*
knỹgų spinta (2)(1) *bookcase*
kója (1) *leg*
kójinė (1) *sock*
komodà (2) *commode, chest of drawers*
kompiùteris, -io (1) *computer*
koncèrtas (1) *concert*
kontroliẽrius, -ė (2) *controller*
kopà (2) *dune*
Kopenhagà (2) *Copenhagen*
kopũstas (2) *cabbage*
kósėti, kósi, kósėjo *cough*
kostiùmas (2) *suit (for men)*
kostiumẽlis, -io (2) *suit (for women)*
kosulỹs (3ᵃ) *cough*
kõšė (2) *porridge*

kóvas (3) *March*
krañtas (4) *shore*
kraštóvaizdis, -io (1) *landscape*
kraũjas (4) *blood*
kraũjo spaudìmas (4)(2) *blood pressure*
krèmas (2) *cream*
krepšìnis, -io (2) *basketball*
krepšỹs (4) *basket*
kriauklė̃ (4) *sink*
kriáušė (1) *pear*
krikštãmotė (1) *godmother*
krikštātėvis, -io (1) *godfather*
krikštỹnos (2) *christening*
krìkšto tėvaĩ (4)(4) *godparents*
krituliai (3ᵇ) *precipitation*
kroãtas, -ė (2) *Croat*
Kroãtija (1) *Croatia*
kronà (2) *krona*
krū́mas (1) *bush*
krūtìnė (2) *chest*
Kū̃čios (2) *Christmas Eve*
kū̃dikis, -io (1) *baby*
kulnas (4) *heel*
kum̃pis, -io (2) *ham*
kū́no dalìs (1)(4) *part of the body*
kuprìnė (2) *backpack*
kūrinỹs (3ᵃ) *creation, artwork*
kùrti, kùria, kurė̃ (*ką?*) *establish, create*
kviečiaĩ (4) *wheat*
kviẽsti, kviẽčia, kviẽtė (*ką?*) *invite, call*
kvìtas (2) *receipt*

lãbas *hello*
láidoti, láidoja, láidojo (*ką?*) *bury*
láidotuvės (1) *funeral*
laĩkas (4) *time*

laikýti, laĩko, laĩkė (*ką?*) egzãminą (1,3b) *pass an examination*
laikýti, laĩko, laĩkė (*ką?*) *keep, store; consider*
laĩkrodis, -io (1) *watch, clock*
láimė (1) *luck, fortune*
laimìngas, -a (1) *happy*
láiptas (1) *stair*
láiptinė (1) *staircase*
laisvãlaikis, -io (1) *leisure*
láiškas (3) *letter*
laĩvas (4) *ship, boat*
lakū̃nas, -ė (2) *pilot*
lángas (3) *window*
langúotas, -a (1) *chequered*
lankýti, lañko, lañkė (*ką?*) *visit*
lãpas (2) *leaf*
lãpė (2) *fox*
lãpkritis, -io (1) *November*
lašaĩ (4) *drops*
lašišà (2) *salmon*
lãtas (2) *latas*
Lãtvija (1) *Latvia*
lãtvis, -io; -ė (2) *Latvian*
laũkas (4) *field*
láukti, láukia, láukė (*ko?*) *wait*
láužas (3) *fire*
láužyti, láužo, láužė (*ką?*) *break*
ledaĩ (4) *ice cream*
lẽdas (4) *ice*
ledìnis, -ė (2) *icy, freezing*
léisti, léidžia, léido (*ką?*) *float, spend*
léistis, léidžiasi, léidosi *set (about the sun)*
lėkštė̃ (4, 2) *plate*
lėkštùtė (2) *saucer*
lėktùvas (2) *plane*
lėlių̃ teãtras (4)(2) *puppet theatre*

267 Lithuanian-English vocabulary

lémpa (1) *lamp*
leñgvas, -à (4) *easy*
lengvóji prãmonė (1) *light industry*
lénkas, -ė (1) *Pole*
Lénkija (1) *Poland*
lentà (4) *board*
lentýna (1) *shelf*
lė̃tas, -à (4) *slow*
liemėnė (2) *vest*
liemenė̃lė (2) *bra*
líepa (1) *July; linden tree*
liẽtpaltis, -io (1) *raincoat*
lietùs (3) *rain*
Lietuvà (3ᵃ) *Lithuania*
lietùvis, -io; -ė (2) *Lithuanian*
lietùvių kalbà (2)(4) *Lithuanian language*
ligà (4) *illness, disease*
ligóninė (1) *hospital*
ligónis, -io (1) *patient, sick*
ligótas, -a (1) *sick*
lijùndra (1) *freezing rain*
likèris, -io (1) *liqueur*
lìnas (4) *flax*
lìninis, -ė (2) *linen*
liniuõtė (2) *rule*
linkėjimai (1) *greetings; wishes*
linkė́ti, liñki, linkė́jo (ko?) *wish*
liñksmas, -à (4) *funny*
lìpti, lìpa, lìpo *get on/off means of transport*
Lisabonà (2) *Lisbon*
lìtas (2) *litas*
Liublijanà (2) *Liubliana*
liū̃dnas, -à (4) *sad*
liū̃tas (2) *lion*
lýgiai *exactly*
lýginamoji polìtika (1) *comparative politics*
lygumà (3ᵃ) *plain land*
lýti, lỹja, lìjo *rain*

lytìs, -iẽs (4) *sex*
Lòndonas (1) *London*
lóva (1) *bed*
lùbos (4, 2) *ceiling*
lū̃pos (1) *lips*

madìngas, -a (1) *fashionable*
Madridas (2) *Madrid*
maĩšas (4) *sack*
maišẽlis, -io (2) *bag, sack*
maišýti, maĩšo, maĩšė (ką?) *mix*
majonèzas (2) *mayonnaise*
makarõnai (2) *pasta, noodles*
malonùs, -ì (4) *kind, nice, pleasant*
mamà, mamýtė (4) (1) *mummy*
mankštà (4) *exercise*
margarìnas (2) *margarine*
mãrios (2) *sea, lagoon*
marškinė̃liai (2) *singlet*
marškiniaĩ (3ᵃ) *shirt*
maršrùtas (2) *route*
Maskvà (4) *Moscow*
mašinà (2) *car*
matãvimosi kabinà (1)(2) *fitting room*
matemãtika (1) *mathematics*
matýti, mãto, mãtė (ką?) *see*
matúoti, matúoja, matãvo (ką?) *measure*
matúotis, matúojasi, matãvosi (ką?) *try on*
máudymosi kelnáitės (1)(1) *bathing trunks*
máudymosi kostiumė̃lis, -io (2) *bathing suit*
máudýnės (2) *swimming*
máudyti, máudo, máudė (ką?) *give a bath*
máudytis, máudosi, máudėsi *take a bath*
mãžas, -á (4) *small*

medicinos sesuõ (2)(3ᵇ) *nurse*
medinis, -ė (2) *wooden*
medis, -io (2) *tree*
mẽdùs (4) *honey*
mẽdvilnė (1) *cotton*
medvilninis, -ė (2) *cottony, of cotton*
mẽdžiaga (1) *fabric*
mė́gti, mė́gsta, mė́go (*ką?*) *like*
megztinis, -io (2) *sweater*
méilė (1) *love*
mė́lynas, -a (1) *blue*
mẽnas (4) *art*
mėnesinis bilietas (2)(1,3ᵇ) *monthly ticket*
mėnùlis, -io (2) *moon*
mė́nuo (1) *month*
mergáitė (1) *girl*
merginà (2) *young woman*
mėsà (4) *meat*
meškà, lokỹs (4) (3) *bear*
mẽtinės (1) *anniversary (of funeral)*
mètras (2) *metre*
metrò *underground*
mẽtų laikaĩ (2)(4) *seasons (the seasons)*
miegamàsis *bedroom*
miegóti, miẽga, miegójo *sleep*
miẽstas (2) *city, town*
mikstūrà (2) *mixture (medical)*
mililìtras (2) *millilitre*
mìltai (1) *flour*
minerãlinis vanduõ (1)(3ᵃ) *mineral water*
Mìnskas (1) *Minsk*
mintìs, -iẽs (4) *idea*
minùtė (2) *minute*
mìręs, -usi (1) *dead*
mìškas (4) *forest*
mišrainė (2) *'Russian' salad*
mylė́ti, mýli, mylė́jo (*ką?*) *love*
močiùtė (2) *grandmother*

mokė́ti, móka, mokė́jo (*ką?*) *know how to, be able*
mokinỹs, -ė̃ (3ᵃ) *schoolboy, schoolgirl*
mokyklà (2) *school*
mókyti, móko, mókė (*ką? ko?*) *teach*
mókytis, mókosi, mókėsi (*ko?*) *study*
mókytojas, -a (1) *schoolteacher*
mókslas (1) *science, study*
mókslininkas, -ė (1) *scientist*
mókslo mẽtai (1)(2) *school year*
moldãvas, -ė (2) *Moldovan*
Moldovà (2) *Moldova*
moliũgas (2) *pumpkin*
morkà (2) *carrot*
móteris, -ers (1) *woman*
mótina (1) *mother*
motociklas (2) *motorcycle*
muĩlas (4) *soap*
mùsė (2) *fly*
muziẽjus (2) *museum*
mùzika (1) *music*
muzikántas, -ė (1) *musician*

nãgas (4) *nail*
naktiniai marškiniaĩ (2)(3ᵃ) *nightshirt*
naktìs, -iẽs (4) *night*
nakvóti, nakvója, nakvójo *sleep over*
nãmas (4) *house*
namiẽ *at home*
narcìzas (2) *narcissus*
narỹs, -ė̃ (4) *member*
naršýti, nar̃šo, nar̃šė *surf*
naudìngas, -a (1) *useful*
naudótis, naudójasi, naudójosi (*kuo?*) *use*
naũjas, -à (4) *new*
Naujíeji mẽtai (2) *New Year*

269 Lithuanian–English vocabulary

nè *no*
negazúotas (vanduõ) (1)(3ᵃ)
   still (of water)
negražùs, -ì (4) *not beautiful*
nepìlnas, -à (3) *nearly full*
nepriklausomýbės dienà (1)(4)
   Independence Day
nèrvintis, nèrvinasi, nèrvinosi
   nervous (be nervous)
nešiójamas kompiùteris, -io
   (1)(1) *laptop*
nèt *even*
netolì *not far*
niekadà *never*
niẽkur *nowhere*
Nýderlandai (1) *Netherlands*
nỹkti, nỹksta, nỹko *die out,*
   disappear, vanish
norėti, nóri, norėjo (*ko?*)
   want
norvègas, -ė (2) *Norwegian*
Norvègija (1) *Norway*
nósinė (1) *handkerchief*
nósis bėga (1) *running nose*
nósis, -ies (1) *nose*
novèlė (2) *short story*
nùgara (1) *back*
nuobodùs, -ì (4) *boring*
núolaida (1) *discount*
núomoti, núomoja, núomojo
   (*ką?*) *rent*
núosavas, -à (3ᵃ) *private*
nuostabùs, -ì (4) *wonderful*
nuteĩkti, nuteĩkia, nùteikė
   (*ką?*) *impress*

obuolỹs (3ᵃ) *apple*
óda (1) *leather, skin*
odìnis, -ė (2) *leathery, of*
   leather
olándas, -ė (1) *Dutchman*
Olándija (1) *Netherlands*
òpera (1) *opera*
operãcija (1) *operation*
operúoti, operúoja, operãvo
   (*ką?*) *operate*
oránžinis, -ė (1) *orange*
óras (3) *weather*
órkaitė (1) *oven*
orkèstras (2) *orchestra*
óro úostas (3)(1) *airport*
Òslas (2) *Oslo*
Otavà (2) *Ottawa*
ožkà (3) *goat*

paauglỹs, -ė̃ (3ᵇ) *teenager*
pabaigà (3ᵇ) *end*
pabaigtùvės (2) *coping/ending*
   (party)
pacieñtas, -ė (2) *patient*
pačiū́ža (1) *ice skate*
padangà (3ᵇ) *tyre*
padavėjas, -a (1) *waiter,*
   waitress
padėti, pàdeda, padėjo (*kam?*)
   help
pãgal (*ką?*) *according*
pagálvė (1) *pillow*
pailgosios smėgenys (3ᵇ)
   medulla oblongata
pailsėti, paĩlsi, pailsėjo *have a*
   rest
pajū́ris, -io (1) *seacoast*
pajùsti, pajuñta, pajùto (*ką?*)
   sense, taste
pakẽlis, -io (2) *package*
paklõdė (2) *sheet*
palaidinùkė (2) *blouse*
palángė (1) *windowsill*
palapinė (2) *tent*
palìkti, paliẽka, palìko (*ką?*)
   leave, keep
palýginti *comparatively*
páltas (1) *coat*
pamiñklas (2) *monument*
pamokà (3ᵇ) *lesson*
paplūdimỹs (34ᵇ) *beach*
paprotỹs (3ᵇ) *custom*

papūgà (2) *parrot*
pāpuošalas (3ᵇ) *jewellery*
parà (4) *day and night (24 hours)*
pardavėjas, -a (1) *salesman, saleswoman*
pardúoti, pardúoda, par̃davė *(ką?) sell*
parduotùvė (2) *shop*
Parỹžius (2) *Paris*
párkas (1) *park*
parodà (3ᵇ) *exhibition*
pāsakoti, pāsakoja, pāsakojo *(ką?) narrate, tell*
pasáulio šãlys (1)(4) *points of the compass*
pasirašýti, pasìrašo, pasirãšė *(ką?) sign*
pasirinkimas (2) *choice*
pasitikéti, pasìtiki, pasitikėjo *(kuo?) rely*
paskaità (3ᵇ) *lecture*
paslaptìngas, -a (1) *mysterious*
paslaugà (3ᵇ) *service*
pāsninkas (1) *fast*
pastà (2) *toothpaste*
pāstatas (3ᵇ) *building*
pastãtymas (1) *staging*
pastebéti, pàstebi, pastebėjo *(ką?) notice*
pāštas (2) *post office*
pāšto dėžùtė (2)(2) *postbox*
pāšto žénklas (2)(3) *postage stamp*
patalpà (3ᵇ) *premise*
patarimas (2) *advice*
patar̃ti, pàtaria, pàtarė *advise*
pātiekalas (3⁴ᵇ) *course, dish*
patìkti, patiñka, patìko *(kam? kas?) like*
patirtìs, -ies̃ (3ᵇ) *experience*
patogùmai (2) *conveniences*
patogùs, -ì (4) *comfortable*

paukštíena (1) *poultry*
paũkštis, -io (2) *bird*
pavadúotojas, -a (1) *assistant*
pavakariaĩ (3⁴ᵇ) *snack before dinner/supper*
pavardẽ (3ᵇ) *surname*
pavāsaris, -io (1) *spring*
pavéikslas (1) *picture*
pažymỹs (3ᵇ) *mark*
pėdà (3) *foot*
pė́dkelnės (1) *pantyhose*
peĩlis, -io (2) *knife*
peizāžas (2) *landscape*
Pekìnas (2) *Beijing*
pélkė (1) *swamp, wetland*
penktādienis, -io (1) *Friday*
peñsininkas, -ė (1) *old-aged pensioner*
péreiti, péreina, pérėjo *(ką?) cross*
perkū́nija (1) *thunderstorm*
pérmainingas, -a (1) *changeable*
pérnai *last year*
petỹs, -iẽs (4) *shoulder*
píenas (1) *milk*
píeno produktai (1)(2) *dairy products*
piẽšti, piẽšia, piẽšė *(ką?) draw*
pieštùkas (2) *pencil*
pietáuti, pietáuja, pietãvo *have lunch*
piẽtryčiai (1) *southeast*
pietų̃ pértrauka (4)(1) *lunch break*
piẽtūs (4) *afternoon; lunch; south*
piẽtvakariai (1) *southwest*
píeva (1) *lawn*
pigùs, -ì (4) *cheap*
pìlti, pìla, pýlė *(ką?) pour*
pil̃vas (4) *stomach*
pinigaĩ (3ᵇ) *money*
piniginė̃ (2) *wallet*

pipìrai (2) *pepper*
pirkėjas, -a (1) *customer*
pir̃kti, per̃ka, pir̃ko *(ką?) buy*
pirmãdienis, -io (1) *Monday*
pir̃štas (2) *finger*
pirtìs, -iẽs (4) *bathhouse, sauna*
pižamà (2) *pyjamas*
pýkinti, pýkina, pýkino *(ką?) nauseate*
pyragáitis, -io (1) *small cake*
pyrãgas (2) *pie*
pyragẽlis, -io (2) *pastry*
pjáustyti, pjáusto, pjáustė (ką?) *cut*
plaũčiai (2) *lungs*
plaukaĩ (3) *hair*
pláukioti, pláukioja, pláukiojo *sail, swim*
plaũkti, plaũkia, plaũkė *sail, swim*
pláuti, pláuna, plóvė *(ką?) wash*
plepéti, plẽpa, plepėjo *chatter, chat*
pliãžas (2) *beach*
plìkledis, -io (1) *ice-covered ground*
plìkšala (1) *icy roads, ice-covered ground*
plóti, plója, plójo *applaud*
plovyklà (2) *car wash*
póbūvis, -io (1) *party, ball*
poèzija (1) *poetry*
póilsis, -io (1) *rest*
pókylis, -io (1) *party, ball, feast*
policiniñkas, -ė (1) *policeman*
pomidòras (2) *tomato*
põnas (2) *Mr*
ponià (4) *Mrs*
popiẽt *in the afternoon*
porýt *day after tomorrow*
portugãlas, -ė (2) *Portuguese*

Portugãlija (1) *Portugal*
pósėdis, -io (1) *sitting*
póveikis, -io (1) *impact*
pradžià (4) *start*
praeĩvis, -ė (2) *passerby*
Prahà (2) *Prague*
pramogà (3ᵇ) *entertainment*
pranašáuti, pranašáuja, pranašãvo *(ką?) predict*
prancū̃zas, -ė (2) *Frenchman, Frenchwoman*
Prancūzijà (2) *France*
pranešìmas (2) *report, notice*
prasidėti, prasìdeda, prasidėjo *start, begin*
prãšymas (1) *request*
prašýti, prãšo, prãšė *(ką? ko?) ask, request*
prašnèkti, prãšneka, prašnėko *start speaking, talking*
pratìmas (2) *exercise*
praũsti, praũsia, praũsė *(ką?) wash*
praũstis, praũsiasi, praũsėsi *(ką?) wash oneself*
prekiáuti, prekiáuja, prekiãvo *(kuo?) sell*
prekýbos ceñtras (1)(2) *commercial centre*
prezidentūrà (2) *presidential palace/office*
prieplauka (1) *dock*
príeškambaris, -io (1) *hallway, foyer*
príešpiečiai (1) *snack before lunch*
prieštaráuti, prieštàráuja, prieštarãvo *contradict, object*
priim̃ti, prìima, prìėmė *(ką?) take on*
prijuõstė (2) *apron*
prisitáikyti, prisitáiko, prisitáikė *fit*

privatùs, -ì (4) *private*
prižiūrėti, prižiūri, prižiūrėjo (*ką?*) *look after*
prodùktas (2) *product*
prospèktas (2) *prospect, avenue*
protingas, -a (1) *smart*
pūgà (4) *snowstorm*
púodas (1) *pot*
puodùkas (2) *cup*
púokštė (gėlių) (1) (4) *bouquet, bunch (of flowers)*
pupà (2) *bean*
pupẽlė (2) *bean*
pùsbrolis, -io (1) *cousin*
pùsiasalis, -io (1) *peninsula*
pùsryčiai (1) *breakfast*
pùsryčiauti, pùsryčiauja, pùsryčiavo *have breakfast*
pùsseserė (1) *cousin*
pùsvalandis, -io (1) *half an hour*
pušìs, -ies (4) *pine*

ragáuti, ragáuja, ragãvo (*ką?*) *taste*
rakètė (2) *racquet*
rãktas (2) *key*
ramùs, -ì (4) *quiet, calm*
rankà (2) *arm, hand*
rankìnė (2) *handbag*
rañkšluostis, -io (1) *towel*
rašýti, rãšo, rãšė (*ką?*) *write*
rašýtojas, -a (1) *writer*
rãšomasis stãlas (4) *desk*
raštúotas, -a (1) *inwrought*
rãtas (2) *wheel*
raudónas, -a (1) *red*
raudónieji serbeñtai (2) *redcurrant*
raumuõ (3ᵇ) *muscle*
raũsvas, -à (4) *pink*
recèptas (2) *recipe; prescription*

registrúotas láiškas (1)(3) *registered letter*
reikàlingas, -a (1) *necessary*
reikėti, reĩkia, reikėjo (*kam? ko?*) *need*
reiklùs, -ì (4) *strict, demanding*
remòntas (1) *repair*
remontúoti, remontúoja, remontãvo (*ką?*) *repair*
renginỹs (3ᵇ) *event*
reñgti, reñgia, reñgė (*ką?*) *dress*
reñgtis, reñgiasi, reñgėsi (*ką?/kuo?*) *dress oneself*
restorãnas (2) *restaurant*
rẽtas, -à (4) *rare*
riedùčiai (2) *roller skate*
riešutas (3ᵃ) *nut*
riñkti, reñka, riñko (*ką?*) *choose*
Rygà (4) *Riga*
ryšỹs (4) *connection*
ryškùs, -ì (4) *bright*
rytaĩ (3) *east*
rytas (3) *morning*
rytój *tomorrow*
ródyti, ródo, ródė (*ką?*) *show*
rogùtės (2) *sledge*
Romà (2) *Rome*
romãnas (2) *novel*
rõžė (2) *rose*
rožýnas (1) *rosegarden*
rùdas, -à (4) *brown*
ruduõ (3ᵇ) *autumn*
rugiaĩ (4) *rye*
rugpjū́tis, -io (1) *August*
rugsėjis, -o (1) *September*
rūgštùs, -ì (3) *sour*
rū̃kas (4) *fog*
rūkýtas, -a (1) *smoked*
rū́mai (1) *palace*
rumùnas, -ė (2) *Romanian*
Rumùnija (1) *Romania*

273 Lithuanian-English vocabulary

rungtỹnės (2) *game*
rúonis, -io (1) *seal*
ruõšti, ruõšia, ruõšė *(ką?)*
  prepare
ruõštis, ruõšiasi, ruõšėsi
  prepare oneself
rū̃pestis, -io (1) *worry, ado*
rū̃pintis, rū̃pinasi, rū̃pinosi
  (kuo?) worry, take care
  about
rùsas, -ė (2) *Russian*
Rùsija (1) *Russia*
rūsỹs (4) *cellar, basement*
rū́šis, -ies (1) *sort*
rūtà (2) *rue*

sagà (4) *button*
sãgė (2) *brooch*
sakýti paraidžiui͂ *(ką?) spell*
sakýti, sãko, sãkė *(ką?) say*
saksofònas (2) *saxophone*
salà (4) *island*
saldainis, -io (2) *sweet*
saldumýnas (1) *dessert*
saldùs, -ì (4) *sweet*
salotà (2) *lettuce*
salõtos (2) *salad*
sąnarỹs (3ª) *joint*
sanatòrija (1) *sanatorium*
sanitãras, -ė (2) *orderly, nurse*
sánkryža (1) *crossing*
są́rašas (3ª) *list*
sąsiuvinis, -io (1) *copybook*
sąskaita (1) *bill*
sáulė (1) *sun*
sáulės akiniai͂ (1)(3ᵇ)
  sunglasses
saulė́tas, -a (1) *sunny*
sausainis, -io (2) *biscuit,*
  cookie
saũsas, -à (4) *dry*
saũsis, -io (2) *January*
sausumà (3ᵇ) *continent, dry*
  land

savìjauta (1) *feeling (self)*
savinin̄kas, -ė (2) *owner*
savìtarna (1) *self-service*
sãvitas, -à (3ᵇ) *original*
scenà (2) *stage*
seánsas (1) *show*
sėdė́ti, sė́di, sėdė́jo *sit*
sekmãdienis, -io (1) *Sunday*
sėkmė̃s! *good luck!, all the*
  best!
sekretõrius, -ė (2) *secretary*
sė̃ktis, sė̃kasi, sė̃kėsi *fare*
sekùndė (1) *second*
semèstras (2) *semester*
seminãras (2) *seminar*
senãmiestis, -io (1) *old town*
sẽnas, -à (4) *old*
senẽlė (2) *grandmother*
senẽlis, -io (2) *grandfather*
seniai *long ago*
senùkas (2), senẽlis, -io (2)
  old man
senùtė (2), senẽlė (2) *old*
  woman
serbeñtas (2) *currant*
sesẽlė (2) *nurse*
sė́stis, sė́dasi, sė́dosi *sit*
sesuõ (3ᵇ) *sister*
sė́ti, sė́ja, sė́jo *(ką?) sow, seed*
sidãbras (2) *silvern, of silver*
sidabrìnis, -ė (2) *silvern, of*
  silver
síena (1) *wall*
síeninė (lentýna) (1) (1) *wall*
  (shelf)
sijõnas (2) *skirt*
sìlkė (2) *herring*
sim̃bolis, -io (1) *symbol*
sintètika (1) *synthetic material*
sintètinis, -ė (1) *synthetic*
sir̃gti, ser̃ga, sir̃go *(kuo?) ill*
  (be ill)
siū́lyti, siū́lo, siū́lė *(ką?) offer,*
  suggest

siuntinỹs (3ᵇ) *parcel*
siũsti, siuñčia, siuñtė (*ką?*) *send*
siuvėjas, -a (1) *tailor*
skaitýti, skaĩto, skaĩtė (*ką?*) *read*
skaláuti, skaláuja, skalãvo (*ką?*) *gargle*
skalbìmo mašinà (2)(2) *washing machine*
skalbyklà (2) *laundry*
skalĩbti, skalĩbia, skalĩbė (*ką?*) *wash clothes*
skam̃binti, skam̃bina, skam̃bino *call*
skambùtis, -io (2) *bell (door), call*
skanùs, -ì (4) *tasty*
skarẽlė (2) *headscarf*
skaudėti, skaũda, skaudėjo (*kam? ką?*) *hurt, to ache*
skaũsmas (4) *pain*
skelbìmas (2) *announcement*
skẽ̃tis, -io (2) *umbrella*
skìrti, skìria, skýrė (*ką?*) *devote*
skỹrius (2) *department*
skrañdis, -io (2) *stomach*
skrìsti, skreñda, skrìdo *fly*
skrybėlẽ̃ (3ᵃ), skrybėláitė (1) *hat*
skrúostas (3, 1) *cheek*
skruzdėlẽ̃ (3ᵇ) *ant*
skubėti, skùba, skubėjo *rush, be in a hurry*
skùlptorius, -ė (1) *sculptor*
skulptūrà (2) *sculpture*
skùsti, skùta, skùto (*ką?*) *shave*
skùstis, skùtasi, skùtosi (*ką?*) *shave oneself*
skų́stis, skùndžiasi, skùndėsi (*kuo?*) *complain*
slaũgė (2) *nurse, tender*

slaugýtojas, -a (1) *nurse*
slė̃nis, -io (2) *valley*
slidė̃ (2) *ski*
slidinėti, slidinėja, slidinėjo *ski*
slidùs, -ì (4) *slippery*
slyvà (2) *plum*
slogà (4) *cold, the snuffles*
slovãkas, -ė (2) *Slovak*
Slovãkija (1) *Slovakia*
slovė́nas, -ė (1) *Slovene*
Slovė́nija (1) *Slovenia*
smagùs, -ì (4) *fun*
smãkras (4) *chin*
smẽgenys (3ᵇ) *brain*
smė̃lis, -io (2) *sand*
smuĩkas (2) *violin*
snãpas (4) *beak*
sniẽgas (4) *snow*
sniẽglentė (1) *snowboard*
snigti, sniñga, snìgo *snow*
sodìnti, sodìna, sodìno (*ką?*) *plant*
sofà (2) *sofa*
Sòfija (1) *Sofia*
sóstinė (1) *capital*
spãlis, -io (2) *October*
spalvà (4) *colour*
spar̃nas (4) *wing*
spektãklis, -io (2) *play*
spėlióti, spėliója, spėliójo (*ką?*) *guess*
spinta (1) *wardrobe*
spintẽlė (2) *cupboard*
spòrtas (1) *sport*
spòrtininkas, -ė (1) *sportsman*
spòrtinis batẽlis, -io (1)(2) *trainer*
spòrtinis kostiùmas (1)(2) *sports suit*
spòrto šakà (1)(4) *branch of sport*
sportúoti, sportúoja, sportãvo *play sports*

sriubà (4) *soup*
stabdýti, stãbdo stãbdė *(ką?)*
    stop
stabdžiaĩ (4) *brakes*
stadiònas (2) *stadium*
stãlas (4) *table*
stáltiesė (1) *tablecloth*
statýti, stãto, stãtė *(ką?) build,*
    stage
stebuklìngas, -a (1) *magic*
sténgtis, sténgiasi, sténgėsi *do*
    one's best
stiklaĩnis, -io (2) *glass jar*
stiklìnė (2) *glass*
stiklìnis, -ė (2) *made of glass*
stipeñdija (1) *scholarship*
stìrna (1) *hind, roe*
stógas (3) *roof*
Stòkholmas (1) *Stockholm*
stõris, -io (2) *thickness*
stóti, stója stójo *(į ką?) enter*
stóti, stója, stójo *stop*
stotìs, -iẽs (4) *station*
stótis, stójasi, stójosi *stand up*
stovėti, stóvi, stovėjo *stand*
striùkė (2) *jacket (to wear*
    outside)
stùburas (3ᵇ) *spine*
studeñtas, -ė (2) *student*
suáugęs, -usi (1) *adult*
sudėtìngas, -a (1) *complicated*
suknẽlė (2) *dress*
sultinỹs (3ᵇ, 3ᵃ) *bouillon*
sùltys (1) *juice*
sumuštìnis, -io (2) *sandwich*
sunkióji prãmonė (1) *heavy*
    industry
sunkùs, -ì (4) *difficult*
sūnùs (3) *son*
súolas (3) *bench*
Súomija (1) *Finland*
súomis, -io; -ė (1) *Finn*
supràsti, suprañta, supráto
    (ką?) understand

sū́ris, -io (1) *cheese*
sūrùs, -ì (3) *salty*
susipažìnti, susipažį́sta,
    susipažìno *meet*
susirinkìmas (2) *meeting,*
    social
susitikìmas (2) *meeting*
susitìkti, susitiñka, susitìko
    (ką?) meet
sutartìs, -iẽs (3ᵇ) *contract*
sužadė́tinis, -io; -ė (1) *fiancé*
sužadė́tuvės (2) *engagement*
svãras (2) *pound*
svarbùs, -ì (4) *important*
sveĩkas, -à (4) *healthy; hello*
    (addressing men and
    women)
sveikatà (2) *health*
svéikinti, svéikina, svéikino
    (ką?) congratulate,
    welcome
svéikintis, svéikinasi,
    svéikinosi *greet*
sveĩkti, sveĩksta, sveĩko
    recover, get healthy
sveikuõlis, -io (2) *person*
    consciously and actively
    leading a healthy lifestyle
svetaĩnė (2) *living room*
svíestas (1) *butter*
svogū́nas (2) *onion*

šachmãtai (2) *chess*
šakà (4) *branch*
šaknìs, -iẽs (4) *root*
šakùtė (2) *fork*
šaldìklis, -io (2) *freezer*
šaldytùvas (2) *refrigerator*
šaligatvis, -io (1) *pavement*
šãlikas (1) *shawl*
šalìs, -iẽs (4) *country*
šáltas pãtiekalas (3)(34ᵇ) *cold*
    dish
šáltas, -à (3) *cold*

šálti, šãla, šãlo *freeze, to get cold*
šaltibarščiai (1) *cold beetroot soup*
šaltis, -io (2) *cold, chill, frost*
šampãnas (2) *champagne*
šampūnas (2) *shampoo*
šãškės (2) *chequers*
šáukštas (1) *spoon*
šaukštẽlis, -io (2) *teaspoon*
šeimà (4) *family*
šeiminė padėtìs, -iės (2)(3ᵇ) *marital status*
šeimõs šventė (4)(2) *family holiday, celebration*
šerkšnas (4) *frost, crust*
šérnas (3) *boar*
šešiasdešimtmetis, -io (1) *60th anniversary*
šeštādienis, -io (1) *Saturday*
šiañdien *today*
šiáurė (1) *north*
šiáurės rytai (1)(3) *northeast*
šiáurės vakarai (1)(3ᵇ) *northwest*
šilkas (4) *silk*
šilkìnis, -ė (2) *silken*
šiltas, -à (4) *warm*
šilti, šyla, šilo *get warm*
šiltnamis, -io (1) *greenhouse*
šilumà (3ᵇ) *warmth*
širdiės priepuolis, -io (3)(1) *heart attack*
širdìs, -iės (3) *heart*
šiukšlių dėžė (2)(4) *rubbish bin*
šiurkštùs, -ì (4) *rough*
šypsotis, šypsosi, šypsójosi *smile*
šlãpdriba (1) *sleet*
šlãpias, -ià (4) *wet*
šlepetė (2) *slipper*
šliaūžti, šliaužia, šliaužė *creep, crawl*

šokėjas, -a (1) *dancer*
šõkis, -io (2) *dance*
šokolādas (2) *chocolate*
šókti, šóka, šóko (ką?) *dance, jump*
šòrtai (1) *shorts*
šùkos (2) *comb*
šukúoti, šukúoja, šukāvo (ką?) *comb*
šukúotis, šukúojasi, šukāvosi (ką?) *comb one's hair*
šulinỹs (3ᵇ) *well*
šuõ (4) *dog*
švar̃kas (4) *jacket (for men)*
švarkėlis, -io (2) *jacket (for women)*
švarùs, -ì (4) *clean*
švèdas, -ė (2) *Swede*
Švèdija (1) *Sweden*
šveicāras, -ė (2) *Swiss*
Šveicārija (1) *Switzerland*
švelnùs, -ì (4) *soft*
šveñtas, -à (4) *holy, sacred*
šventė (2) *holiday, feast, festival*
šventìnis, -ė (1) *festive*
švęsti, šveñčia, šventė (ką?) *celebrate*
šviesiai žalias, -ià (4) *light green*
šviesofòras (2) *traffic lights*
šviēsti, šviečia, šviētė *shine*
šviestùvas (2) *chandelier*
šviesùs, -ì (4) *light*

tabletė (2) *tablet (medical)*
taĩ *that, it*
táikomoji kalbótyra (1) *applied linguistics*
taĩp pàt *as well*
taĩp *yes*
taisyklà (2) *repair*
taisýti, taĩso, taĩsė (ką?) *repair*
taksì *taxi*

277
Lithuanian–English vocabulary

Tālinas (1) *Tallinn*
talkà (4) *aid, helping (a friend)*
tamsiai žãlias, -ià (4) *dark green*
tapýba (1) *painting*
tapýti, tãpo, tãpė (ką?) *paint*
tapýtojas, -a (1) *painter*
tàpti, tam̃pa, tãpo *kuo? become*
tarnáutojas, -a (1) *official*
tar̃ti, tãria, tãrė (ką?) *pronounce*
tāškas (4) *point*
taškúotas, -a (1) *dotted*
taurė̃ (4) *wineglass*
taurẽlė (2) *wineglass (small)*
tautiniai drabùžiai (2)(2) *national costume*
teãtras (2) *theatre*
teĩgiamas, -à (3ᵇ) *positive*
teiráutis, teiráujasi, teirãvosi (ką? ko?) *inquire*
tekė́ti, tẽka, tekė́jo *flow (about water), rise (about the sun), marry (for female)*
Tel Avìvas (2) *Tel Aviv*
telefònas (2) *telephone*
televìzorius (1) *TV set*
temperatūrà (2) *fever, temperature*
teñ *there*
tènisas (1) *tennis*
tèniso kamuoliùkas (2) *tennis ball*
tė́palas (3ᵇ) *ointment, unguent, cream*
tèpti, tẽpa tẽpė (ką?) *anoint*
terasà (2) *terrace*
termomètras (2) *thermometer*
tèstas (2) *test*
tetà (4) *aunt*
tėvaĩ (4) *parents*

tė́vas (3) *father*
tėvẽlis, -io (2) *daddy*
tìgras (2) *tiger*
tìk *only*
tikė́tis, tìkisi, tikė́josi (ko?) *expect*
tikraĩ *really*
tikriáusiai *probably*
tìkrinti, tìkrina, tìkrino (ką?) *check*
tìkti, tiñka, tìko (kam? kas?) *suit*
tìltas (1) *bridge*
tingė́ti, tìngi, tingė́jo *lazy, be lazy*
tylùs, -ì (4) *silent*
Tòkijas (1) *Tokyo*
tolì *far*
tòrtas (1) *cake*
tradìcija (1) *tradition*
tramvãjus (2) *tram*
traukinỹs (3ᵃ) *train*
trečiãdienis, -io (1) *Wednesday*
treniruõtė (2) *training*
trimèstras (2) *trimester*
trìnti, trìna, trýnė (ką?) *rub*
trintùkas (2) *rubber*
triušíena (1) *rabbit (meat)*
triùšis, -io (2) *rabbit*
troleibùsas (2) *trolleybus*
trùkti, truñka, trùko *last*
trum̃pas, -à (4) *short*
trumpàsis balsis (2) *short vowel*
tualètas (2) *toilet*
tuõj *soon*
tuõktis, tuõkiasi, tuõkėsi *marry*
turė́ti, tùri, turė́jo (ką?) *have*
tur̃gus (2) *market*
tur̃kas, -ė (2) *Turk*
Tur̃kija (1) *Turkey*
tušinùkas (2) *pen*

tvarkýti, tvar̃ko, tvar̃kė (ką?)
   tidy
tvar̃stis, -io (2) bandage
tvorà (4) fence

ūkininkas, -ė (1) farmer
Ukrainà (2) Ukraine
ukrainiẽtis, -io; -ė (2)
   Ukrainian
unifòrma (1) uniform
úodas (3) mosquito
uogáuti, uogáuja, uogãvo pick
   berries
uogiẽnė (2) jam, marmalade
úoga (1) berry
ùpė (2) river
ū̃sai (2) moustache
uždavinỹs (3⁴ᵇ) task
uždegìmas (2) inflammation
Ùžgavėnės (1) Shrove
   Tuesday, Mardi Gras
ùžmiestis, -io (1) out of town
užmir̃šti, užmir̃šta, užmir̃šo
   (ką?) forget
užsiė̃męs, -usi (1) busy
ùžsienio kalbà (1)(4) foreign
   language
ùžsienis, -io (1) abroad
užsikrė̃sti, užsìkrečia, užsìkrėtė
   (kuo?) catch an illness
užsirašýti, užsirãšo, užsirãšė
   (pas ką?) take down
užsisakýti, užsisãko, užsisãkė
   (ką?) book, order
užtektinaĩ enough
užteñka enough
užtrauktùkas (2) zipper
užúolaidos (1) curtains
ùžvakar day before yesterday
ùžvalkalas (3⁴ᵇ) pillowcase

vabzdỹs (4) insect
vadõvas, -ė (2) manager
vadovė̃lis, -io (2) textbook

vagìs, -iẽs (4) (masc.) thief
vagònas (2) carriage
vaidìnti, vaidìna, vaidìno (ką?)
   play (a role)
vaĩkas (4) child
vaikìnas (2) young man
vaikỹstė (2) childhood
váikščioti, váikščioja,
   váikščiojo walk
vaikų̃ darželis, -io (4)(2)
   kindergarten
vaĩras (4) wheel
vairúotojas, -a (1) driver
vairúotojo pažymė́jimas (1)
   driving licence
vaĩsius (2) fruit
vaĩsinis, -ė (1) fruity, of fruit
váistai (1) medicine, drugs
vaistãžolės (1) herbs
váistinė (1) pharmacy
váistininkas, -ė (1) pharmacist
váišės (1) regale
vaĩzdas (4) view
vãkar yesterday
vakaraĩ (3ᵇ) west
vakarè (in the) evening
vakarė̃lis, -io (2) party,
   evening
vakariẽnė (2) dinner/supper
vakarieniáuti, vakarieniáuja,
   vakarieniãvo have
   dinner/supper
valandà (3ᵇ) hour
valdiniñkas, -ė (2) clerk
valgiãraštis, -io (1)/ meniu
   menu
valgyklà (2) canteen
válgyti, válgo, válgė (ką?) eat
valyklà (2) dry cleaning
valýti, vãlo, vãlė (ką?) clean
valýtis, vãlosi, vãlėsi dantìs
   (ką?) clean one's teeth
valýtojas, -a (1) cleaner,
   housemaid

279 Lithuanian-English vocabulary

váltis, -ies (1) *boat*
vandenýnas (1) *ocean*
vanduõ (3ᵃ) *water*
vanìlinis cùkrus (1)(2) *vanilla sugar*
vardãdienis, -io (1) *nameday*
var̃das (4) *name*
vardìnės (2) *nameday*
var̃do dienà (4)(4) *nameday*
varlė̃ (4) *frog*
várna (1) *crow*
var̃pinė (1) *belfry*
varškė̃ (3) *cottage cheese, curd*
Váršuva (1) *Warsaw*
vāsara (1) *summer*
vasāris, -io (2) *February*
Vãšingtonas (1) *Washington*
važiúoti, važiúoja, važiãvo *go (using a vehicle)*
vēdęs (1) *married (man)*
véidas (3) *face*
véidrodis, -io (1) *mirror*
veĩksmas (4) *act*
veĩkti, veĩkia, veĩkė (ką̃?) *do, function*
vė́jas (1) *wind*
vėjúotas, -a (1) *windy*
vėlaĩ *late*
vėlė̃ *soul, ghost*
Vė̃linės (1) *All Souls' day*
Velýkos (1) *Easter*
vėlúoti, vėlúoja, vėlãvo *late (be late)*
veñgras, -ė (2) *Hungarian*
Veñgrija (1) *Hungary*
ver̃slininkas, -ė (1) *businessman, businesswoman*
vertė́jas, -a (1) *translator, interpreter*
vèsti, vẽda, vẽdė (ką̃?) *marry, to wed (for man)*
vestùvės (2) *wedding*

vėžỹs (3) *crayfish*
vėžlỹs (4) *turtle*
vèžti, vẽža, vẽžė (ką̃?) *carry by transport*
vidaũs òrganai (4)(1) *internal organs*
vidìnis, -ė (2) *inner*
vidurìnis išsilãvinimas (2)(1) *secondary education*
vidùrnaktis, -io (1) *midnight*
vidutìnis, -ė (2) *average*
Víena (1) *Vienna*
vienkartìnis bìlietas (2)(1, 3ᵇ) *one way ticket*
vienspal̃vis, -ė (2) *self-coloured*
vienviẽtis, -ė (2) *single (room)*
viẽšbutis, -io (1) *hotel*
viešóji polìtika (1) *public politics*
vietà (2) *place*
vil̃kas (4) *wolf*
vìlna (1) *wool*
Vìlnius (1) *Vilnius*
vilnõnis, -ė (2) *woollen*
violètinis, -ė (1) *violet*
virdulỹs (3ᵃ), arbatìnis (2) *kettle*
virė́jas, -a (1) *cook*
virỹklė (2) *stove, cooker*
vir̃sti, vir̃sta, vir̃to (kuõ?) *convert*
vir̃šininkas, -ė (1) *boss*
viršū̃nė (1) *peak*
viršutìnis, -ė (2) *uppermost, top*
vìrti, vérda, vìrė (ką̃?) *cook, boil*
virtùvė (2) *kitchen*
visadà *always*
visažìnis, -ė (2) *know-all*
vìskas (1) *all, everything*
viščiùkas (2) *chicken*
vištà (2) *hen*

vištíena (1) *chicken*
vỹkti, vỹksta, vỹko *go, take place*
vỹnas (2) *wine*
vỹnuogė (1) *grape*
výras (1) *husband, man*
vyšnià (2) *cherry*
võgti, vãgia, võgė *(ką?) steal*
vókas (3) *envelope*
Vokietijà (2) *Germany*
vókietis, -ė (1) *German*
vonià (4) *bathroom; bathtub*
vóras (3) *spider*
voverė̃ (3ᵃ) *squirrel*

Zãgrebas (1) *Zagreb*

žadėti, žãda, žadėjo *(ką?) promise*
žaĩbas (4) *lightning*
žaibúoti, žaibúoja, žaibãvo *lightning to strike*
žaĩsti, žaĩdžia, žaĩdė *(ką?) play (a game)*
žaizdà (4) *wound*
žãlias, -ià (4) *green*
žaltỹs (3) *grass snake*
žąsíena (1) *goose (meat)*
žąsìs, -iẽs (4) *goose*
žẽmas, -à (4) *low*
žẽmė (2) *earth, soil, ground*
žemėlapis, -io (1) *map*
žemumà (3ᵇ) *lowland*
žibiñtas (2) *light*
žiédas (3) *blossom; ring*
žiemà (4) *winter*
žinóti, žìno, žinójo *(ką?) know*
žirafà (2) *giraffe*
žìrgas (3) *horse*
žìrgýnas (1) *stud*
žìrklės (1) *scissors*
žìrnis, -io (1) *pea*
žiūrėti, žiūri, žiūrėjo *(ką?) look, watch*
žýdas, -ė (2) *Jew*
žýdras, -à (3) *sky blue*
žỹgis, -io (2) *hike*
žymėti, žỹmi, žymėjo *(ką?) mark*
žmogùs (4), *pl.* žmónės (3) *person; people*
žmonà (3) *wife*
žolė̃ (4) *grass*
žurnalìstas, -ė (2) *journalist*
žuvėdrà (1) *seagull*
žuvìs, -iẽs (4) *fish*
žvaigždė̃ (4) *star*
žvejóti, žvejója, žvejójo *(ką?) fish*
žvėrìs, -iẽs (3) *beast*
žvìrblis, -io (1) *sparrow*

See p.250 for an explanation of the stress marks and groups.

@ età (kilpùtė (2), rožýtė (1))
60th anniversary
  šešiasdešim̃tmetis, -io (1)

able (be able) galė́ti, gãli, galėjo
abroad užsienis, -io (1)
according pãgal (ką̃?)
act veĩksmas (4)
actor, actress ãktorius, -ė (1)
administrator administrãtorius, -ė (1)
adult suáugęs, -usi (1)
advice patarimas (2)
advise patar̃ti, pàtaria, pàtarė
afternoon piẽtūs (4)
aid, helping (a friend) talkà (4)
airport óro úostas (3)(1)
alcohol alkohòlis, -io (2)
alcoholic drinks alkohòliniai gėrimai (1)(1)
all, everything viskas (1)
All Souls' day Vėlinės (1)
almost bevéik
already jaũ
always visadà
amber giñtaras (3ᵇ)
amber gintarinis, -ė (2)

America, United States of America Amèrika (1)
American amerikiẽtis, -io; -ė (2)
ampoule ámpulė (1)
Amsterdam Ámsterdamas (1)
and ir̃
angina anginà (2)
animal gyvū́nas (2)
animal (domestic) gyvulỹs (3ᵃ)
Ankara Ankarà (4)
anniversary (of funeral) mẽtinės (1)
announcement skelbìmas (2)
anoint tèpti, tẽpa tẽpė (ką̃?)
another time, next time kìtą kar̃tą (4)(2)
ant skruzdėlė̃ (3ᵇ)
apartment bùtas (2)
applaud plóti, plója, plójo
apple obuolỹs (3ᵃ)
applied linguistics táikomoji kalbótyra (1)
April balañdis, -io (2)
apron prijuõstė (2)
arm, hand rankà (2)
armchair fòtelis, -io (1), krė́slas (3)
arrival atvykìmas (2)
art mẽnas (4)

as well taĩp pàt
ask kláusti, kláusia, kláusė (*ko? ką?*)
ask, request prašýti, prãšo, prãšė (*ką? ko?*)
assistant pavadúotojas, -a (1)
at home namiẽ
Athens Atė́nai (1)
auditorium auditòrija (1)
August rugpjū́tis, -io (1)
aunt tetà (4)
Austria Áustrija (1)
Austrian áustras, -ė (1)
autumn ruduõ (3ᵇ)
average vidutìnis, -ė (2)

baby kū́dikis, -io (1)
back nùgara (1)
backpack kuprìnė (2)
bad blõgas, -à (4)
bag, sack maišẽlis, -io (2)
balcony balkònas (2)
ball kamuolỹs (3ᵇ)
ballet balètas (2)
banana banãnas (2)
bandage tvar̃stis, -io (2)
bank bánkas (1)
bar bãras (2)
basket krepšỹs (4)
basketball krepšìnis, -io (2)
bathhouse, sauna pirtìs, -iẽs (4)
bathing suit máudymosi kostiumė̃lis, -io (1)(2)
bathing trunks máudymosi kelnáitės (1)
bathroom; bathtub vonià (4)
be bū́ti, yrà, bùvo
beach paplūdimỹs (3⁴ᵇ)
beach pliãžas (2)
beak snãpas (4)
bean pupà (2), pupė̃lė (2)
bear meškà (4), lokỹs (3)
beard barzdà (4)

beast žvėrìs, -iẽs (3)
beautiful gražùs, -ì (4)
beauty salon grõžio salònas (2)(2)
become tàpti, tam̃pa, tãpo (*kuo?*)
bed lóva (1)
bedroom miegamàsis
beef jáutiena (1)
beer alùs (4)
beet burokė̃lis, -io (2)
behave el̃gtis, el̃giasi, el̃gėsi
Belarus Baltarùsija (1)
belfry var̃pinė (1)
Belgian bel̃gas, -ė (2)
Belgium Bel̃gija (1)
bell (door) skambùtis, -io (2)
Belorussian baltarùsis, -io; -ė (2)
belt dir̃žas (4)
bench súolas (3)
benzine benzìnas (2)
Berlin Berlýnas (1)
Bern Bèrnas (1)
berry úoga (1)
bicycle dviratis, -io (1)
big dìdelis, -ė (3ᵇ)
bill sąskaita (1)
biology biològija (1)
birch (tree) béržas (3)
bird paũkštis, -io (2)
birthday gimimo dienà (2)(4), gimtãdienis, -io (1)
biscuit, cookie sausaĩnis, -io (2)
bitter kartùs, -ì (4)
black júodas, -à (3)
blackcurrant juodíeji serbeñtai (2)
blanket añtklodė (1)
block of flats daugiabùtis, -io (2) (nãmas) (4)
blood kraũjas (4)
blood pressure kraũjo spaudìmas (2)

blossom žiédas (3)
blouse palaidinùkė (2)
blue mėlynas, -a (1)
boar šérnas (3)
board lentà (4)
boat váltis, -ies (1)
boy berniùkas (2)
book knygà (2)
book, order užsisakýti, užsisāko, užsisākė (*ką?*)
bookcase knỹgų spìnta (1)
booking office bìlietų kasà (1)(4)
bookkeeper buhálteris, -io; -ė (1)
bookshop knygýnas (1)
boring nuobodùs, -ì (4)
boss viršìninkas, -ė (1)
bottle bùtelis, -io (1)
bottom dùgnas (4)
bouillon sultinỹs (3^a, 3^b)
bouquet, bunch (of flowers) púokštė (1) (gėlių̃ (4))
bowl dubuõ (3^b)
box dėžė̃ (4)
boxer shorts glaũdės (2)
bra liemenėlė (2)
bracelet apýrankė (1)
brain smė́genys (3^b)
brakes stabdžiai̇̃ (4)
branch šakà (4)
branch of sport spòrto šakà (1)(4)
Bratislava Bratislavà (2)
bread dúona (1)
bread (French) batònas (2)
break gèsti, geñda, gẽdo; láužyti, láužo, láužė (*ką*)?
breakfast pùsryčiai (1)
bride jaunóji
bridge tìltas (1)
bright ryškùs, -ì (4)
brooch sāgė (2)
brother brólis, -io (1)

brown rùdas, -à (4)
Brussels Briùselis, -io (1)
Bucharest Bukarèštas (2)
Budapest Budapèštas (2)
build statýti, stãto, stãtė (*ką?*)
building pāstatas (3^b)
Bulgaria Bulgãrija (1)
Bulgarian bulgãras, -ė (2)
bun, roll bandẽlė (2)
bury láidoti, láidoja, láidojo (*ką?*)
bus autobùsas (2)
bus station autobùsų stotìs, -ies (2) (4)
bus stop autobùsų stotẽlė (2) (2)
bush krū́mas (1)
businessman, businesswoman veřslininkas, -ė (1)
busy užsiė̃męs, -usi (1)
butter svìestas (1)
button sagà (4)
buy pir̃kti, per̃ka, pir̃ko (*ką?*)

cabbage kopū̃stas (2)
cabin kajùtė (2)
cake tòrtas (1)
call skambùtis, -io (2); skam̃binti, skam̃bina, skam̃bino
Canada Kanadà (2)
Canadian kanadiẽtis, -io; -ė (2)
canoe baidãrė (2)
canteen valgyklà (2)
cap kepùrė (2)
capital sóstinė (1)
capsule (medical) kãpsulė (1)
car automobìlis (2), mašinà (2)
car wash plovyklà (2)
carpet kilìmas (1)
carriage vagònas (2)
carrot morkà (2)
carry (by transport) vèžti, vẽža, vẽžė (*ką?*)

cat katė̃ (4)
catch an illness užsikrė̃sti, užsìkrečia, užsìkrėtė (*kuo?*)
ceiling lùbos (2, 4)
celebrate švę̃sti, šveñčia, šveñtė (*ką?*)
cellar, basement rūsỹs (4)
cent ceñtas (2)
centre ceñtras (2)
ceramicist kerãmikas, -ė (1)
ceramics kerãmika (1)
cereal, grain, crop javaĩ (4)
certainly, necessary, definitely būtinaĩ
chain grandinė̃lė (2)
chair kėdė̃ (4)
champagne šampãnas (2)
chandelier šviestùvas (2)
change grąžà (4)
changeable pérmainingas, -a (1)
chatter, chat plepė́ti, plė̃pa, plepė́jo
cheap pigùs, -ì (4)
check tìkrinti, tìkrina, tìkrino (*ką?*)
cheek skrúostas (3, 1)
cheese sū́ris, -io (1)
chemistry chèmija (1)
chequered langúotas, -a (1)
chequers šãškės (2)
cherry vyšnià (2)
chess šachmãtai (2)
chest krūtìnė (2)
chicken viščiùkas (2), vištíena (1)
child vaĩkas (4)
childhood vaikỹstė (2)
chin smãkras (4)
China Kìnija (1)
Chinese kìnas, -ė (2)
chocolate šokolãdas (2)
choice pasirinkìmas (2)

choir chòras (2)
choose riñkti, reñka, riñko (*ką?*)
christening krikštỹnos (2)
Christmas Kalė̃dos (2)
Christmas Eve Kū̃čios (2)
church bažnýčia (1)
cinema kìnas (2)
circulation apýtaka (1)
city, town miẽstas (2)
class klãsė (2)
classical music klasikìnė mùzika (2)(1)
clean švarùs, -ì (4); valýti, vãlo, vãlė (*ką?*)
clean one's teeth valýtis, vãlosi, vãlėsi dantìs (*ką?*)
cleaner, housemaid valýtojas, -a (1)
clear áiškus, -i (3)
clerk valdiniñkas, -ė (2)
client klieñtas, -ė (2)
climate klìmatas (1)
clinic klìnika (1)
close artì
cloth, dress, garment drabùžis, -io (2)
cloudy debesúota (1)
coat pálstas (1)
cock gaidỹs (4)
coffee kavà (4)
coffee shop, cafe kavìnė (2)
cold šáltas, -à (3)
cold beetroot soup šaltìbarščiai (1)
cold dish šáltas pãtiekalas (3)(3⁴ᵇ)
cold, chill, frost šaltìs, -io (2)
cold, the snuffles slogà (4)
collar apýkaklė (1)
colleague bendradar̃bis, -io; -ė (2)
colour dažýti, dãžo, dãžė (*ką?*)

285 English–Lithuanian vocabulary

colour spalvà (4)
colour up dažýtis, dãžosi, dãžėsi (*ką?*)
comb šùkos (2); šukúoti, šukúoja, šukãvo (*ką?*)
comb own hair šúkuotis, šukúojasi, šukãvosi (*ką?*)
comfortable patogùs, -ì (4)
commercial centre prekýbos ceñtras (1)(2)
commode, chest of drawers komodà (2)
company įmonė (1)
comparative politics lýginamoji polìtika (1)
comparatively palýginti
complain skų́stis, skùndžiasi, skùndėsi (*kuo?*)
complicated sudėtingas, -a (1)
computer kompiùteris, -io (1)
concerning dė̃l
concert koncèrtas (1)
conduct dirigúoti, dirigúoja, dirigãvo
conductor dirigeñtas, -ė (2)
congratulate, welcome svéikinti, svéikina, svéikino (*ką?*)
conker (tree) kaštõnas (2)
connection ryšỹs (4)
consider laikýti, laĩko, laĩkė (*ką?*)
continent, dry land sausumà (3^b)
contract sutartìs, -iẽs (3^b)
contradict, object prieštaráuti, prieštaráuja, prieštarãvo
controller kontroliẽrius, -ė (2)
conveniences patogùmai (2)
convert viřsti, viřsta, viřto (*kuo?*)
cook virėjas, -a (1)
cook, boil virti, vérda, virė (*ką?*)
cook, produce gamìnti, gamìna, gamìno (*ką?*)
Copenhagen Kopenhagà (2)
coping/ending (party) pabaigtùvės (2)
copybook sąsiuvinis, -io (1)
cosy jaukùs, -ì (4)
cost kainúoti, kainúoja, kainãvo (*kas? ką?*)
cottage cheese, curd varškẽ (3)
cotton mẽdvilnė (1)
cottony medvilnìnis, -ė (2)
cough kosulỹs (3^a); kósėti, kósi, kósėjo
country šalìs, -iẽs (4)
course, dish pãtiekalas (3^{4b})
cousin pùsbrolis, -io (1); pùsseserė (1)
cow kárvė (1)
crayfish vėžỹs (3)
cream grietinė̃lė (2)
cream krèmas (2)
creation, artwork kūrinỹs (3^a)
creep, crawl šliaũžti, šliaũžia, šliaũžė
Croat kroãtas, -ė (2)
Croatia Kroãtija (1)
cross péreiti, péreina, pérėjo (*ką?*)
crossing sánkryža (1)
crow várna (1)
cucumber agur̃kas (2)
cup puodùkas (2)
cupboard spintė̃lė (2)
currant serbeñtas (2)
curtains užúolaidos (1)
custom paprotỹs (3^b)
customer pirkėjas, -a (1)
cut kir̃pti, ker̃pa, kir̃po (*ką?*); pjáustyti, pjáusto, pjáustė (*ką?*)
cut one's hair kir̃ptis, ker̃pasi, kir̃posi (*ką?*)

CV gyvẽnimo aprašymas
(1)(1)
Czech čèkas, -ė (2)
Czech Republic Čèkija (1)

daddy tėvẽlis, -io (2)
dairy products píeno
 prodùktai (1)(2)
day dienà (4)
day after tomorrow porýt
day before yesterday užvakar
day and night (24 hours) parà (4)
dance šõkis, -io (2); šókti, šóka, šóko (*ką̃?*)
dancer šokė́jas, -a (1)
Dane dãnas, -ė (2)
dark green támsiai žãlias, -ià (4)
daughter duktė̃ (3ᵇ)
dead mir̃ęs, -usi (1)
December grúodis, -io (1)
deer élnias (1, 3)
Delhi Dèlis (2)
Denmark Dãnija (1)
dentist dantìstas (2)
department skýrius (2)
departure išvykìmas (2)
desert dykumà (3ᵇ)
desk rãšomasis stãlas (4)
dessert saldumýnas (1)
devote skìrti, skìria, skýrė (*ką̃?*)
dianthus gvazdìkas (2)
die out, disappear, vanish nỹkti, nỹksta, nỹko
diesel dyzelìnas (2)
different kitóks, -ia (1)
difficult sunkùs, -ì (4)
dinner/supper vakariẽnė (2)
director dirèktorius, -ė (1)
disappear diñgti, diñgsta, diñgo
discharge atléisti, atléidžia, atléido (*ką̃?*)

discipline dalỹkas (2)
discount núolaida (1)
divorced išsiskýręs, -usi (1)
do one's best sténgtis, sténgiasi, sténgėsi
do the task atlìkti, atliẽka, atlìko (*ką̃?*)
do, function veĩkti, veĩkia, veĩkė (*ką̃?*)
do, make darýti, dãro, dãrė (*ką̃?*)
dock priéplauka (1)
doctor gýdytojas, -a (1)
dog šuõ (4)
dollar dóleris (1)
door dùrys (2)
dormitory bendrãbutis, -io (1)
dotted taškúotas, -a (1)
draw piẽšti, piẽšia, piẽšė (*ką̃?*)
dress reñgti, reñgia, reñgė (*ką̃?*); suknẽlė (2)
dress oneself reñgtis, reñgiasi, reñgėsi (*ką̃?/kuo?*)
drink gérti, gẽria, gérė (*ką̃?*)
drink, beverage gėrìmas (1)
driver vairúotojas, -a (1)
driving licence vairúotojo pažymė́jimas (1)
drops lašaĩ (4)
drum bū̃gnas (2)
dry saũsas, -à (4)
dry cleaning valyklà (2)
Dublin Dùblinas (1)
duck ántis, -ies (1)
duck (meat) antíena (1)
dumpling dìdžkukulis, -io (1)
dune kopà (2)
Dutchman olándas, -ė (1)

ear ausìs, -iẽs (4)
early ankstì
earring aũskaras (3ᵇ)
earth, soil, ground žẽmė (2)
east rytaĩ (3)

Easter Velýkos (1)
easy leñgvas, -à (4)
eat válgyti, válgo, válgė (*ką?*)
education išsilãvinimas (1)
egg kiaušìnis, -io (2)
elbow alkū́nė (1)
elephant dramblỹs (4)
elk, moose briédis, -io (1)
email elektróninis pãštas (1)(2)
embassy ambasadà (2)
employee darbúotojas, -a (1)
employer darbdavỹs, -ė̃ (3ª)
end baĩgtis, baĩgiasi, baĩgėsi; pabaigà (3ᵇ)
engagement sužadėtùvės (2)
engineer inžiniẽrius, -ė (2)
English language ánglų kalbà (1)(4)
Englishman, Englishwoman ánglas, -ė (1)
enough užtektinaĩ, užteñka
enter stóti, stója stójo (*į ką?*)
entertainment pramogà (3ᵇ)
envelope vókas (3)
equipment į́ranga (1)
establish, create kùrti, kùria, kū́rė (*ką?*)
Estonia Èstija (1)
Estonian èstas, -ė (2)
euro èuras (1)
eve išvakarės (1)
even nèt
evening vakarè
event renginỹs (3ᵇ)
every year kasmẽt
exactly lýgiai
examination egzãminas (1, 3ᵇ)
excited (be excited) jáudintis, jáudinasi, jáudinosi (*dėl ko?*)
exercise mankštà (4), pratimas (2)
exhibit eksponãtas (2)

exhibition parodà (3ᵇ)
expect tikėtis, tìkisi, tikėjosi (*ko?*)
expensive brangùs, -ì (3)
experience patirtis, -iẽs (3ᵇ)
expressway greĩtkelis, -io (1)
eye akìs,-iẽs (4)

fabric mẽdžiaga (1)
face véidas (3)
family šeimà (4)
family holiday, celebration šeimõs šveñtė (4)(2)
far tolì
fare sèktis, sẽkasi, sẽkėsi
farmer ū́kininkas, -ė (1)
fashionable madìngas, -a (1)
fast greĩtas, -à (4)
fast pãsninkas (1)
father tévas (3)
February vasãris, -io (2)
feel jaũstis, jaũčiasi, jaũtėsi
feeling (self) savijauta (1)
fence tvorà (4)
ferry kéltas (1)
festival festivãlis, -io (2)
festive šveñtinis, -ė (1)
fever kařštis, -io (2), temperatūrà (2)
fiancé sužadėtinis, -io; -ė (1)
field laũkas (4)
filling į́daras (3ª)
film fìlmas (1)
film for adults fìlmas suáugusiems (1)(1)
fine baudà (4)
fine arts dailė̃ (4)
finger pirštas (2)
Finland Súomija (1)
Finn súomis, -io; -ė (1)
fir (tree) ẽglė (2)
fire láužas (3)
fish žuvìs, -iẽs (4)

fish žvejóti, žvejója, žvejójo (*ką?*)
fit prisitáikyti, prisitáiko, prisitáikė
fitting room matāvimosi kabinà (1)(2)
flax linas (4)
float léisti, léidžia léido (*ką?*)
floor griñdys (4)
floor, storey aūkštas (2)
flour miltai (1)
flow (about water) tekėti, tēka, tekėjo
flower gėlė̃ (4)
flowery gėlétas, -a (1)
flu, influenza gripas (2)
flute fleità (2)
fly mùsė (2); skristi, skreñda, skrìdo
fog rūkas (4)
folklore folklòras (2)
foot pėdà (3)
football fùtbolas (1)
footwear āvalynė (1)
for both abiém
forehead kaktà (4)
foreign language užsienio kalbà (1)(4)
forest miškas (4)
forget užmiȓšti, užmiȓšta, užmiȓšo (*ką?*)
fork šakùtė (2)
fortune telling būrimas (2)
fox lãpė (2)
France Prancūzijà (2)
freeze, to get cold šálti, šąla, šãlo
freezer šaldìklis, -io (2)
freezing rain lijùndra (1)
Frenchman, Frenchwoman prancūzas, -ė (2)
Friday penktādienis, -io (1)
friend draũgas, -ė (4)
friendly draũgiškas, -a (1)

frog varlė̃ (4)
frost, crust šeȓkšnas (4)
fruit vaĩsius (2)
fruity, of fruit vaĩsinis, -ė (2)
fry, roast, bake kèpti, kēpa, kēpė (*ką?*)
fuel degalai (3[b])
fun smagùs, -ì (4)
funeral láidotuvės (1)
funny liñksmas, -a (4)
fur káilis, -io (1)
fur coat kailiniaĩ (3[a])
furry kailìnis, -ė (2)

game rungtỹnės (2)
garage autosèrvisas (1), garãžas (2)
gargle skaláuti, skaláuja, skalãvo (*ką?*)
garlic česnãkas (2)
gas dùjos (2)
geography geogrāfija (1)
German vókietis, -ė (1)
Germany Vokietijà (2)
get, buy įsigýti, įsigỹja, įsigìjo (*ką?*)
get on/off means of transport lìpti, lìpa, lìpo
get up kéltis, kēliasi, kėlėsi
get warm šìlti, šỹla, šìlo
gift dovanà (3[a])
giraffe žirafà (2)
girl mergáitė (1)
give dúoti, dúoda, dãvė (*ką?*)
give a bath máudyti, máudo, máudė (*ką?*)
glad (be glad) džiaũgtis, džiaũgiasi, džiaũgėsi (*kuo?*)
glass stiklìnė (2)
glass jar stiklaĩnis, -io (2)
glasses akiniaĩ (3[b])
glue klijaĩ (4); klijúoti, klijúoja, klijãvo (*ką?*)

go (on foot) eĩti, eĩna, ėjo
go (by vehicle) važiúoti, važiúoja, važiãvo
go, take place vỹkti, vỹksta, vỹko
goal įvartis, -io (1)
goat ožkà (3)
godfather krikštātėvis, -io (1)
godmother krikštāmotė (1)
godparents krìkšto tėvaĩ (4)(4)
gold áuksas (3)
golden auksìnis, -ė (2)
good gẽras, -à (4)
good luck!, all the best! sėkmė̃s!
goose žąsìs, -iė̃s (4)
goose (meat) žąsiena (1)
gramme grãmas (2)
granddaughter anūkė (2)
grandfather senẽlis, -io (2)
grandmother močiùtė (2), senẽlė (2)
grandson anūkas (2)
grape vỹnuogė (1)
graphic grãfika (1)
graphic designer grãfikas, -ė (1)
grass žolė̃ (4)
grass snake žaltỹs (3)
graveyard kãpinės (3[b])
Great Britain, England Didžióji Britānija (1), Ánglija (1)
Greece Graĩkija (1)
Greek graĩkas, -ė (2)
green žãlias, -ia (4)
greenhouse šiltnamis, -io (1)
greet svéikintis, svéikinasi, svéikinosi
greetings linkėjimai (1)
groom jaunàsis, -ojo
grow something augìnti, augìna, augìno (*ką̃?*)

guess spėlióti, spėliója, spėliójo (*ką̃?*)
guitar gitarà (2)

hair plaukaĩ (3)
hairdresser kirpėjas, -a (1)
hairdresser's kirpyklà (2)
half an hour pùsvalandis, -io (1)
hallway, foyer priẽškambaris, -io (1)
ham kum̃pis, -io (2)
handbag rankìnė (2)
handkerchief nósinė (1)
happy laimìngas, -a (1)
hare, rabbit kìškis, -io (2)
hat skrybėlė̃ (3[a]), skrybėláitė (1)
have turėti, tùri, turėjo (*ką̃?*)
have breakfast pùsryčiauti, pùsryčiauja, pùsryčiavo
have dinner/supper vakarieniáuti, vakarieniáuja, vakarieniãvo
have lunch pietáuti, pietáuja, pietãvo
have a rest pailsė́ti, paĩlsi, pailsė́jo
head galvà (3)
headscarf skarẽlė (2)
health sveikatà (2)
healthy sveĩkas, -à (4)
hear girdė́ti, gir̃di, girdė́jo (*ką̃?*)
heart širdìs, -iė̃s (3)
heart attack širdiė̃s príepuolis, -io (3)(1)
heavy industry sunkióji prãmonė (1)
heel kul̃nas (4)
heights, elevation aukštumà (3[a])
hello lãbas

hello (addressing a man)
    sveĩkas (4)
hello (addressing a woman)
    sveikà (4)
help padė́ti, pàdeda, padė́jo
    (*kam?*)
Helsinki Hèlsinkis, -io (1)
hen vištà (2)
herbs vaistãžolės (1)
here čià
herring sil̃kė (2)
high aukštaĩ; áukštas, -a (3)
higher education aukštàsis
    išsilãvinimas (1)
hike žỹgis, -io (2)
hill kalvà (4)
hind, roe stìrna (1)
history istòrija (1)
hitchiking keliáuto autostopù
    (2)
holiday atóstogos (1)
holiday (be on holiday)
    atostogáuti, atostogáuja,
    atostogãvo
holiday, feast, festival šveñtė
    (2)
holy, sacred šveñtas, -à (4)
home page internèto svetaĩnė
    (2)(2)
honey medùs (4)
horse arklỹs (3), žìrgas (3)
hospital ligóninė (1)
hotel viẽšbutis, -io (1)
hour valandà (3ᵇ)
house nãmas (4)
housewarming party
    įkurtùvės (2)
Hungarian veñgras, -ė (2)
Hungary Veñgrija (1)
hurt, to ache skaudė́ti,
    skaũda, skaudė́jo (*kam?
    ką?*)
husband výras (1)

ice lẽdas (4)
ice-covered ground plìkledis,
    -io (1)
ice cream ledaĩ (4)
ice skate pačiū́ža (1)
icy, freezing ledìnis, -ė (2)
icy roads, ice-covered ground
    plìkšala (1)
idea mintìs, -iẽs (4)
ill (be ill) sir̃gti, ser̃ga, sir̃go
    (*kuo?*)
illness, disease ligà (4)
impact póveikis, -io (1)
important svarbùs, -ì (4)
impress nuteĩkti, nuteĩkia,
    nùteikė (*ką?*)
in the afternoon popiẽt
Independence Day
    nepriklausomýbės dienà
    (1)(4)
India Ìndija (1)
Indian ìndas, -ė (1)
Indian summer bóbų vãsara
    (1)(1)
inflammation uždegìmas (2)
inhabitant gyvéntojas, -a (1)
inner vidìnis, -ė (2)
inquire teiráutis, teiráujasi,
    teirãvosi (*ką? ko?*)
insect vabzdỹs (4)
interested (be interested) in
    domė́tis, dõmisi, domė́josi
    (*kuo?*)
interesting įdomùs, -ì (4)
internal organs vidaũs òrganai
    (4)(1)
internet internètas (2)
invite, call kviẽsti, kviečia,
    kviẽtė (*ką?*)
inwrought raštúotas, -a (1)
Ireland Aĩrija (1)
Irishman, Irishwoman aĩris,
    -io; -ė (1)
island salà (4)

291 English–Lithuanian vocabulary

Israel Izraèlis, -io (2)
it is possible gãlima
Italian itãlas, -ė (2)
Italy Itãlija (1)

jacket (for men) švãrkas (4)
jacket (for women) švarkẽlis, -io (2)
jacket (to wear outside) striùkė (2)
jam, marmalade uogiẽnė (2)
January saũsis, -io (2)
Japan Japònija (1)
Japanese japònas, -ė (2)
jazz džiãzas (2)
jeans džìnsai (1)
Jew žỹdas, -ė (2)
jewellery pãpuošalas (3⁴ᵇ)
joint sąnarỹs (3ᵃ)
journalist žurnalìstas, -ė (2)
juice sùltys (1)
July líepa (1)
jump šókti, šóka, šóko
June biržẽlis, -io (2)

keep, to store laikýti, laĩko, laĩkė (*ką?*)
key rãktas (2)
kettle virdulỹs (3ᵃ), arbatìnis (2)
kidney ìnkstas (1)
Kiev Kìjevas (1)
kilogram kilogrãmas (2)
kilometre kilomètras (2)
kindergarten vaikų̃ daržẽlis, -io (4)(2)
kiosk, newspaper stand kiòskas (2)
Kishiniev Kišiniòvas (2)
kitchen virtùvė (2)
knife peĩlis, -io (2)
know žinóti, žìno, žinójo (*ką?*)
know-all visažìnis, -ė (2)

know how to, be able mokėti, móka, mokėjo (*ką?*)
krona kronà (2)

lake ẽžeras (3ᵇ)
lamp lémpa (1)
landscape gamtóvaizdis, -io (1), kraštóvaizdis, -io (1), peizãžas (2)
language kalbà (4)
laptop nešiójamas kompiùteris, -io (1)(1)
last trùkti, truñka, trùko
last year pérnai
latas lãtas (2)
late vėlaĩ
late (be late) vėlúoti, vėlúoja, vėlãvo
Latvia Lãtvija (1)
Latvian lãtvis, -io; -ė (2)
laugh juõktis, juõkiasi, juõkėsi
laundry skalbyklà (2)
lawn píeva (1)
lawyer advokãtas, -ė (2), jurìstas, -ė (2)
lazy (be lazy) tingėti, tìngi, tingėjo
leaf lãpas (2)
learn išmókti, išmóksta, išmóko (*ką?*)
leather óda (1)
leather, of leather odìnis, -ė (2)
leave, keep palìkti, paliẽka, palìko (*ką?*)
lecture paskaità (3ᵇ)
left kairẽ (4)
leg kója (1)
leisure laisvãlaikis, -io (1)
lemon citrinà (2)
lesson pamokà (3ᵇ)
letter láiškas (3)
lettuce salotà (2)
library bibliotekà (2)

lie gùltis, gùlasi, gùlėsi
lie, to rest gulė́ti, gùli, gulė́jo
light šviesùs, -ì (4), žibiñtas (2)
light green šviẽsiai žãlias, -ià (4)
light industry lengvóji prãmonė (1)
lightning žaĩbas (4)
lightening to strike žaibúoti, žaibúoja, žaibãvo
like mė́gti, mė́gsta, mė́go (*ką̃?*); patìkti, patiñka, patìko (*kam̃? kas̃?*)
linden (tree) líepa (1)
linen lìninis, -ė (2)
lion liū́tas (2)
lips lū́pos (1)
liqueur lìkeris, -io (1)
Lisbon Lisabonà (2)
list są́rašas (3ª)
listen klausýti, klaũso, klaũsė (*ko?*)
litas lìtas (2)
Lithuania Lietuvà (3ª)
Lithuanian lietùvis, -io; -ė (2)
Lithuanian language lietùvių kalbà (2)(4)
Liubliana Liublijanà (2)
live gyvénti, gyvẽna, gyvẽno
liver kẽpenys (3ᵇ)
living room svetaiñė (2)
London Lòndonas (1)
long ìlgas, -à (3)
long ago seniaĩ
long vowel ilgàsis baĺsis (2)
look after prižiūrė́ti, prižiū̃ri, prižiūrė́jo (*ką̃?*)
look, seem atródyti, atródo, atródė
look, watch žiūrė́ti, žiū̃ri, žiūrė́jo (*ką̃?*)
love méilė; mylė́ti, mýli, mylė́jo (*ką̃?*)

low žẽmas, -à (4)
lowland žemumà (3ᵇ)
luck, fortune láimė (1)
luggage bagãžas (2)
luggage office bagãžo sáugojimo kãmera (2)(1)(1)
lunch break pietų̃ pértrauka (4)(1)
lunch, south piẽtūs (4)
lungs plaũčiai (2)

made of glass stiklìnis, -ė (2)
Madrid Madrìdas (2)
magic stebuklìngas, -a (1)
main course kárštas pãtiekalas (3)(3⁴ᵇ)
make, cause sukélti, kẽlia, kė́lė (*ką̃?*)
man výras (1)
manager vadõvas, -ė (2)
many daũgelis (1)
map žemė́lapis, -io (1)
maple (tree) klẽvas (4)
March kóvas (3)
margarine margarìnas (2)
marital status šeimìnė padė́tis, -ies̃ (2)(3ᵇ)
mark pažymỹs (3ᵇ)
mark žymė́ti, žỹmi, žymė́jo (*ką̃?*)
market tur̃gus (2)
married (man) vẽdęs (1)
married (woman) ištekė́jusi (1)
marry tuõktis, tuõkiasi, tuõkėsi
marry (for woman) ištekė́ti, tẽka, tekė́jo (*už ko?*)
marry, to wed (for man) vèsti, vẽda, vẽdė (*ką̃?*)
mathematics matemãtika (1)
May gegužė̃ (3ᵇ)
mayonnaise majonèzas (2)

293 English–Lithuanian vocabulary

measure matúoti, matúoja, matãvo (*ką?*)
meat mėsà (4)
medic, doctor gýdytojas, -a (1)
medicine, drugs váistai (1)
medulla oblongata pailgosios smẽgenys (3ᵇ)
meet susipažìnti, susipažį́sta, susipažìno
meet susitìkti, susitiñka, susitìko (*ką?*)
meeting susitikìmas (2)
meeting, social susirinkìmas (2)
member narỹs, -ė̃ (4)
menu valgiãraštis, -io (1), meniù
metre mètras (2)
midnight vidùrnaktis, -io (1)
milk píenas (1)
millilitre mililìtras (2)
mineral water minerãlinis vanduõ (1)(3ᵃ)
Minsk Mìnskas (1)
minute minùtė (2)
mirror véidrodis, -io (1)
missis ponià (4)
mistake klaidà (4)
mister põnas (2)
mix maišýti, maĩšo, maĩšė (*ką?*)
mixture (medical) mikstūrà (2)
moist drė́gnas, -à (3)
Moldova Moldovà (2)
Moldovan moldãvas, -ė (2)
Monday pirmãdienis, -io (1)
money pinigaĩ (3ᵇ)
month ménuo (1)
monthly ticket mėnesìnis bìlietas (2)(1, 3ᵇ)
monument pamiñklas (2)
moon mėnùlis, -io (2)
more dár

morning rýtas (3)
Moscow Maskvà (4)
mosquito úodas (3)
mother mótina (1)
mother tongue gimtóji kalbà (4)
motorcycle motocìklas (2)
mountain kálnas (3)
moustache ū̃sai (2)
mouth burnà (3)
much, many daũg
multistorey (building) daugiaaũkštis, -io (2) (pãstatas (3ᵇ))
mummy mamà, mamýtė (4)(1)
muscle raumuõ (3ᵇ)
museum muziẽjus (2)
mushroom grỹbas (2)
music mùzika (1)
musician muzikántas, -ė (1)
mutton, lamb avíena (1)
mysterious paslaptìngas, -a (1)

nail nãgas (4)
name var̃das (4)
name day vardãdienis, -io (1), vardìnės (2), var̃do dienà (4)(4)
narcissus narcìzas (2)
narrate, tell pãsakoti, pãsakoja, pãsakojo (*ką?*)
national costume tautìniai drabùžiai (2)(2)
nature gamtà (4)
nauseate pỹkinti, pỹkina, pỹkino (*ką?*)
nearly full nepìlnas, -à (3)
necessary reikalìngas, -a (1)
neck kãklas (4)
necklace karõliai (2)
necktie kaklãraištis, -io (1)
need reikė́ti, reĩkia, reikė́jo (*kam? ko?*)

neighbour kaimýnas, -ė (1)
nervous (be nervous)
　nèrvintis, nèrvinasi,
　nèrvinosi
Netherlands Nýderlandai (1),
　Olándija (1)
never niekadà
new naũjas, -à (4)
New Year Naujieji mẽtai (2)
nice gražùs, -ì (4); malonùs, -ì (4)
night naktìs, -iẽs (4)
nightshirt naktiniai marškiniaĩ (2)(3ª)
no nè
north šiáurė (1)
northeast šiáurės rytai (1)(3)
northwest šiáurės vakarai (1)(3ᵇ)
Norway Norvègija (1)
Norwegian norvègas, -ė (2)
nose nósis, -ies (1)
nose runs nósis bėga
not beautiful negražùs, -ì (4)
not far netolì
notice pastebėti, pàstebi, pastebėjo (*ką?*)
novel romãnas (2)
November lãpkritis, -io (1)
now dabar̃
nowhere niẽkur
nurse medicìnos sesuõ (2)(3ᵇ), sesẽlė (2), slaugýtojas, -a (1)
nurse, tender slaũgė (2)
nut riešutas (3ª)

oak (tree) ą́žuolas (3ª)
oat (cereal) ãvižos (3ᵇ)
ocean vandenýnas (1)
October spãlis, -io (2)
offer siū́lyti, siū́lo, siū́lė (*ką?*)
official tarnáutojas, -a (1)
often dažnaĩ

oil aliẽjus (2)
ointment, unguent, cream
　tẽpalas (3ᵇ)
old sẽnas, -à (4)
old-aged pensioner
　peñsininkas, -ė (1)
old man senùkas (2), senẽlis, -io (2)
old town senãmiestis, -io (1)
old woman senùtė (2), senẽlė (2)
one-way ticket vienkartìnis bìlietas (2)(1, 3ᵇ)
onion svogū́nas (2)
only tìk
open one's mouth išsižióti, išsižiója, išsižiójo
opera òpera (1)
operate operúoti, operúoja, operãvo (*ką?*)
operation operãcija (1)
or arbà
oral examination egzãminas žodžiù (1, 3ᵇ)
orange apelsinas (2); oránžinis, -ė (1)
orchestra orkèstras (2)
orderly, nurse sanitãras, -ė (2)
original sãvitas, -à (3ᵇ)
Oslo Òslas (2)
other kìtas, -à (4)
Ottawa Otavà (2)
out of town užmiestis, -io (1)
oven órkaitė (1)
overcast apsiniáukęs, -usi (1)
owner savinińkas, -ė (2)
ox jáutis, -io (1)

package pakėlis, -io (2)
pain skaũsmas (4)
paint tapýti, tãpo, tãpė (*ką?*)
painter tapýtojas, -a (1)
painting tapýba (1)
palace rū́mai (1)

palm délnas (3)
pan keptùvė (2)
pancake blỹnas (2)
pants kelnáitės (1)
pantyhose pėdkelnės (1)
parcel siuntinỹs (3ᵇ)
parents tėvaĩ (4)
Paris Parỹžius (2)
park párkas (1)
parrot papūgà (2)
part of the body kū́no dalìs (1)(4)
participate dalyváuti, dalyváuja, dalyvãvo
party, ball, feast póbūvis, -io (1), pókylis, -io (1)
party, evening vakarė̃lis, -io (2)
pass an examination laikýti, laĩko, laĩkė (*ką̃?*) egzãminą (1, 3ᵇ)
passenger keleĩvis, -io; -ė (2)
passerby praeĩvis, -ė (2)
pasta, noodles makarõnai (2)
pastry pyragė̃lis, -io (2)
patient, sick ligónis, -io (1); pacieñtas, -ė (2)
pavement šaĺigatvis, -io (1)
pea žìrnis, -io (1)
peak viršū́nė (1)
pear kriáušė (1)
Peking Pekìnas (2)
pen tušinùkas (2)
pencil pieštùkas (2)
peninsula pùsiasalis, -io (1)
pepper pipìrai (2)
person asmuõ (3ᵇ), žmogùs (4), pl. žmónės (3)
person consciously and actively leading a healthy lifestyle sveikuõlis, -io (2)
pharmacist váistininkas, -ė (1)
pharmacy váistinė (1)
physics fìzika (1)

photographer fotogrãfas, -ė (2)
photography, photo fotogrãfija (1)
piano fortepijõnas (2)
pick berries uogáuti, uogáuja, uogãvo
pick mushrooms grybáuti, grybáuja, grybãvo
picture pavéikslas (1)
pie pyrãgas (2)
pig kiaũlė (2)
pigeon balañdis, -io (2)
pillow pagálvė (1)
pillowcase užvalkalas (3⁴ᵇ)
pilot lakū́nas, -ė (2)
pine pušìs, -iẽs (4)
pink raũsvas, -ì (4)
place vietà (2)
plain land lygumà (3ᵃ)
plane lėktùvas (2)
plant áugalas (3ᵃ); sodìnti, sodìna, sodìno (*ką̃?*)
plate lėkštė̃ (4, 2)
platform aikštẽlė (2)
play spektãklis, -io (2)
play (a game) žaĩsti, žaĩdžia, žaĩdė (*ką̃?*)
play (music) gróti, grója, grójo (*ką̃?*)
play (a role) vaidìnti, vaidìna, vaidìno (*ką̃?*)
play sports sportúoti, sportúoja, sportãvo
pleasant, kind malonùs, -ì (4)
plum slyvà (2)
pocket kišẽnė (2)
poetry poèzija (1)
point tãškas (4)
points of the compass pasáulio šãlys (1)(4)
Poland Lénkija (1)
Pole lénkas, -ė (1)
policeman polìcininkas, -ė (1)

pool baseĩnas (2)
pork kiauliéna (1)
porridge kõšė (2)
Portugal Portugãlija (1)
Portuguese portugãlas,-ė (2)
positive teĩgiamas, -a (3ᵇ)
post office pãštas (2)
postage stamp pãšto žénklas (2)(3)
postbox pãšto dėžùtė (2)(2)
postcard atvirùkas (2)
pot púodas (1)
potato bùlvė (1)
poultry paukštiéna (1)
pound svãras (2)
pour pìlti, pìla, pýlė (*ką?*)
Prague Prahà (2)
precipitation krituliaĩ (3ᵇ)
predict pranašáuti, pranašáuja, pranašãvo (*ką?*)
premise patalpà (3ᵇ)
prepare ruõšti, ruõšia, ruõšė (*ką?*)
prepare oneself ruõštis, ruõšiasi, ruõšėsi
prescribe išrašýti, išrãšo, išrãšė (*ką?*)
present dovanà (3ᵃ)
present, give dovanóti, dovanója, dovanójo (*ką? kam?*)
present tense esamàsis laĩkas (4)
presidential palace/office prezidentūrà (2)
price káina (1)
private núosavas, -à (3ᵃ); privatùs, -ì (4)
probably tikriáusiai
product prodùktas (2)
promise žadėti, žãda, žadėjo (*ką?*)
pronounce tar̃ti, tãria, tãrė (*ką?*)

prospect, avenue prospèktas (2)
public politics viešóji polìtika (1)
puddle balà (2)
pumpkin moliũgas (2)
puppet theatre lėlių̃ teãtras (4)(2)
put dėti, dẽda, dėjo (*ką?*)
put on shoes aũti, aũna, ãvė (*ką?/kuo?*)
put on your own shoes aũtis, aũnasi, ãvėsi (*ką?/kuo?*)
pyjamas pižamà (2)

quiet, calm ramùs, -ì (4)
quite ganà

rabbit triùšis, -io (2)
rabbit (meat) triušiena (1)
racquet rakètė (2)
railway station geležinkelio stotìs, -iẽs (1)(4)
rain lietùs (3); lýti, lỹja, lìjo
raincoat lietpaltis, -io (1)
raise kélti, kẽlia, kėlė (*ką?*)
rare rẽtas, -à (4)
raspberry aviẽtė (2)
read skaitýti, skaĩto, skaĩtė (*ką?*)
really iš tiesų̃, tikraĩ
receipt kvìtas (2)
receive gáuti, gáuna, gãvo (*ką?*)
recipe, prescription recèptas (2)
recover, get better sveĩkti, sveiksta, sveĩko
red raudónas, -a (1)
redcurrant raudonieji serbeñtai (2)
refrigerator šaldytùvas (2)
regale váišės (1)
registered letter registrúotas láiškas (1)(3)

relative gimináitis, -io; -ė (1)
rely pasitikė́ti, pasìtiki, pasitikė́jo (*kuõ?*)
remember atsimiñti, atsìmena, atsìminė (*ką̃?*)
rent núomoti, núomoja, núomojo (*ką̃?*)
repair remòntas (1); remontúoti, remontúoja, remontãvo (*ką̃?*); taisyklà (2); taisýti, taĩso, taĩsė (*ką̃?*)
report, notice pranešìmas (2)
request prãšymas (1)
rest póilsis, -io (1)
restaurant restorãnas (2)
return grį̃žti, grį̃žta, grį̃žo
ride (a horse) jodinė́ti, jodinė́ja, jodinė́jo; jóti, jója, jójo
Riga Rygà (4)
right dešinė̃ (3ᵇ)
right away iškar̃t
ring žíedas (3)
ritual apeigà (3ᵇ)
river ùpė (2)
road kẽlias (4)
roast kẽptas, -à (4)
roast meat kepsnỹs (4)
robe chalãtas (2)
roller skate riedùčiai (2)
Romania Rumùnija (1)
Romanian rumùnas, -ė (2)
Rome Romà (2)
roof stógas (3)
room kambarỹs (3ᵇ)
root šaknìs, -iẽs (4)
rose rõžė (2)
rose garden rožýnas (1)
rough šiurkštùs, -ì (4)
route maršrùtas (2)
row eilė̃ (4)
rub trìnti, trìna, trýnė (*ką̃?*)
rubber trintùkas (2)

rubbish bin šiùkšlių dėžė̃ (2)(4)
ruler liniuõtė (2)
run bėgióti, bėgiója, bėgiójo
rush, be in a hurry skubė́ti, skùba, skubė́jo
Russia Rùsija (1)
Russian rùsas, -ė (2)
'Russian' salad mišraĩnė (2)
rue rūtà (2)
rye rugiaĩ (4)

sack maĩšas (4)
sad liū̃dnas, -à (4)
sail plaũkti, plaũkia, plaũkė
sailor jū́rininkas, -ė (1)
say sakýti, sãko, sãkė (*ką̃?*)
salad salõtos (2)
salary algà (4)
salesman, saleswoman pardavė́jas, -a (1)
salmon lašišà (2)
salt druskà (2)
salty sūrùs, -ì (3)
sanatorium sanatòrija (1)
sand smė̃lis, -io (2)
sandwich sumuštìnis, -io (2)
Saturday šeštãdienis, -io (1)
saucer lėkštùtė (2)
sausage dešrà (4)
sausages dešrẽlės (2)
saxophone saksofònas (2)
scholarship stipeñdija (1)
school mokyklà (2)
school year mókslo mẽtai (1)(2)
schoolboy, schoolgirl mokinỹs, -ė̃ (3ᵃ)
schoolteacher mókytojas, -a
science, study mókslas (1)
scientist mókslininkas, -ė (1)
scissors žìrklės (1)
sculptor skùlptorius, -ė (1)
sculpture skulptūrà (2)

sea jūra (1)
sea, lagoon mãrios (2)
seacoast pajūris, -io (1)
seagull žuvėdra (1)
seal rúonis, -io (1)
seasons mẽtų laikaĩ (2)(4)
second sekùndė (1)
secondary education vidurìnis išsilãvinimas (2)(1)
secretary sekretõrius, -ė (2)
see matýti, mãto, mãtė (*ką?*)
self-coloured vienspalvis, -ė (2)
self-service savìtarna (1)
sell pardúoti, pardúoda, par̃davė (*ką?*); prekiáuti, prekiáuja, prekiãvo *kuo?*
semester semèstras (2)
seminar seminãras (2)
send siųsti, siuñčia, siuñtė (*ką?*)
sending off (party) išleistùvės (2)
sense, taste pajùsti, pajuñta, pajùto (*ką?*)
separate ãtskiras, -à (3ᵇ)
September rugsėjis, -o (1)
serve aptarnáuti, aptarnáuja, aptarnãvo (*ką?*)
service paslaugà (3ᵇ)
set (about the sun) léistis, léidžiasi, léidosi
several kẽletas (1)
sex lytìs, -iẽs (4)
shampoo šampūnas (2)
shave skùsti, skùta, skùto (*ką?*)
shave oneself skùstis, skùtasi, skùtosi (*ką?*)
shawl šãlikas (1)
sheep avìs, -iẽs (4)
sheet paklõdė (2)
shelf lentýna (1)
shine šviẽsti, šviẽčia, šviẽtė

ship, boat laĩvas (4)
shirt marškiniaĩ (3ᵃ)
shoe bãtas (2)
shoe (for women) batẽlis, -io (2)
shop parduotùvė (2)
shore kran̄tas (4)
short trum̃pas, -à (4)
short story novẽlė (2)
short vowel trumpàsis balsis (2)
shorts šòrtai (1)
shoulder petỹs, -iẽs (4)
show ródyti, ródo, ródė (*ką?*); seánsas (1)
shower dùšas (2)
Shrove Tuesday, Mardi Gras Užgavėnės (1)
sick ligótas, -a (1)
sign pasirašýti, pasirãšo, pasirãšė (*ką?*)
silent tylùs, -ì (4)
silk šil̃kas (4)
silken šilkìnis, -ė (2)
silver, (of silver) sidãbras (2)
silver, of silver sidabrìnis, -ė (2)
sing dainúoti, dainúoja, dainãvo (*ką?*)
singer daininiñkas, -ė (2)
single (room) vienviẽtis, -ė (2)
singlet marškinẽliai (2)
sink kriauklẽ (4)
sister sesuõ (3ᵇ)
sit sėdėti, sėdi, sėdėjo; sėstis, sėdasi, sėdosi
sitting pósėdis, -io (1)
size dýdis, -io (2)
skate čiuožinėti, čiuožinėja, čiuožinėjo
ski slìdė (2); slidinėti, slidinėja, slidinėjo
skin óda (1)
skirt sijõnas (2)

sky dangùs (4)
sky blue žýdras, -à (3)
sledge rogùtės (2)
sleep miegóti, miẽga, miegójo
sleep over nakvóti, nakvója, nakvójo
sleet šlãpdriba (1)
slingback basùtė (2)
slipper šlepẽtė (2)
slippery slidùs, -ì (4)
Slovak slovãkas, -ė (2)
Slovakia Slovãkija (1)
Slovene slovė́nas, -ė (1)
Slovenia Slovė́nija (1)
slow lė̃tas, -à (4)
small mãžas, -à (4)
small cake pyragáitis, -io (1)
smart protìngas, -a (1)
smile šypsótis, šỹpsosi, šypsójosi
smoked rūkýtas, -a (1)
snack before dinner/supper pavakariai̇̃ (3[4b])
snack before lunch priešpiečiai̇̃ (1)
snake gyvãtė (2)
sneeze čiáudėti, čiáudi, čiáudėjo
snow sniẽgas (4); snìgti, sniñga, snìgo
snowboard sniẽglentė (1)
snowstorm pūgà (4)
soap muĩlas (4)
sock kójinė (1)
sofa sofà (2)
Sofia Sòfija (1)
soft švelnùs, -ì (4)
something tasty/good ką̃ nórs skanaũs
sometimes kar̃tais
son sūnùs (3)
soon tuõj
sorry atsiprašaũ
sort rū́šis, -ies (1)

soul, ghost vėlė̃ (4)
soup sriubà (4)
sour rūgštùs, -ì (3)
sour cream grietìnė (2)
sour milk kefỹras (2)
southeast piẽtryčiai (1)
southwest piẽtvakariai (1)
sow, seed sė́ti, sė́ja, sė́jo (*ką?*)
space erdvė̃ (4)
spacious, roomy erdvùs, -ì (4)
Spain Ispãnija (1)
Spaniard ispãnas, -ė (2)
sparkling (of water) gazúotas (1)
sparrow žvìrblis, -io (1)
speak kalbė́ti, kal̃ba, kalbė́jo
special ypatìngas, -a (1)
spell sakýti paraidžiui (*ką?*)
spend léisti, léidžia, léido (*ką?*)
spider vóras (3)
spine stùburas (3[b])
spoon šaũkštas (1)
sport spòrtas (1)
sportsman spòrtininkas, -ė (1)
spot dėmė̃ (4)
spring pavãsaris, -io (1)
sprinkle barstýti, bar̃sto, bar̃stė (*ką?*)
square aikštė̃ (3)
squirrel voverė̃ (3[a])
St John's day Jõninės (1)
stadium stadiònas (2)
stage scenà (2); statýti, stãto, stãtė (*ką?*)
staging pastãtymas (1)
stair láiptas (1)
staircase láiptinė (1)
stand stovė́ti, stóvi, stovė́jo
stand up stótis, stójasi, stójosi
star žvaigždė̃ (4)
start pradžià (4)
start, begin prasidė́ti, prasìdeda, prasidė́jo

start speaking, talking
  prašnėkti, pràšneka,
  prašnėko
station stotìs, -iẽs (4)
steal võgti, vãgia, võgė *(ką?)*
still dár
still (of water) negazúotas
  (vanduõ(3ᵃ) (1))
Stockholm Stòkholmas (1)
stomach pil̃vas (4); skrañdis,
  -io (2)
stop stabdýti, stãbdo stãbdė
  (ką?); stóti, stója, stójo
story apsãkymas (1)
stork gañdras (2)
storm audrà (4)
stove, cooker virỹklė (2)
strawberry bráškė (2)
street gãtvė (2)
strict, demanding reiklùs, -ì
  (4)
striped dryžúotas, -a (1)
stud žirgýnas (1)
student studeñtas, -ė (2)
study mókytis, mókosi,
  mókėsi *(ko?)*
sugar cùkrus (2)
suggest siū́lyti, siū́lo, siū́lė
  (ką?)
suit tìkti, tiñka, tìko *(kam? kas?)*
suit (for men) kostiùmas (2)
suit (for women) kostiumė̃lis,
  -io (2)
summer vãsara (1)
sun sáulė (1)
sunglasses sáulės akiniaĩ
  (1)(3ᵇ)
Sunday sekmãdienis, -io (1)
sunny saulė́tas, -a (1)
surf naršýti, nar̃šo, nar̃šė
surname pavardė̃ (3ᵇ)
swamp, wetland pélkė (1)
swan gul̃bė (2)

sweater megztìnis, -io (2)
Swede švèdas, -ė (2)
Sweden Švèdija (1)
sweet saldaĩnis, -io (2);
  saldùs, -ì (4)
swim, sail pláukioti,
  pláukioja, pláukiojo
swimming maudỹnės (2)
swimming pool baseĩnas (2)
Swiss šveicãras, -ė (2)
Switzerland Šveicãrija (1)
symbol sim̃bolis, -io (1)
synthetic sintètinis, -ė (1)
synthetics sintètika (1)

table stãlas (4)
tablecloth stáltiesė (1)
tablet (medical) tablètė (2)
tailor siuvė́jas, -a (1)
take im̃ti, ìma, ė̃mė *(ką?)*
take back atsiim̃ti, atsìima,
  atsìėmė *(ką?)*
take a bath máudytis,
  máudosi, máudėsi
take down užsirašýti,
  užsirãšo, užsirãšė *(pas ką?)*
take medicine gérti váistus (1)
take on dárbinti, dárbina,
  dárbino *(ką?)*; priim̃ti,
  prìima, prìėmė *(ką?)*
Tallinn Tãlinas (1)
task uždavinỹs (3⁴ᵇ)
taste ragáuti, ragáuja, ragãvo
  (ką?)
tasty skanùs, -ì (4)
taxi taksì
tea arbatà (2)
teach mókyti, móko, mókė
  (ką? ko?)
teaspoon šaukštė̃lis, -io (2)
teenager paauglỹs, -ė̃ (3ᵇ)
Tel Aviv Tel Avìvas (2)
telephone telefònas (2)
temperature temperatūrà (2)

tennis tènisas (1)
tennis ball tèniso kamuoliùkas (1)(2)
tent palãpinė (2)
terrace terasà (2)
terribly baĩsiai
test tèstas (2)
textbook vadovėlis, -io (2)
thank you ãčiū, dė́kui
that, it taĩ
theatre teãtras (2)
there teñ
thermometre termomètras (2)
thickness stõris, -io (2)
thief vagìs, -iẽs (*masc.*) (4)
think about galvóti, galvója, galvójo (*apie ką̃?*)
thought gerklė̃ (3)
thunder griáusti, griáudžia, griáudė; griaustìnis,-io (2)
thunderstorm perkū́nija (1)
Thursday ketvirtãdienis, -io (1)
ticket biliètas (1, 3ᵇ)
tidy tvarkýti, tvar̃ko, tvar̃kė (*ką̃?*)
tiger tìgras (2)
time laĩkas (4)
tip arbãtpinigiai (1)
today šiañdien
together kartù
toilet tualètas (2)
Tokyo Tòkijas (1)
tomato pomidòras (2)
tomorrow rytój
tooth dantìs, -iẽs (*masc.*) (4)
toothbrush dantų̃ šepetė̃lis, -io (4)(2)
toothpaste pastà (2)
towel rañkšluostis, -io (1)
tower bókštas (1)
tracksuit spòrtinis kostiùmas (1) (2)
tradition tradìcija (1)
traffic lights šviesofòras (2)

traffic police kelių̃ polìcija (4)(1)
train traukinỹs (3ᵃ)
trainer spòrtinis batẽlis, -io (1, 2)
training treniruõtė (2)
tram tramvãjus (2)
translator, interpreter vertė́jas, -a (1)
travel keliáuti, keliáuja, keliãvo
tree mẽdis, -io (2)
trimester trimèstras (2)
trip keliõnė (2)
trolleybus troleibùsas (2)
trousers kélnės (1)
try on matúotis, matúojasi, matãvosi (*ką̃?*)
Tuesday antrãdienis, -io (1)
tumbler (of beer) bokãlas (2)
Turk tur̃kas, -ė (2)
Turkey Tur̃kija (1)
turtle vėžlỹs (4)
TV set televìzorius (1)
twin dvynỹs, -ė̃ (4)
typhus, spotted fever dėmė́toji šiltìnė (1)
tyre padangà (3ᵇ)

Ukraine Ukrainà (2)
Ukrainian ukrainiẽtis, -io; -ė (2)
umbrella skė̃tis, -io (2)
uncle dė̃dė (2)
underground metrò
understand suprãsti, suprañta, suprãto (*ką̃?*)
unemployed bedar̃bis, -io; -ė (2)
uniform unifòrma (1)
United States of America (USA), America Jungtìnės Amèrikos Valstìjos (JAV) (2)(1)(2)

university or college teacher déstytojas, -a (1)
until ikì
uppermost, top viršùtinis, -ė (2)
use naudótis, naudójasi, naudójosi *(kuo?)*
useful naudìngas, -a (1)

valley slė́nis, -io (2)
vanilla sugar vanìlinis cùkrus (1)(2)
various įvairùs, -ì (4)
vehicle registration automobìlio dokumeñtai (2)(2)
vegetable daržóvė (1)
vest liemẽnė (2)
Vienna Vienà (1)
view vaĩzdas (4)
village káimas (1)
Vilnius Vìlnius (1)
violet violètinis, -ė (1)
violin smuĩkas (2)
visit apsilankýti, apsilañko, apsilañkė; lankýti, lañko, lañkė *(ką?)*
vodka degtìnė (2)

waft gū̃sis, -io (vė́jo) (1) (2)
wait láukti, láukia, láukė *(ko?)*
waiter, waitress padavė́jas, -a (1)
way bū̃das (2)
walk váikščioti, váikščioja, váikščiojo
wall sienà (1)
wall (shelf) sieninė̀ (lentýna) (1) (1)
wallet piniginė̀ (2)
want norė́ti, nóri, norė́jo *(ko?)*
wardrobe spìnta (1)

warm šiĺtas, -à (4)
warmth šilumà (3ᵇ)
Warsaw Váršuva (1)
wash pláuti, pláuna, plóvė *(ką?)*
wash praũsti, praũsia, praũsė *(ką?)*
wash clothes skaĺbti, skaĺbia, skaĺbė *(ką?)*
wash oneself praũstis, praũsiasi, praũsėsi *(ką?)*
washing machine skalbìmo mašinà (2)(2)
Washington Vãšingtonas (1)
watch, clock laĩkrodis, -io (1)
water vanduõ (3ᵃ)
wave bangà (4)
wear (clothes) dėvė́ti, dė̃vi, dėvė́jo *(ką?/kuo?)*
wear (shoes) avė́ti, ãvi, avė́jo *(ką?/kuo?)*
weather óras (3)
wedding vestùvės (2)
Wednesday trečiãdienis, -io (1)
well šulinỹs (3ᵇ)
west vakarai̇̃ (3ᵇ)
wet šlãpias, -ià (4)
whale bangìnis, -io (2)
wheat kviečiaĩ (2)
wheel rãtas (2), vai̇̃ras (4)
whenever bèt kadà
white báltas, -à (3)
wife žmonà (3)
wind vė́jas (1)
window lángas (3)
windowsill palángė (1)
windy vėjúotas, -a (1)
wine vỹnas (2)
wineglass taurė̃ (4)
wineglass (small) taurẽlė (2)
wing spar̃nas (4)
winter žiemà (4)
wish linkė́ti, liñki, linkė́jo *(ko?)*

wishes linkėjimai (1)
wolf vilkas (4)
woman móteris, -ers (1)
wonderful nuostabùs, -i (4)
wooden medìnis, -ė (2)
wool vilna (1)
woollen vilnõnis, -ė (2)
work dárbas (3)
worker darbiniñkas, -ė (2)
working day dárbo dienà (3)(4)
working time dárbo laĩkas (3)(4)
workplace darbóvietė (1)
workroom, study dárbo kambarỹs (3)(3ᵇ)
worm kirmėlė̃ (3ᵇ)
worry, ado rū́pestis, -io (1)
worry, take care about rū́pintis, rū́pinasi, rū́pinosi (*kuo?*)

wound žaizdà (4)
write rašýti, rãšo, rãšė (*ką?*)
writer rašýtojas, -a (1)
written examination egzãminas (1,3ᵇ) raštù

yard kiẽmas (4)
yellow geltónas, -a (1)
yes taĩp
yesterday vãkar
yoghurt jogùrtas (1)
young man vaikìnas (2)
young woman merginà (2)

Zagreb Zāgrebas (1)
zip, zipper užtrauktùkas (2)

index

Numbers in bold refer to the units which include the material.

active participles **9**

adjectives **4, 5**
  – possessive **1**
  – pronominal forms **6, 13**

adverbs
  – of place **2**
  – of time **2, 7, 8**
  – adverbial participles **12**

age **11**

cases **2**
  – accusative **3**
  – dative **5**
  – genitive **3**
  – instrumental **4, 7, 8, 12**
  – locative **2, 5, 6**
  – nominative **3**
  – vocative **4**

compounds
  – tenses **11**
  – word formation **6**

conditional mood **6, 12**

countries **1**

date **7**
  – days **6**
  – year **11**

diminutives **6**

family **3**

food and drink **4**

gerund **9**

nouns
- adjective, agreement with **5**
- countable and uncountable **4**
- gender **1, 2**
- plural **3**

numbers
- cardinal **2, 3, 4, 7, 11**
- fractions **13**
- ordinal **6**

passive **6, 8, 10**

prepositions **1, 2, 4,**
- of place **6, 8**
- of time **7, 8**

pronouns
- demonstrative **5**
- indefinite **8**
- interrogative **5**
- personal **1, 5, 6**
- possessive **1, 13**
- relative **6**

quantity **4**

questions **1, 3**

reflexive
- conditional mood **12**
- pronoun *savęs* **13**
- verbs, future **12**
- verbs, imperative **2, 10**
- verbs, past **11**

seasons **9**

tenses
- future **7**
- past **8, 13**
  active participle **10**
  frequentative **13**
- present **1, 3, 4, 10**
  active participle **9**
- simple past **8**

time **2, 7, 8**